Peter Feldbauer · John Morrissey
Weltmacht mit Ruder und Segel

Peter Feldbauer · Jim Morrissey

WELTMACHT MIT RUDER UND SEGEL

Geschichte der Republik Venedig
800 – 1600

Magnus Verlag

Überabeitete und ergänzte Neuauflage des 2002 im Mandelbaum Verlag,
Wien erschienenen Titels: Peter Feldbauer, John Morrissey: Venedig 800-1600.
Wasservögel als Weltmacht [Expansion-Interaktion-Akkulturation Bd. 1]
Redaktion: Hans-Jürgen Steffen

Lizenzausgabe mit freundlicher Genehmigung
des »Verein für Geschichte und Sozialkunde«, Wien

Inhalt

Karten

Einleitung

Wer auf den Spuren des venezianischen Imperiums reist, wird früher oder später über die Organisation eines solchen merkantilen Netzwerkes ins Grübeln kommen: Verona liegt fast zwei Eisenbahnstunden, Kreta etwa zwei Flugstunden von Venedig entfernt. Vor 700 Jahren dauerte die Reise zur Etschmetropole mehrere Tage, jene nach Candia – bei gutem Wetter, ohne pirateske Zwischenfälle – drei bis vier Wochen. Dem entsprach die Geschwindigkeit aller Korrespondenzen und Nachrichten.

Umso mehr muss man über die Entscheidungsfähigkeit der Machthaber in Venedig, in Genua, im Mamlukenreich oder in den Mongolenkhanaten staunen. Beurteilungsgrundlage eines Dogen, Senators, Sultans, Wesirs waren Berichte, die wochenlang, manchmal auch mehr als ein Jahr unterwegs waren. Und das System funktionierte: Von Gotland zum Sudan, von England in die Levante, von Flandern bis Ägypten, von Norditalien nach China, von Portugal bis Indien. Die Drahtzieher des kreuz und quer vernetzten mittelalterlichen Weltsystems verfügten offensichtlich über Fähigkeiten und Techniken, die gerade heute – wer kann sich denn den Ablauf komplizierter Arbeitsprozesse ohne Elektronik vorstellen? – erstaunen. Beobachtungsgabe, Nachdenklichkeit, Gedächtnisstärke, sprachliche Gewandtheit und Diskussionsfreude bildeten wohl die Grundlage einer auf mündlicher und schriftlicher Kommunikation beruhenden Welt.

Wie lässt es sich sonst erklären, dass im fernen Venedig sitzende Patrizier die Lage im östlichen Mittelmeer genau einzuschätzen wussten und dementsprechend erfolgreich handelten: Vierter Kreuzzug, Aufbau einer neuartigen Kolonialökonomie auf Kreta, engste Beziehungen zu den Mamluken. Nicht anders die Genuesen, was umso verblüffender ist, als ständiges innenpolitisches Chaos die Metropole lahm legte. Dennoch setzten ligurische Großunternehmer auf der Iberischen Halbinsel, im Schwarzen Meer und in der Ägäis ihre Interessen durch. Als Beispiel sei hier Chios genannt: Ein Richtung Halbinsel Krim segelnder genuesischer Flottenverband änderte angesichts eines dilettantisch geführten Kreuzfahrerheeres sowie konfus reagierender Byzantiner das Reiseziel und eroberte die wertvolle Mastixinsel innerhalb weniger Wochen. Ganz zu schweigen von den Mongolen: In einem scheinbar genau abgestimmten Operationsplan vernichteten sie christliche Ritterheere in Polen und Ungarn. Die Tatarenverbände agierten synchron. Hunderte Kilometer voneinander entfernt, auf einem Kontinent, den sie überhaupt nicht kannten. Reiner Zufall?

Aufstieg – Höhepunkt – Abstieg. Dekadenztheorien sollte man vielleicht vor dem Hintergrund persönlicher Projektionen und Gefühle sehen. Vor den vielleicht in jedem Menschen schlummernden Bildern, die eine Stadt wie Venedig – laut Benevolo »die Stadt in Reinkultur« – auslöst. So mancher Reisende wird in der Serenissima vielleicht Opfer des »Stendhalsyndroms«, was nicht nur individuelles psychisches Leid auslösen kann, sondern auch die Interpretation von Kultur beziehungsweise Geschichte beeinflusst. Wer heute Venedig als eine zwar wunderschöne, aber letztendlich sterbende, düstere, melancholische Stadt erlebt, wird wohl schnell und vor allem weit in die Vergangenheit zurückgehen, um dafür eine Erklärung zu finden. Und so mancher italienische Festlandbewohner ist wahrscheinlich bereit – schon aus politischen Gründen – dieses Bild zu bestätigen.

Andere empfinden aber das heutige Venedig als vitale Metropole, die für gravierende Probleme – Lagunenökologie, Tourismus, Bevölkerungsentwicklung, Wirtschaftsstruktur – in bester Tradition auch Lösungen finden wird. Wer es so sieht, wird auch heute venezianische »Geschmeidigkeit« im Sinne Lanes finden. Und keine Spur von Melancholie bei den Venezianern: Davon kann man sich bei einem Rundgang durch San Polo oder Canareggio überzeugen. Auf einer Tour durch das Universitätsviertel mit seinen Buchhandlungen, bei einem Einkauf auf den Märkten, bei der Überquerung des Canal Grande mit einer Fährgondel, bei einem Gläschen Malvasier in einem der zahlreichen *baccari*, auf einem der vielen als Tratschstelldichein und Kinderspielplatz dienenden *campi*. Es ist eine schwierige Stadt, aber die Bewohner wissen damit umzugehen. Der Wiener Architekturkritiker Friedrich Achleitner brachte vor einigen Jahren in Hermes Phettbergs »Nette Leit Show« das Grundprinzip venezianischer Lebensorganisation auf den Punkt: »Hätte Venedig die Bauordnung Wiens, dann wäre die Stadt voller Sicherheitsgitter.« Trotzdem purzelt niemand ins Wasser.

Venedig durchlief in seiner über 1300-jährigen Geschichte zahlreiche Phasen: Die Zeit des Weltmachtstatus – etwa zwischen 1150 und 1500 – gilt als absoluter Höhepunkt. Wirtschaftlich, politisch, militärisch. Allerdings: Betrachtet man die kulturellen Leistungen, so wäre der Höhepunkt wesentlich später anzusetzen. Oder sind Palladio, Sansovino, Tizian, Bellini, Tintoretto, Guardi, Goldoni, Casanova, Tartini und Vivaldi gar künstlerischer Ausdruck morbider Dekadenz? Vielleicht sollte man bei aller Berechtigung von Aufstieg-Abstieg-Theorien schlichtweg die Zeit sprechen lassen. Nur wenige staatliche Gebilde brachten es auf 1000 Jahre Unabhängigkeit und konnten schwere Krisen – Verlust der Überseekolonien, Verlagerung innerhalb des Weltsystems, Auftreten großer Nationalstaaten – derart verkraften. Venedig verlor durch diese Entwicklungen tatsächlich den Weltmachtstatus, nicht aber staatliche Integrität und die Bedeutung als regionaler Mitspieler.

So dürften es auch Zeitgenossen empfunden haben: In der Gemäldesammlung des schwedischen Schlosses Gripsholm hängt das lebensgroße Bildnis des Dogen Andrea Gritti neben den bedeutendsten europäischen Herrschern des 16. Jahrhunderts. Ein vielsprachiger Kosmopolit, der vor seiner Wahl zum Staatsoberhaupt internationale Anerkennung als Fernhändler, Diplomat und Feldherr gefunden hatte. Einen anderen Saal zieren die Porträts aller Delegierten zur Unterzeichnung des Westfälischen Friedens 1648: Darunter auch der venezianische Gesandte, Alvise Contarini. Und so manche Gedenkmünze anlässlich des christlichen Sieges über das osmanische Belagerungsheer vor Wien 1683 zeigt neben Papst, Kaiser und polnischem König auch den venezianischen Dogen.

»Noch ein Buch über Venedig? Ein anderes Buch über Venedig!« heißt es in der Einleitung zu Élisabeth Crouzet-Pavans 2001 erschienenem »Venezia trionfante«. Ein Motto, das wir gerne übernehmen. Denn: Wurde die Lagunenstadt nicht tausendfach beschrieben und analysiert, nach allen Regeln der Kunst, zum Teil von herausragenden Vertretern der Historikerzunft, wie Gino Luzzatto, Frederic C. Lane oder Fernand Braudel? Was gibt es angesichts der Unmenge einschlägiger und oftmals großartiger Literatur dem Thema Venedig noch hinzuzufügen? Tappt da nicht wieder einmal jemand in die adriatische Mythenfalle?

Oder liegt nicht die Berechtigung eines neuen Venedigbuches gerade in dieser Überfülle an Publikationen? Je mehr ein derart intensiv beleuchtetes Thema gedreht, gewendet, gepresst und gedehnt wird, desto vielfältiger die Formen und Facetten, die zum Vorschein kommen. In anderen Worten: Jede Deutung venezianischer Geschichte lässt aus der Zusammenschau neuester Studien neue Fragen auftauchen: Sei es zur Diskussion um Aufstieg und Fall von Großmächten oder zum noch jungen Forschungsgebiet der historischen Umweltkunde. Es werden Verbindungen, Ambivalenzen oder Widersprüche klar, welche ohne diese oder jene »ultimative« Veröffentlichung nicht möglich gewesen wären. Dies gilt besonders für das mit Mythen und Projektionen überfrachtete Venedig, dessen historischer, kultureller und nicht zuletzt sinnlicher Aura sich nicht einmal ausgefuchste Analytiker vom Kaliber Braudels entziehen können.

Peter Feldbauer, John Morrissey

Anfänge der Dogenrepublik

Venedigs Entstehungsgeschichte lässt sich nur schwer erfassen. Ein Kuriosum – ist doch die Serenissima eine der meistuntersuchten Städte der Welt, wenn nicht die am häufigsten beschriebene überhaupt. Dennoch lässt sich ihr Ursprung nur erahnen. Bei äußerst spärlicher Quellenlage können aus den uns bekannten Fakten bestenfalls Indizienketten zu den Wurzeln der späteren Weltmacht konstruiert werden. Erschwert wird eine Darstellung nicht zuletzt dadurch, dass die venezianischen Eliten im Interesse staatlicher Identitätsfindung schon seit dem 9. Jahrhundert selbst fleißig an der Mythenbildung beteiligt waren.[1] Eines steht jedenfalls fest: Im Gegensatz zu fast allen bedeutenden italienischen Städten war Venedig keine Gründung der Römer. Auf zerstreuten Inselchen eine größere Siedlung nach bewährten regelmäßigen Strukturen anzulegen wäre an der Topographie gescheitert, jede andere Lösung hätte allen Grundsätzen römischer Ingenieurskunst widersprochen. Außerdem war die kostspielige Bautätigkeit weder wirtschaftspolitisch noch militärisch sinnvoll – lag doch die Lagune im Herzen eines Riesenreiches. Es gibt allerdings Hinweise auf eine antike Befestigungsanlage, woran der Name des Stadtteils Castello erinnern soll.[2] Erst der Zerfall des Weströmischen Reiches und die Neuverteilung der Machtverhältnisse im Mittelmeerraum ließen die Lagunenlandschaft zu einer Region höchster strategischer Bedeutung aufsteigen.

Dass Hunneneinfälle und Goteninvasion – ein Phänomen, das üblicherweise als Völkerwanderung oder »barbarian invasions« bezeichnet wird – zum dauerhaften Massenexodus verschreckter Festlandbewohner führte, darf wohl als Teil der Legendenbildung angesehen werden. Sie lösten vielleicht kurzfristige Flüchtlingsströme aus, doch nach Abzug der Eindringlinge kehrten die Emigranten rasch auf das Festland zurück.[3] Zahllose Inselchen waren ohne Zweifel schon seit der Antike von Fischern und Salzproduzenten besiedelt. Außerdem dürften wohlhabende Bürger aus Aquileia und Padua den Sommer – nicht anders als Urlauber heute – auf den *lidi*, flachen Sandbänken zwischen Lagune und offenem Meer, verbracht haben. In einem Brief an die »veneti« schrieb der Beamte Cassiodorus 537: Sie lebten »wie Wasservögel jetzt auf dem Wasser, jetzt auf dem Land«, die Boote »wie die Haustiere an ihren

Hausmauern angebunden.« Eine scheinbar egalitäre Gesellschaft, wo »Reich und Arm in gleicher Weise zusammenleben.« Diese Lagunenmenschen »sind reichlich mit Fisch gesegnet. … Ihre Arbeit ist die Ausbeutung der Salinen, …dank dieser Salinen besitzen sie alles, was sie sonst nicht produzieren.«[4]

Bereits um 550 traten die Wasservögel erstmals militärisch in Erscheinung: Ihre Schiffe unterstützten Byzanz bei der Bekämpfung ostgotischer Truppen. Die erfolgreiche langobardische Expansion im letzten Drittel des 6. Jahrhunderts löste nun wirklich eine Flüchtlingswelle Richtung Insellandschaft aus, unter den Neuankömmlingen befanden sich nicht wenige vermögende Städter – aus Altino, Treviso oder Padua – und Grundbesitzer. Der Mythos sieht in ihnen die Vorfahren des venezianischen Patriziats.[5] Die Exilanten brachten administrative und juridische Kenntnisse – Erfahrungen antiker Urbanität – in die Lagunensiedlung. Weder die schleichende Desintegration des Römischen Reiches noch die so genannten Barbaren aus dem Norden konnten diesen bewährten Strukturen etwas anhaben. Im Gegenteil: Gerade die Ostgoten waren klug genug, den etablierten Beamtenapparat nicht zu zerschlagen. Davon profitierte das zukünftige Venedig.

Bootsfahrer, Fischer, Salinenbesitzer, städtische Eliten. Sie bildeten den Kern einer dynamischen Gesellschaft, die für einen Sonderweg prädestiniert war – oder aufgrund der unwirtlichen Lebensumstände einer maritimen Streusiedlung von über 60 Inselchen gar keine andere Wahl hatte. An der Spitze des Inselreiches stand ein »Dux« oder »Doge«, seit etwa 700 durch Wahl gekürt. Dieses Amt leitete sich vom »Magister Militum« ab, der bis dahin vom byzantinischen Exarchen Ravennas eingesetzt worden war.[6]

Schon im 8. Jahrhundert entwickelte sich Venedig zur Drehscheibe im Handel zwischen West- beziehungsweise Mitteleuropa, byzantinischem Reich und islamischer Welt. In dieser Frühphase merkantiler Expansion stammte das benötigte Kapital wohl aus Überschüssen der Agrarproduktion. Die eingewanderten Eliten des Festlandes hatten ihren Grundbesitz – Gärten, Felder, Salinen – nicht aufgegeben.[7] Griechen, Juden und Syrer brachten per Schiff die Luxuswaren des Orients in die Lagunenstadt, deren Kaufleute übernahmen den Weitertransport auf den Flüssen Norditaliens ins Landesinnere, von wo sie vor allem Getreide bezogen. Um 780 boten venezianische Händler in Pavia – hier kreuzte sich der Po mit der Fernhandelsstraße Richtung Alpen – vergoldete Pfauenfedern, Seide und purpurfarbene Stoffe aus Tyros an. Wie weit die Handelskontakte bereits reichten, beweisen Münzfunde auf Torcello: Archäologen fanden arabische Dirham aus dem 8. und 9. Jahrhundert.[8] Die erste politische Bewährungsprobe galt es 810 zu bestehen: Der aufstrebende Kleinstaat, de jure noch immer Teil des Byzantinischen Reiches, wurde von karolingischen Truppen angegriffen. Spätestens an der etwas höher aufragenden Insel »rivo alto« konnte Pippins Armee zurückgeworfen werden. In einem 814 mit Konstantinopel abgeschlossenen Vertrag musste Karl der Große die Unantastbarkeit Venedigs akzeptieren.

Aufgrund dieser miltärischen Erfahrung, aber vielleicht auch wegen der häufigen Malaria im näher beim Schilfgürtel gelegenen Torcello, wurde Rialto neues Zentrum der autonomen Stadt, die ihr Selbstbewusstsein und Unabhängigkeitsstreben durch die Adoption eines neuen Schutzheiligen demonstrierte: 828 erwarb man unter dubiosen Umständen die Gebeine des Evangelisten Markus in Ägypten. Ein Heiliger der ersten Kategorie entsprach viel mehr den Ambitionen des Aufsteigers als ein eher unscheinbarer Lokalpatron namens Theodorus. Nicht anders handelten Venedigs italienische Konkurrenten. Amalfi wählte sich keinen geringeren Schutzherren als den Hl. Andreas, Pisa adoptierte nach fulminanten Siegen über die Sarazenen die Jungfrau Maria. Genua war mit dem Hl. Laurentius, zu dem sich später der Drachentöter Georg – auch Namensgeber einer der einflussreichsten Banken des Mittelalters und der frühen Neuzeit – gesellte, ebenfalls prominent vertreten. San Marco erwies sich für die Corporate Identity der Lagunenstadt als Glücksgriff: Soll er doch in Aquileia gewirkt und dort die Basilika gegründet haben. Mit der Inthronisation eines international und regional bedeutsamen Heiligen stellte man sich nicht nur in eine Reihe mit Rom, Konstantinopel oder Jerusalem, sondern untermauerte den Anspruch auf die Führungsrolle in der nördlichen Adria. Die Adoption eines »lateinischen« Patrons – an Stelle des »griechischen« Theodorus – untermauerte auch deutlich Venedigs Anspruch auf Unabhängigkeit von Byzanz.[9] Außerdem war gleichzeitig für Rentabilität gesorgt: Starheilige kurbelten den Pilgertourismus an. Politische Legitimation und Wallfahrtsziel: Jahrhunderte lang sollten diese Erwägungen beim Raub von Reliquien eine wichtige Rolle spielen, wie der Streit zwischen Venedig und Bari um die Authentizität der Gebeine des Hl. Nikolaus zeigt. Die Serenissima entschied den Disput um den Schutzherren der Seeleute für sich. Ein Triumph, der in zeitgenössischen Chroniken Erwähnung fand:

> »Das glückliche Venedig, schreibt der Hagiograph, ist heute glücklich, denn es glänzt, gestützt auf zwei Säulen. Es hat den Löwen (Hl. Markus), der ihm in der Schlacht den Sieg schenkt. Es hat den Steuermann (Hl. Nikolaus), der den Seesturm nicht fürchtet.«[10]

Vom fernen Basileios, dem oströmischen Kaiser, als wichtigster Partner im Westen – 827 unterstützten venezianische Kampfschiffe die Byzantiner in Sizilien – in die Autonomie entlassen, dem in gefährlicher Nähe agierenden westlichen Kaiser die Krallen gezeigt, zum Papst freundlich-kritische Distanz: Bereits im 9. Jahrhundert zeichnet sich ein wesentliches Charakteristikum venezianischer Politik ab. Flexible Diplomatie und geschicktes Lavieren zwischen Großmachtinteressen einerseits, blitzartige und skrupellose Anwendung von militärischer Gewalt andererseits. Lane verleiht diesem Wesenszug das Adjektiv »geschmeidig«: Ein Gefühl für die Grenzen des Machbaren. Mit geeigneten Mitteln Chancen sofort nützen. Aber auch machtpolitischen Verlockungen bei zu großem Risiko widerstehen.

Geschickt baute die Markusrepublik bis zur Jahrtausendwende ihre Machtposition im Handel auf Norditaliens Flüssen, aber auch in der Adria aus: Unterwerfung benachbarter Konkurrenten, wie das im Podelta gelegene Comacchio oder das istrianische Koper, endgültige Verdrängung der Sarazenen aus der Adria − noch 878 waren arabische Schiffe bis Grado vorgestoßen −, Kontrolle der dalmatinischen Küste. Im Jahr 1000 nahm der Doge den Titel »Dux Dalmaticorum« an. Zur Jahrtausendwende soll erstmals die bis heute mit größter Begeisterung zelebrierte Vermählung des Dogen mit dem Meer inszeniert worden sein: »Lo sposalizio del mare«, ein geradezu antikheidnischer Staatsakt als Ausdruck venezianischer Identität und Unabhängigkeit. Der feierlich ins Meer geworfene Ring symbolisiert die Vereinigung der Republik mit dem Meer und legitimiert somit ihren Herrschaftsanspruch. Eine Souveränität, die ihr kein Kaiser oder Papst gewährt − die Serenissima nimmt sie sich einfach. »Desposamus te, mare, in signum veri perpetuique dominii«, heißt es in der Trauungsrede − »dominii« und nicht »domini«, im Namen der Herrschaft und nicht des Herrn. Von Gottes Gnade keine Rede. Dieses Staatszeremoniell zeigt auch, welche Rolle die Kirche in Venedig spielte: Sie hatte der Republik zu dienen. Bezeichnenderweise unterstand die Markuskirche dem Dogen, Pfarrer wurden von den Bürgern ihres Sprengels gewählt.[11]

Mittlerweile hatte sich die Seerepublik vollkommen aus der ohnehin nur theoretischen Abhängigkeit von Byzanz gelöst. Wie und wann dieser Schritt zur endgültigen Eigenstaatlichkeit vollzogen wurde, ist unklar. Vielleicht ein langsames Gleiten in die Unabhängigkeit, ohne offiziellen Vertrag und Zeremoniell: »Die Oberhoheit des Kaisers von Byzanz verblich allmählich … .«[12] Möglicherweise markiert aber der »Pactum Lotarii« des Jahres 840 den definitiven Beginn venezianischer Selbstbestimmung: In diesem Dokument wurde der fränkisch-byzantinische Vertrag von 814 erneuert, allerdings vom Dogen im Namen der Republik und nicht vom griechischen Kaiser unterzeichnet. Erstmals trat die Lagunenstadt als international anerkannter Partner auf, dessen Interessen nicht mehr ignoriert werden konnten. Die Abmachung erkannte ausdrücklich Venedigs Anspruch auf Kontrolle der Adria an.[13]

Ähnliches galt für die Flüsse. Das Heilige Römische Reich gewährte der Dogenrepublik ab dem 9. Jahrhundert auf Po, Etsch, Brenta, Piave und Tagliamento weit gehende Handelsrechte und Schutz bei Schiffbruch. Venezianische Kapitäne unterlagen nicht dem Strandrecht, lokale Grundbesitzer mussten ihre Finger von gestrandeten Booten samt Ladung lassen. Bald nahmen die Venezianer vor allem auf dem Po mit kampfstarken Geleitzügen den Schutz ihrer Flussfahrer in die eigene Hand. Ein System, das sie später mit den Konvois der *muda* perfekt auf die maritime Schifffahrt übertrugen. Außerdem zwangen sie allen anderen auf den Flüssen verkehrenden Kaufleuten ihre Regeln auf: Fremde Händler mussten Waren- und Gewichtskontrollen akzeptieren, bei Verstößen wurden strenge Geldstrafen verhängt. Auch als sich Venedig immer mehr der Adria zuwandte und den Binnentransport Spezialisten aus Pavia, Piacenza, Cremona oder Verona überließ, wurde er venezianischen Bestimmungen entsprechend abgewickelt.[14] Nicht weniger energisch setzte sich die Markusrepublik im Salzgeschäft durch: Hier erlangte sie durch die übliche Melange aus Diplomatie, Boykott und Gewalt – wovon Triest ein Lied zu singen wusste – in der nördlichen Adria eine geradezu monopolartige Position bei Herstellung und Vermarktung dieses vielseitig verwendbaren Rohstoffes.[15]

Der steigende Bedarf nach orientalischen Luxuswaren führte bald zur entscheidenden Neuorientierung venezianischer Wirtschaftspolitik: Expansion über das offene Meer, Einstieg in den Fernhandel. Als besonders hilfreich erwiesen sich dabei Privilegien in Form einer byzantinischen Bulle aus dem Jahre 993. Als Anerkennung für erfolgreiche Flottenunterstützung im Kampf gegen die Sarazenen Süditaliens und gegen die Slawen gewährte der Kaiser dem Lagunenstaat Vergünstigungen in der gesamten Romania. Außerdem hatten venezianische Seefahrer trotz ihrer Kampagnen gegen arabische Schiffe Kontakte zur islamischen Welt geknüpft.[16] Darauf weist auch die Legende vom illegalen Export der Gebeine des Hl. Markus hin: In Alexandrien erwarben venezianische Kaufleute die Gebeine des zukünftigen Schutzpatrons und versteckten sie vor den arabischen Zöllnern unter einer Kiste voller Schweinefleisch.[17] Auch die aus dem 10. und 11. Jahrhundert stammenden ägyptischen *bacili* – bunte Tonteller, die zur Dekoration in Kirchenaußenwände eingemauert wurden – im Museum der südlich des Po liegenden Abtei von Pomposa belegen frühe Handelsbeziehungen zwischen Italienern und Muslimen. In anderen Regionen Italiens wurde ebenfalls arabische Keramik als Fassadenschmuck verwendet. Ein besonders schönes Beispiel ist der winzige frühromanische Dom im ligurischen Noli, dessen bunt glasierte Tellerchen – hier wie in der Toskana *bacini* genannt – aus Tunesien und Sizilien stammen.

Venedigs Position als unumstrittene Regionalmacht bedeutete den Zugriff auf die damals noch riesigen Eichen-, Eschen- und Buchenwälder des Hinterlandes, dazu kamen die Nadelhölzer der nahe gelegenen Alpen. Der Export von Holz, einem strategisch wichtigen Rohstoff, in das waldarme östliche Mittelmeergebiet war eine Trumpfkarte im internationalen Handel, ganz besonders mit muslimischen Staaten. Kaiserlichen und päpstlichen Verboten zum Trotz lieferten venezianische Kaufleute reichlich das für Kriegszwecke unentbehrliche Bauholz an arabische Machthaber, die ihrerseits häufig mit Gold bezahlten. Das afrikanische Edelmetall diente ihren christlichen Partnern beim Erwerb jener orientalischen Luxuswaren, nach denen Europa so gierte und welche riesige Gewinnspannen versprachen.[18] Nicht anders verhielt es sich mit dem zweiten lukrativen »Exportprodukt«, den Sklaven. Die Riva degli Schiavoni – Uferstraße der Sklaven – zwischen Markusplatz und Arsenal erinnert an den Stellenwert dieses einträglichen Wirtschaftszweiges.

> »Im 9. und 10. Jahrhundert waren die noch nicht bekehrten slawischen Völker ... Hauptversorgungsquelle des Sklavenmarktes. Italien war einer dieser Märkte, das muselmanische Nordafrika ein noch besserer. ... Eine Zeit lang spezialisierte sich Venedig darauf, Eunuchen für die Höfe und Harems des Ostens zu liefern, und die Sarazenen kauften slawische Sklaven auch als Soldaten zur Auffüllung ihrer Heere.«[19]

Im 11. Jahrhundert sah sich Venedig in der südlichen Adria mit einem neuen Gegner konfrontiert: Dem Normannen Robert Guiscard, welcher nicht nur die merkantilen Interessen der Markusrepublik bedrohte, sondern durch seine tollkühnen Expansionspläne Byzanz' hochproduktive Balkanprovinzen[20], ja Konstantinopel selbst. Wie schon so oft traten die Venezianer an die Seite ihres traditionellen Verbündeten, der zu Lande gegen die Normannen eine vernichtende Niederlage einstecken musste. 1081 schlugen Venedigs Galeeren Guiscards Flotte bei Durazzo – ein Sieg mit weitreichenden Folgen. Als Dank gestand Kaiser Alexios den Venezianern innerhalb der Romania volle Reisefreiheit zu, sie mussten keinerlei Zölle zahlen. Ein unglaubliches Privileg, unterlagen doch selbst Griechen dem Abgabensatz von zehn Prozent.[21] Damit stand der Serenissima auf dem Weg zur ökonomischen Vorherrschaft im Byzantinischen Reich nichts mehr im Wege, was vor allem Amalfi schmerzlich zu spüren bekam.

Zur Absicherung ihrer Privilegien war die Serenissima nicht einmal gegenüber dem Vertragspartner besonders zimperlich. Wann immer den Griechen Venedigs Dominanz unheimlich wurde und sie an Einschränkungen alter Vorrechte beziehungsweise an Begünstigungen der italienischen Konkurrenten dachten, reagierte die Dogenrepublik mit Entsendung ihrer Galeeren. Handelsexpansion und steigende Profite sollten also nicht alleine der friedlichen Tätigkeit unternehmerischer Kaufleute zugeschrieben werden. Eine viel wichtigere Voraussetzung des raschen Erfolgs war der staatlich organisierte, gezielte Einsatz der schlagkräftigen Flotte im Dienste von – immer häufiger aber auch gegen – Byzanz, zum Schutze eigener Handelsschiffe oder zum Zwecke der Seeräuberei. Was Venedig in den ersten Jahrhunderten seines Aufstiegs reich machte, waren daher nicht einfach Zwischenhandelsgewinne infolge überlegener kommerzieller Techniken. Genauso wichtig waren: Eintreibung von Protektionsrenten, Differenzialprofite aufgrund der höheren Schutzkosten der Konkurrenz, sowie Einkünfte aus Kaperfahrten und Krieg.[22]

Der Einsatz von Kampfschiffen zur Bekämpfung ökonomischer Kontrahenten und zur Durchsetzung von Monopolansprüchen sowie das Bemühen, die Schutzkosten der eigenen Galeerenverbände niedrig zu halten, blieben Jahrhunderte lang kennzeichnend für Venedigs Handelspolitik. Im Zuge der erfolgreichen Handelsexpansion verlor Gewalt gegenüber ständig verbesserten kommerziellen Organisationsformen und schmiegsamer Diplomatie allmählich an Bedeutung, sodass Ende des 15. Jahrhunderts ein venezianischer Kaufmann den nach Indien vordringenden Portugiesen vorhielt, sie sollten die Schiffe der Konkurrenten nicht ausplündern, falls sie Handel treiben wollten.[23] Hinter diesem Vorwurf verbirgt sich ein kurzes historisches Gedächtnis: Die Adriametropole war erst nach vielen Kämpfen zu jener Handelsrepublik geworden, die den mediterranen Wirtschaftsraum dominierte, deren Eliten längst nach kommerziellen Kriterien dachten, die am meisten vom so genannten friedlichen Wettbewerb profitierte – und die noch immer Monopolgewinne notfalls auch mit ihren Kriegsschiffen verteidigte. Im 12. Jahrhundert war man von all dem aber noch weit entfernt.

Im Sinne dieser Strategie war es logisch, dass Venedigs erste Intervention im Verlauf der Kreuzzüge die Zerstörung pisanischer Schiffe vor Rhodos war. Die Toskaner mussten zusätzlich versprechen, sich vom Handel in byzantinischen Häfen zurückzuziehen. 25 Jahre später fiel die bei Tyros so erfolgreiche Flotte plündernd über mehrere Ägäisinseln her, um dem griechischen Kaiser die Konsequenzen seiner Diversifizierungspolitik zu Gunsten italienischer Konkurrenten vor Augen zu halten. Das traditionell freundliche Verhältnis zwischen Dogenrepublik und Ostrom schlug nun endgültig in Misstrauen, Verachtung und Hass um. Als Manuel Komnenos gar mit Papst Alexander III. über die Wiedervereinigung der Kirchen und der Kaiserreiche verhandelte, schrillten in der Serenissima alle Alarmglocken, sahen sie doch die Machtbalance im Mittelmeer gefährdet. Mit nicht weniger Argwohn beobachtete der Dogenstaat Byzanz' wachsenden Einfluss an der dalmatinischen Küste. Verstärkt wurden die Ressentiments durch die auf byzantinischem Territorium ausgetragenen Kämpfe zwischen Pisanern, Genuesen und Venezianern.[24] Außerdem empfanden viele Griechen das Auftreten der »Lateiner«, die sich wie die wahren Herren des Reiches aufspielten und tatsächlich über einigen Einfluss am Hof der Kaiserfamilie verfügten, als Provokation. Der griechische Chronist Niketas Choniates schrieb über die Venezianer, sie seien »Menschen, die sich vom Meer ernähren, nach Art der Phönizier umherschweifend, zu jeder List bereit.«[25] Die hochexplosive Stimmung entlud sich 1171 in den »Lateinerpogromen«. Die blindwütigen Ausschreitungen dürften so manchen Venezianer das Leben gekostet haben, viele fanden sich im Gefängnis wieder, ihr Stadtviertel wurde geplündert. In den kommenden Jahrhunderten betrachtete Venedig je nach Interessenlage Byzanz als Feind oder als leicht manipulierbare Marionette – nie wieder jedoch als gleichberechtigten Partner. Was für die einstige Weltmacht fatale Folgen haben sollte.

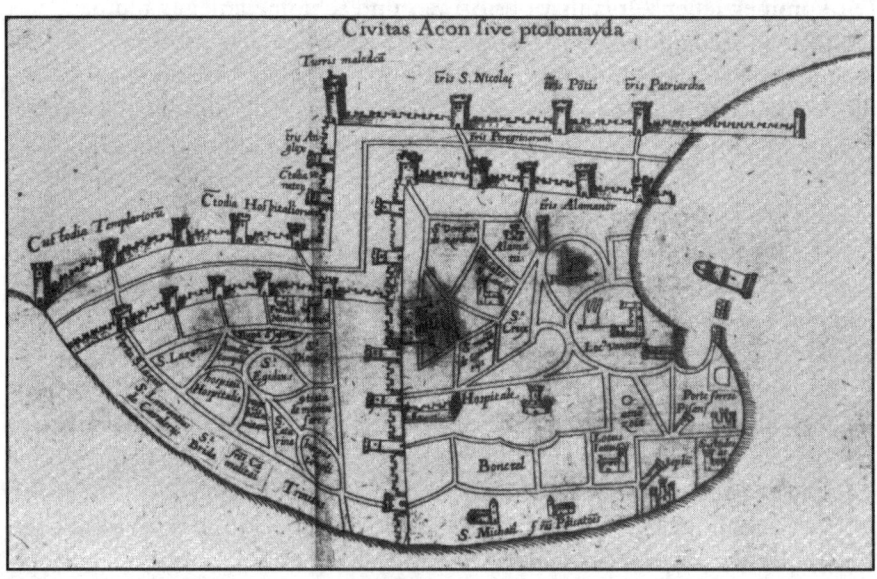

Italienische Rivalen

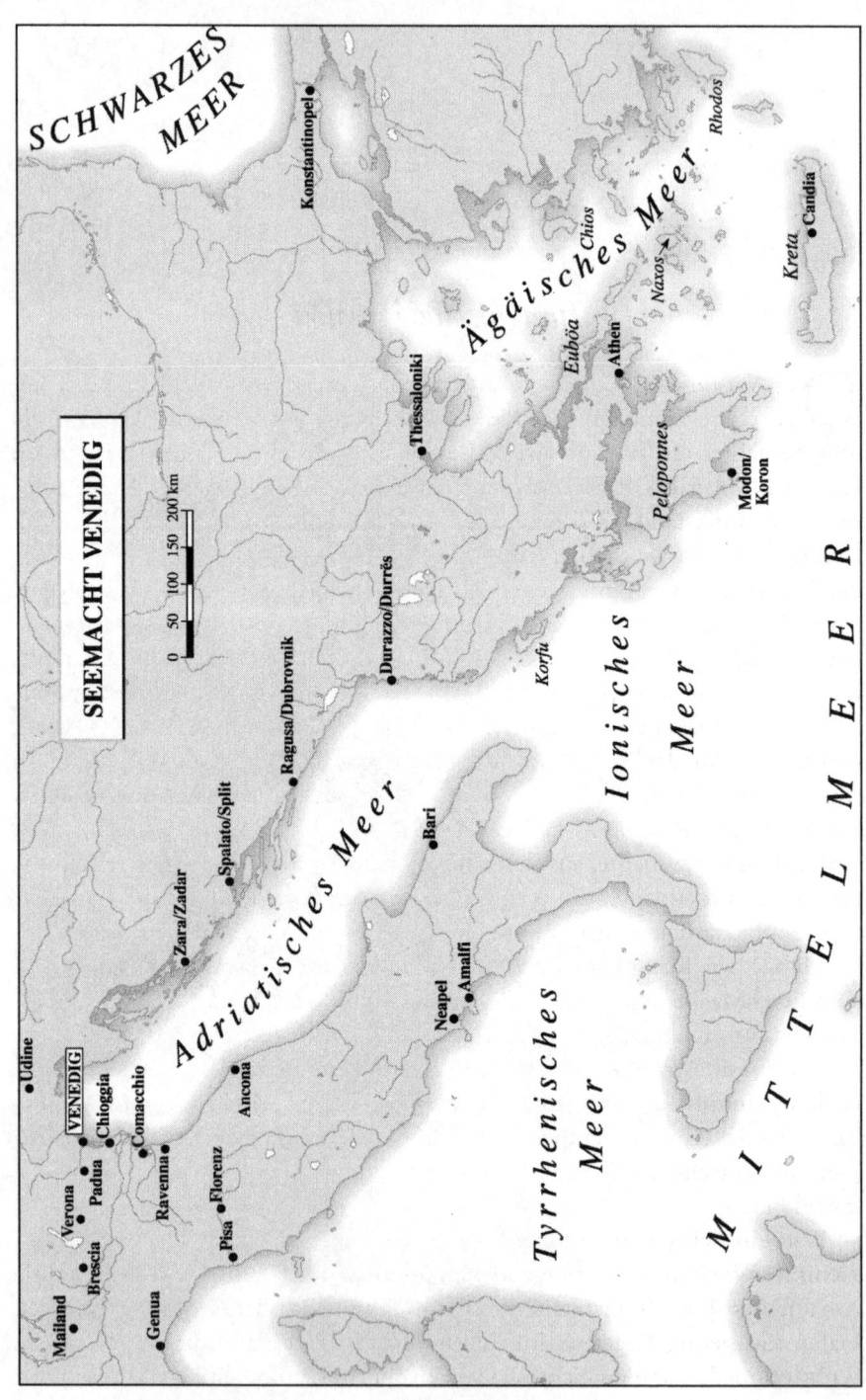

Amalfi – die Avantgarde?

Der Aufstieg des süditalienischen Hafenstädtchens zeigt einige Parallelen zur venezianischen Geschichte. Allerdings etablierten sich amalfitanische Seefahrer ein Jahrhundert früher als ihre adriatischen Kollegen an den Küsten Nordafrikas, der Levante und im Byzantinischen Reich. Wie die Serenissima unterstand Amalfi zunächst dem Exarchat von Ravenna, genoss als Byzanz' Tor zum westlichen Mittelmeer und als verlässlicher Bündnispartner der Griechen beim Kampf gegen die Langobarden weitgehende Autonomie. Im 9. Jahrhundert scheint Amalfi endgültige Eigenstaatlichkeit erreicht zu haben: Auch in diesem Fall bleibt die Frage offen, ob es sich um einen allmählichen Loslösungsprozess handelte oder ob die Annahme einer republikanischen Verfassung um das Jahr 840 die Unabhängigkeit von Ostrom bedeutete.[1] An der Spitze des jungen Staates standen – in Anspielung an römisch-republikanische Traditionen, auf die sich die Nobilität unermüdlich berief – zwei Rektoren, gewählt von der Versammlung der *comiti*, meist wohlhabende Kaufleute, aus deren Kreis auch Beamte und Richter stammten. Bald wurde jedoch die Regierungsform entscheidend geändert: Abkehr von republikanischen Strukturen, Umwandlung in ein erbliches Fürstentum. Der Doge, wie man das Staatsoberhaupt ab 957 nannte, war jedoch nicht mit absoluter Macht ausgestattet. Er musste sich bei Verdacht des Amtsmissbrauchs vor einem öffentlich abgehaltenen Gericht rechtfertigen, bei Gesetzesbruch mit Absetzung, Konfiskation des Vermögens und gegebenenfalls nach byzantinischer Sitte mit Blendung rechnen.[2] Kontrolle und Machtbalance spielten offensichtlich trotz Hinwendung zur Monarchie noch immer eine entscheidende Rolle und trugen zur inneren Stabilität des Dogenstaates bei.

Wie ein Schwalbennest am Ende einer engen Schlucht klebend, eingeklemmt zwischen steil aufragenden Bergen und offenem Meer nutzten die Amalfitaner ihre Möglichkeiten optimal: Einen natürlichen, gut geschützten Hafen mit genug Tiefgang. Im unmittelbaren Hinterland dichte Wälder als Rohstoffquelle für den Schiffsbau und den gewinnträchtigen Holzexport.

Der für den Aufbau einer Flotte nicht weniger wichtige Hanf aus dem benachbarten Neapel. Reichlich Wasser, um Mühlen zu betreiben. Abgesehen von schmalen Terrassengärten, die den Anbau von Obst, Zitrusfrüchten, Gemüse und Wein zur Selbstversorgung erlaubten, verfügte Amalfi über keinerlei Hinterland, um die Bevölkerung ausreichend mit Getreide zu versorgen. Allerdings erwies sich dieser Mangel an fruchtbarem Ackerland – wie bei Venedig – als Vorteil: Nur die totale Hinwendung zum Meer konnte das Problem lösen, außerdem wurde freies Kapital in den Handel und nicht wie bei den potenziellen Rivalen Salerno oder Neapel in die Landwirtschaft investiert. Hier liegt wohl auch die Antwort auf die von Horden/Purcell gestellte Frage, »warum Amalfi statt Neapel«, wenn doch beide Städte im selben internationalen Handelsnetzwerk lagen.[3]

Die Amalfitaner hatten es verstanden, topographische Benachteiligung in eine Gunstlage umzukehren, genauso gelang es ihnen, im brisanten politischen Kräftespiel Süditaliens erfolgreich zu agieren. Prallten doch hier die Interessen von Papst, westlichem Kaiser, Byzantinern, Langobarden, Sarazenen und rivalisierenden Hafenstädten wie Neapel oder Salerno aufeinander. Geschickt taktierend, flexibel die Bündnispartner wechselnd, sowie im Fall der Fälle die Flotte einsetzend, stieg Amalfi zur Großmacht auf.

Musterbeispiel pragmatischer Politik im komplizierten Machtgefüge des Mittelmeerraumes ist die Beziehung der Amalfitaner zu den italienischen Sarazenen. Hier zeigt sich besonders deutlich die ambivalente Haltung einer Handelsstadt, die ökonomische Interessen mit politischem Kalkül in Einklang zu bringen hatte: Erwarteten doch Papst und Kaiser Unterstützung im Kampf gegen die Muslime, unter deren Piratenangriffen die Küstengebiete schwer zu leiden hatten. Nahmen 846 amalfitanische Schiffe noch an der Verteidigung Roms teil, so weigerte sich 880 Rektor Pulchari trotz bereits erfolgter reichlicher Bezahlung und der Garantie von Steuerprivilegien, die Küsten Latiums zu verteidigen. Woran selbst die Androhung der Exkommunikation nichts ändern sollte. Das 9. und 10. Jahrhundert waren jedenfalls von häufig wechselnden Allianzen gekennzeichnet. Anscheinend waren Amalfi oder Neapel häufiger mit den Sarazenen verbündet als mit christlichen Machthabern.[4]

Trotz dieser den christlichen Staaten äußerst unsympathischen Vorgangsweise pflegte aber Byzanz weiterhin enge Kontakte zur süditalienischen Handelsmetropole. Ausgestattet mit kaiserlichen Privilegien sowie mit freundlicher Duldung muslimischer Herrscher ließen sich amalfitanische Kaufleute im gesamten Mittelmeerraum nieder und bauten dabei Strukturen auf, die in der Kreuzzugsära so typisch für alle Seerepubliken werden sollten: Stützpunkte beziehungsweise eigene Viertel in den wichtigsten Küstenstädten, deren Behörden den Fernhändlern üblicherweise extraterritorialen Status zugestanden. In der Kolonie galt die Rechtsprechung der Heimatstadt, wenn es unter den Italienern zu Streit kam. Ob in Córdoba, Alexandrien, Jerusalem, Antiochia, Konstantinopel oder Durazzo/Durres – Reisende konnten in den ihnen zugewiesenen Stadtvierteln mit vertrauter Infrastruktur rechnen: Bäckerei, Fleischer, Badehaus, Spital, Kirche, Herbergen, Magazine und manchmal sogar Dockanlagen. Um 1070 setzten amalfitanische Kaufleute in Jerusalem einen Meilenstein in der Entwicklung des Gesundheitswesens. Mit Einverständnis des Kalifen bauten sie eine Kirche, der Gästezimmer und ein Krankenhaus angeschlossen waren. Das Hospiz sollte allen Reisenden offen stehen. Die ärztliche Behandlung orientierte sich an der arabischen Medizin, welche gesunde Nahrung und Sauberkeit als wichtige Voraussetzung erfolgreicher Therapie ansah. Aus dieser Institution sollte sich später der Malteser Ritterorden entwickeln, von dessen Sanitätsautos das Wappenkreuz Amalfis leuchtet. Die Rolle seiner Kaufleute als Vorreiter der italienischen Expansion zeigt sich auch daran, dass die Kreuzfahrer bei der Eroberung Antiochias auf eine »Via degli amalfitani« stießen.[5]

Von arabischer Seite besonders gut dokumentiert ist die Kolonie in Ägypten, nicht zuletzt aufgrund der dramatischen Ereignisse des Jahres 996: Yahia von Antiochia und al-Mussabili berichten von Massakern an Christen nach einem Brand im Hafen von Kairo. Das Feuer brach ausgerechnet auf der sich zu Operationen gegen Byzanz vorbereitenden Flotte aus, Europäer wurden dafür verantwortlich gemacht, so auch die Amalfitaner, die als einzige namentlich erwähnt werden: »Das Volk verdächtigt amalfitanische Kaufleute vom Volk der Rûm …«.[6] Kalif al-Aziz war jedoch an guten Beziehungen zu den Italienern – die man in der arabischen Welt verallgemeinernd »Rûm« nannte – interessiert, er ließ die Täter bestrafen, die Schäden wurden kompensiert. Schließlich lieferten trotz wiederholter Klagen des Papstes Amalfitaner den Fatimiden, die Ägypten erst 969 erobert hatten, kriegswichtige Rohstoffe: Bauholz, Eisenerz, Pech und auch Sklaven im Austausch für Gold und Gewürze.

Noch vor der Jahrtausendwende war der Kleinstaat, dessen »Territorium« neben dem Zentrum Amalfi auch die Nachbarorte Atrani, Minori, Maiori Scala und das hoch am Berg gelegene Ravello umfasste, die Drehscheibe im Handel zwischen Orient und Okzident. Wobei ein beträchtlicher Teil aus dieser Region stammender Menschen mittlerweile in Übersee lebte: »Das wahre Amalfi findet man nicht in Amalfi. Die aktivsten Elemente der Bevölkerung, und vielleicht auch die Mehrheit, haben sich in fernen Ländern niedergelassen …«.[7] Trotzdem blieb die Dogenrepublik pulsierendes Herz des merkantilen Imperiums, was sich auch daran zeigt, dass erfolgreiche Emigranten als Mäzene und Bauherren zum Glanz der Hauptstadt beitrugen. So

auch ein gewisser Mauro, wohlhabend durch Handel mit Seide und Gold-
schmiedewaren, der als *hypatos*, Gemeindevorsteher, die amalfitanische Kolonie in Konstantinopel repräsentierte: Er ließ um 1065 in der griechischen
Metropole gewaltige Bronzetüren für den heimatlichen Bischofspalast anfer-
tigen – jetzt zieren sie den im 19. Jahrhundert eher unglücklich restaurierten
Dom des hl. Andreas. Mauro soll auch maßgeblich am Bau des bereits erwähnten Hospitals in Jerusalem beteiligt gewesen sein.[8]

Die Wirtschaft blühte. Wichtigstes Gewerbe der Stadt war natürlich der
Schiffsbau. Im zentral gelegenen Arsenal liefen leistungsfähige Galeeren vom
Stapel, angefertigt von hochspezialisierten Facharbeitern. Ein Dokument des
Jahres 957 erwähnt den *tarì*, die vielleicht erste seit dem Ende des weströmischen Reiches in Italien geprägte Münze. Amalfitanische Magistratsbeamte
kodifizierten auf spätrömische Zeit zurückgehende Seefahrtsgesetze: Die
heute im Stadtmuseum zu besichtigenden »tavole amalfitane« fanden bald im
ganzen Mittelmeergebiet Anerkennung, erstmals wurde der Seehandel nach
international verbindlichem Recht abgewickelt. Vitalität und Wohlstand der
Handelsstadt beeindruckten um 980 den arabischen Reisenden Muhammad
Ibn Hawqal derart, dass er in Superlativen schwelgte: »Amalfi, die reichste
Stadt im Langobardenreich, die edelste und glanzvollste…«.[9]

Durch die unmittelbare Nachbarschaft zu den italienischen Sarazenen war
Amalfi wohl der erste christliche europäische Staat, der von der überlegenen
islamischen Kultur profitierte. Spuren dieser Einflüsse sind noch heute an der
Küste zwischen Positano und Vietri sul Mare sichtbar: Amalfi rühmt sich seiner Zitrusfrüchte und seines handgemachten Papiers, Vietri seiner Keramik;
bunte Kirchenkuppeln sind das architektonische Wahrzeichen der gesamten
Küstenregion. Der wahrscheinlich aus Positano stammende Flavio Gioia soll
den Kompass entscheidend weiterentwickelt haben: Chinesen und Araber
hatten eine auf Wasser schwimmende magnetisierte Nadel benützt, die sich
auf hoher See aber nicht einfach handhaben ließ. Auch so manche Finanz-
technik dürfte über Amalfi den Weg nach Europa gefunden haben, beispielsweise das Modell der *commenda* oder *colleganza* – einfach organisierte, aber
umso effizientere Kapitalgesellschaften – zur Finanzierung von Han-
delsfahrten. Eine Form der Geldbeschaffung, die später Genuesen und Venezianer weiterentwickeln sollten.[10]

Neben den bereits erwähnten strategischen Rohstoffen belieferten amal-
fitanische Kaufleute die islamischen Staaten mit Fassdauben, Holzschuhen,
Hanf, Getreide, Öl, Trockenfrüchten und Wein. Aus dem Orient wurde der
europäische Markt mit Gewürzen aller Art, Aloe für medizinische Zwecke,
Balsam und Weihrauch für die Liturgie, Farbstoffen, Alaun zur Fixierung von
Farben, Baumwolle, Samt, Seide, Teppichen, Edelsteinen, Perlen und Elfen-

bein versorgt. Luxuswaren, die Europa begierig aufnahm. Um 1100 schrieb Guglielmo di Puglia über den Reichtum des Dogenstaates:

»Keine andere Stadt besitzt mehr Gold, Silber und wertvolle Kleidung – aus zahllosen Ländern stammend. … Die Amalfitaner befahren häufig die Meere. Sie kennen Araber, Libyer, Sizilianer, Afrikaner, und sind in der ganzen Welt als große Kaufleute bekannt, die viel verkaufen und noch mehr kaufen.«[11]

Auf dem Höhepunkt ökonomischer Macht sah sich Amalfi jedoch mit schweren inneren und äußeren Krisen konfrontiert: Einerseits eskalierten Rivalitäten zwischen alteingesessenem Patriziat, dem *popolo grasso*, und einfachen Bürgern, dem *popolo minuto*. Andererseits rückten die Normannen immer näher. Vergeblich wurde Pantaleone di Mauro, Sohn des oben beschriebenen Mäzens, diplomatisch aktiv: Sein Plan einer anti-normannischen Allianz zwischen Byzanz, Heiligem Römischen Reich und Kirche war zum Scheitern verurteilt. Hatten doch der Papst, aber auch der römische Kaiser die Ansprüche der Normannen in Süditalien ausdrücklich anerkannt.[12] 1073 eroberte Robert Guiscard Amalfi, der Popolo grasso arrangierte sich schnell mit dem neuen Herren. Das Chaos der folgenden Jahre – Unabhängigkeit nach Guiscards Tod, Herrschaft des Popolo minuto und baldiges Scheitern dieses demokratischen Experimentes, Wiedereinsetzung des Dogen, erneute Herrschaft der Normannen – hätte dem amalfitanischen Handelsnetz, dessen Stärke ja auf florierenden Kolonien beruhte, die von den Wirren im Mutterland nicht besonders tangiert wurden, vielleicht nicht dauerhaft geschadet. Das sieht man am Beispiel Genuas, wo die Geschäfte trotz innenpolitischer Dauerkrise und bürgerkriegsähnlichen Unruhen blendend liefen. Wirklich verhängnisvoll war, als Folge von Guiscards militärischer Expansion Richtung Osten, das Arrangement Konstantinopels mit Venedig: Der Serenissima fielen nach ihrem Seesieg gegen die Normannen Privilegien »alla amalfitana«, großzügigst erweitert, in den Schoß. Außerdem mussten die Kaufleute Amalfis in der Romania an Venedig Tribute zahlen. »Das amalfitanische Kolonialreich wurde Bestandteil der venezianischen Welt.«[13]

Dennoch verfügte die süditalienische Handelsmetropole – selbst nach den verheerenden pisanischen Angriffen in den Jahren 1135 und 1137 – über genügend Potenzial, um im regionalen Handel, vor allem mit Sizilien und Sardinien, eine wichtige Rolle zu spielen. Für die Normannen blieb Amalfi als Hafen und Finanzzentrum unverzichtbar, zahlreiche amalfitanische Beamte dienten den staufischen Kaisern Heinrich VI. und Friedrich II. beim Aufbau administrativer Strukturen. Schiffe Amalfis galten unter den Anjou als der schlagkräftigste Teil der neapolitanischen Flotte und noch 1359/60 stammte ein Großteil der von Neapel nach Cagliari auslaufenden Handelsschiffe in Wirklichkeit aus dem politisch bedeutungslos gewordenen Hafenstädtchen.[14] Als besonders lukrativer und krisensicherer Wirtschaftszweig erwies sich außerdem – dank einer schroffen Felsküste voller Schlupfwinkel – die Piraterie. Ein Chronist um 1320: »… diese Küste wird von übelsten Leuten, den größten Piraten der Welt, bewohnt. Vor allem in einem Dorf namens Positano.«[15]

Pisa – die Angriffslustige?

Als sicherer Etappenhalt auf dem Weg nach Rom dürfte Pisa schon im Frühmittelalter von Pilgern aus dem Norden profitiert haben. Hier kreuzte die antike Via Aurelia den Arno, etwa 15 Kilometer nordöstlich verlief die Via Francigena, ein bis heute populärer Wallfahrerweg. In der Römerzeit neben Ostia der wichtigste Hafen an der westitalienischen Küste, blieb die Stadt auch im 7. und 8. Jahrhundert Scharnier im Handel mit Korsika, Sardinien, Spanien und Frankreich. Formell unterstand Pisa zunächst der Markgrafschaft Tuszien, löste sich aber wie Amalfi und Venedig im Falle Byzanz' schrittweise aus dieser Oberherrschaft.

Anders als Amalfi, Venedig und Genua erfreute sich die Arnostadt günstiger geographischer Voraussetzungen. Im Zentrum einer fruchtbaren, wenn auch fallweise sumpfigen Ebene gelegen, begrenzt von wald- und wildreichen Bergen, verfügte Pisa reichlich über wichtige Rohstoffe und Grundnahrungsmittel: Holz für den Schiffsbau und als Brennmaterial für die Metallverarbeitung, Felle und Häute, aber auch das für die Lederherstellung unverzichtbare Tannin. Das Angebot der Märkte war vielfältig: Gemüse, Obst, Fleisch, Honig, Wein, Öl und – wichtig im Falle einer Getreideknappheit – Kastanien. Lokale Hanfproduzenten belieferten Textilgewerbe und Seilereien, Safran kam aus San Gimignano, Salz und Getreide bezog man aus der Maremma, die außerdem – wie Elba und die im toskanischen Nordwesten gelegene Lunigiana – Pisas Metallindustrie mit Eisenerz versorgte. Über Serchio und Arno bestanden gute Verbindungen ins Hinterland, vor allem nach Lucca und Florenz. Allerdings stellte das Geschiebe der Flüsse die Kommune vor gewaltige Probleme: Gesteinsmassen verringerten die Wassertiefe, wodurch einerseits die Schifffahrt behindert wurde, andererseits umliegendes Land versumpfte und somit die Malariagefahr anstieg.[16] Im 12. Jahrhundert wurde der Hafen daher an die Küste verlegt, was bei einer Distanz von etwa 15 Kilometern den Transportaufwand erhöhte und aufwändige Schutzmaßnahmen im Kriegsfalle erforderte. Doch solange die Verbindung zwischen Metropole und Porto Pisano, von dem es angeblich heute keine Spuren mehr gibt, militärisch abgesichert war, bezeichneten Zeitgenossen Pisa als die »Mündung der Toskana«.[17]

Seit dem Aufstieg zur Regionalmacht im 9. Jahrhundert scheinen die Pisaner mehr als jede andere italienische Kommune auf militärische Mittel zur Durchsetzung ihrer Interessen gesetzt zu haben, vor allem gegenüber den Sarazenen. Schon 820 attackierten pisanische Schiffe die afrikanische Küste, wo sich die Stützpunkte arabischer Korsaren befanden. Hatten die Expeditionen der Toskaner bis zur Jahrtausendwende eher defensiven Charakter, kann man für das 11. Jahrhundert geradezu von »vorweggenommenen Kreuzzügen«[18] sprechen: die Sarazenen wurden in Kalabrien, Sardinien, Bona an der nordafrikanischen Küste, Palermo, auf den Balearen und im tunesischen Mehdia besiegt. Symbol dieser Erfolge ist der Dom auf der Piazza dei Miracoli, finanziert durch reiche Beute aus dem Krieg gegen Palermo. Inschriften an der Fassade erinnern an die Siege gegen die Muslime. Auch die vernichtenden Angriffe auf Amalfi, das als maritimer Satellit der Normannen pisanischen Ambitionen im Wege stand, passen in dieses Bild einer außenpolitischen Orientierung, die Gewalt vor Diplomatie stellte.[19]

Es wäre jedoch verfehlt, die Erklärung für Pisas Erfolge auf ausgeprägte Bereitschaft zur Brutalität zu reduzieren. Schließlich zeigten sich auch die anderen Seerepubliken im Zweifelsfall wenig zimperlich, wenn es um die Durchsetzung ihrer Interessen ging. Eine Reihe von Verträgen mit muslimischen Herschern belegt, dass die angeblich so aggressiven Toskaner durchaus den Verhandlungsweg einzuschlagen wussten: Ihre Kaufleute genossen Landerecht und Handelsprivilegien in Tunis, Oran, Bugia, Ceuta, Alexandrien und Damiette. 1153 überließen ihnen die Ägypter sogar einen *funduq* in Kairo und garantierten pisanischen Händlern Reisefreiheit im Landesinneren. 20 Jahre später nahm Saladin jedoch diese beiden ungewöhnlich großzügigen Konzessionen wieder zurück[20]:

»Kaum waren die schlimmsten Feindseligkeiten vorbei, wurden wohlwollende Kontakte aufgenommen, denen offizielle Beziehungen folgten. Im Staatsarchiv gibt es Verträge, in denen sich Erzbischöfe und Konsuln als ›treueste Freunde‹ einiger arabischer Herren bezeichnen …, jene hingegen pisanische Botschafter und Kaufleute ›cum dilegentia et magno amore‹ empfangen und ihre Unantastbarkeit garantieren.«[21]

Im Dauerkonflikt zwischen Papsttum und Stauferkaiser versuchten beide Streitparteien, die Toskaner auf ihre Seite zu ziehen. Pisa nutzte diesen

Machtkampf geschickt aus: Die Kommune konnte ihren Einfluss aufgrund allerhöchster Garantien in Korsika und besonders in Sardinien – ab dem 12. Jahrhundert praktisch kolonialer Hinterhof der Arnostadt – ausweiten. Der Antagonimus zwischen Guelfen und Ghibellinen sollte aber hundert Jahre später maßgeblich den Abstieg Pisas beschleunigen: Die Unterstützung der römischen Kaiser führte angesichts der zunehmend anti-staufischen Stimmung vieler Italiener zur weitgehenden politischen Isolation der toskanischen Seerepublik.[22]

Der Höhepunkt pisanischer Macht wurde nach dem Ersten Kreuzzug und der erfolgreichen Expedition gegen die balearischen Mauren erreicht. In allen wichtigen Städten der Levante erhielten die Pisaner eigene Stadtviertel und Steuerprivilegien. Erzbischof Dagobert, Kommandant der in *oltremare*, in Übersee, operierenden Flotte, wurde nach der Eroberung Jerusalems zum Patriarchen gewählt. Hauptstützpunkt im Heiligen Land war Akkon, wo der »Consul Acconis et Totius Syriae« residierte.[23] Die Erweiterung des merkantilen Netzwerks nach Osten bedeutete, dass die Arnostadt zu einer der wichtigsten Handelszentren des Mittelmeerraums aufgestiegen war. Dementsprechend zahlreich liefen nun auch ausländische Schiffe Pisa an – was nicht immer Wohlgefallen erweckte. Irritiert schrieb ein Chronist:

> »Wer nach Pisa kommt, sieht vom Meer kommende Monster; Heiden, Türken, Libyer, auch Parter und dunkle Chaldäer streifen an ihren Gestaden umher.«[24]

Zum Entsetzen vieler Zeitgenossen zeigten pisanische Frauen keine Scheu vor Kontakten zu Ausländern, sogar Mischehen mit »Ungläubigen« sind überliefert.[25] Kosmopolitisches Lebensgefühl und kaufmännisches Denken sollten ein Jahrhundert später von Pisa ausgehend die Wissenschaft revolutionieren. Schon als Kind hatte der in einer Fernhändlerfamilie aufgewachsene Leonardo Fibonacci Nordafrika, die Levante und Sizilien bereist. Hier erlernte er die Grundkenntnisse indischer und arabischer Mathematik, die er 1202 in seinem »Liber Abbaci« veröffentlichte. Darin ging Fibonacci auf die indischen Zahlen im Allgemeinen, auf die Funktion der Null und auf die Wurzelrechnung ein – dank der Anschaulichkeit seiner aus dem Geschäftsleben entlehnten Beispiele wurde die Algebra rasch verbreitet.[26]

So erfolgreich die Pisaner im Mittelmeergebiet agierten – es gelang ihnen nie, in der Romania richtig Fuß zu fassen. Dafür sorgte in erster Linie Venedig, wie die bereits erwähnte Vernichtung einer pisanischen Flotte vor Rhodos zeigt. Daran konnten auch gelegentliche Versuche Byzanz', Privilegien auf mehrere Konkurrenten zu verteilen, nichts ändern. Nach 1204, als Venedig ungehindert im neu geschaffenen Lateinischen Kaiserreich die Fäden ziehen konnte, hatte Pisa in der Ägäis keine Chance zur Expansion. Auch in der Levante spielte die Arnostadt ab etwa 1250 keine Rolle mehr.

Umso mehr florierte das Geschäft mit Sardinien: Eine Kolonie vor der Haustür, ab dem 11. Jahrhundert – seit der Belehnung durch den Papst – konsequent ökonomisch durchdrungen und administrativ eng an die Mutterstadt gebunden. Bald liefen zwei Drittel des pisanischen Handels in irgendeiner Form über Sardinien, dessen wichtigste Exportprodukte Käse, Getreide, Wolle, Tierhäute, Salz und Silber waren. Das vor allem in der islamischen Welt so begehrte Edelmetall wurde wahrscheinlich mit Hilfe deutscher Spezialisten abgebaut.[27] Auf der Insel gab es keinerlei gewerbliche Produktion und die Pisaner hüteten sich, in dieser Richtung aktiv zu werden, stellte doch Sardinien den idealen Markt für Fertigwaren vom Festland dar. Nicht nur Mitglieder der alten Nobilität, die sich als erste auf der Insel festgesetzt hatten, sondern auch bürgerliche Kaufleute nutzten hier ihre Chancen. »Für einige Familien war Sardinien ein wahres Sprungbrett zum relativ raschen ökonomischen und sozialen Aufstieg.«[28]

Die durch koloniale Ausbeutung abgeworfenen Gewinne lockten natürlich auch andere Konkurrenten, allen voran Genua, das die Insel ebenfalls als Hinterhof betrachtete. Letztendlich war die ungelöste Machtfrage in den Gewässern westlich Italiens der Grund für die erbitterten Kriege zwischen ligurischer und toskanischer Seerepublik. Die hochaufragenden, einander gegenüberliegenden Burgen von Portovenere und Lerici – nur wenige Kilometer durch die Bucht von La Spezia getrennt – illustrieren, wie sehr sich die Interessensphären der beiden Seestädte überschnitten. Und nicht nur im Tyrrhenischen Meer: Beide rivalisierten um den Zugang zu den Märkten der Provence, Spaniens und des Maghreb. Trotz gelegentlichen gemeinsamen Vorgehens – in den »antizipierten« Kreuzzügen des 11. Jahrhunderts, bei der Eroberung Siziliens durch Heinrich VI. oder bei der Verteidigung Konstantinopels 1204 – lieferten Genua und Pisa einander eine Serie von blutigen Kriegen. Bezeichnenderweise kam es nach der Eroberung Siziliens sofort zum Streit um vom Kaiser garantierte Sonderrechte, was in einen fast 20-jährigen Konflikt ausartete. Pisas traditionelle Strategie, eigene Ansprüche eher mit militärischen denn mit diplomatischen Mitteln durchzusetzen, erwies sich auf Dauer, schon alleine wegen der Kosten einer solchen Politik, als kontraproduktiv. Weder mit Genua noch mit den aufstrebenden und an das Meer drängenden Städten wie Lucca und Florenz konnten vorteilhafte Verträge zur Anerkennung pisanischer Ansprüche abgeschlossen werden.

Pisas innenpolitische Situation war ein Spiegelbild seiner Außenpolitik. Regierungsstrukturen, die einem größeren Teil der Bevölkerung Mitsprache eingeräumt hatten, verfielen zusehends. Innerhalb des alten Adels und des neuen Patriziats, meist Fernkaufleute, kollidierten Machtansprüche und ökonomische Interessen, ihre Rivalitäten machten die Stadt geradezu unregierbar. Im Kriegsfalle bevorzugten konkurrierende Familien unterschiedliche Verbündete und selbst die gut funktionierende Verwaltung Sardiniens wurde in Mitleidenschaft gezogen. Von internen Krisen geschüttelt, von guelfischen Allianzen unter Druck gesetzt, suchte Pisa die Allianz mit Venedig, das 1284 mit Ambrosio Morosini das Oberhaupt der Stadt, den *podestà*, stellte. Nur ein Fremder als Regierungschef, so die Erwägung der verzweifelten Kommune, konnte über den alten Rivalitäten stehen und ausgleichend wirken. Morosini hatte nicht viel Zeit, die Situation zu verbessern: noch im selben Jahr wurde die von ihm und Ugolino della Gherardesca kommandierte Flotte bei der Insel Meloria an der toskanischen Küste vernichtend geschlagen, die siegreichen Genuesen brachten tausende Gefangene nach Ligurien; unter ihnen befand sich auch Rustichiello da Pisa, der später im Gefängnis auf den 1298 vor Korčula gefangenen Marco Polo traf und die Erinnerungen an dessen Chinareisen aufzeichnete. »Wenn ihr Pisaner sehen wollt, dann müsst ihr nach Genua gehen«, schrieb ein Zeitgenosse.[29] Die innenpolitischen Wirren, die der Niederlage folgten, hat Dante im 23. Gesang seines »Inferno« beschrieben.

Die Katastrophe von Meloria blieb nicht die einzige: 1299 fiel Korsika an Genua, 1326 verlor Pisa mit Cagliari den letzten sardischen Stützpunkt, 1348 wurde die von institutionellen Krisen geschüttelte Stadt Opfer der Pest. Und dennoch gelang den Pisanern in dieser Zeit schwerwiegender Probleme eine erfolgreiche Neuorientierung der Wirtschaft: Während der hauptsächlich von den alten Eliten getragene Handel mit Afrika und Sardinien zurückging, etablierten sich *homini novi*, die sogenannten Neuen Männer, die mit den geänderten Umständen besser fertig wurden. Oft Zugereiste aus der ländlichen Umgebung, gaben sie der Arnostadt neues Profil. Wie etwa der vom Schafszüchter zum steinreichen Wollfabrikanten und -exporteur aufgestiegene Lazzaro Tagliapani.[30] Ohne den Fernhandel – hauptsächlich mit Katalonien und der Provence – gänzlich aufzugeben, verlagerten sich die wirtschaftlichen Aktivitäten auf gewerbliche Produktion, Landwirtschaft sowie auf Finanz- und Versicherungswesen. Offensichtlich mit Erfolg: Reisende des späten 14. Jahrhunderts beschrieben Pisa als durchaus wohlhabende Stadt.[31]

Allerdings war die Signoria politisch und militärisch zu schwach, um der neuen toskanischen Großmacht Florenz auf Dauer Widerstand zu leisten. Diskriminierende Verträge räumten florentinischen Kaufleuten in Pisa mehr Rechte ein als Pisanern selbst. 1406 musste die ausgehöhlte Republik die Oberhoheit des Aufsteigers akzeptieren. Die neuen Herren verlegten ihren Haupthafen nach Livorno. Pisas Schicksal nahm ironischerweise den gleichen

Lauf wie das Amalfis, an dessen Abstieg die Toskaner so aktiv beteiligt gewesen waren. Die Arnostadt verschwand aus dem Kreis der tonangebenden Mächte, ihre Bürger waren aber weiterhin im Räderwerk der italienischen Wirtschaft aktiv, wenn sie auch als Seefahrer, Kaufleute oder Gewerbetreibende im Dienste fremder Herren standen.

Genua – die Hochburg des Individualismus?

Holzreichtum, Kastanien, perfekter Naturhafen – viel mehr an günstigen Voraussetzungen lassen sich angesichts Genuas Lage, wie Amalfi eingeklemmt zwischen der See und steilen Bergen, nicht aufzählen. Wenig Platz für Ackerland und Weiden, extrem rasch abfließendes Wasser – was allerdings die Malariagefahr reduzierte – und Fischarmut aufgrund eines in Küstennähe relativ tiefen Meeres. Nirgendwo abbaubares Metall, kein Salz. »Offensichtlich produzierte die Region ein zähes Volk, die Ligurer.«[32] Doch der gut ausbaubare Hafen lag am Ende der einzig nennenswerten Landroute zwischen Tyrrhenischem Meer und der Poebene. Für Mailand, Pavia und Piacenza stellte Genua die Alternative zum Flussweg Richtung Adria dar. Der Po ermöglichte zwar bequemen Transport, er wurde allerdings von den Venezianern kontrolliert. Da lohnte sich der beschwerliche Weg über den Ligurischen Apennin.

Vor der Jahrtausendwende folgte die Entwicklung Genuas ähnlichen Mustern wie jene der anderen Seestädte: Geschicktes Taktieren zwischen Byzantinern, Langobarden, Sarazenen, Kaiser und Papst; im Schnittpunkt dieser Machtbereiche Aufstieg zur Drehscheibe im Handel; den Holzreichtum des Hinterlandes nutzend Aufbau einer Flotte, um im internationalen Warenaustausch Fuß zu fassen und militärisch bestehen zu können. Vor allem gegen die Sarazenen, die einerseits immer wieder die Küste plünderten, andererseits das salz- und silberreiche Sardinien kontrollierten. Der lokale Adel erkannte die sich aus der Piratenabwehr bietenden Chancen: Das in Schiffe und Besatzungen investierte Kapital kam über Beute, Schutzgebühren und Verbesserung der allgemeinen Sicherheit reichlich zurück – was wieder eine Intensivierung des Seehandels ermöglichte.[33]

Zu Beginn des 11. Jahrhunderts verloren die genuesischen Militäraktionen ihren defensiven Charakter: Innerhalb weniger Jahrzehnte wurde – meist in Allianz mit dem späteren Erzfeind Pisa – die Vorherrschaft sarazenischer Flotten im westlichen Mittelmeer gebrochen. Und wie die Toskaner ergriffen auch die Ligurer jene Gelegenheit, welche ihnen die Kreuzzugsbewegung bot. Nicht nur ihre Galeeren, die den lebensnotwendigen Nachschub sicherten und die muslimischen Kriegsschiffe in Schach hielten, leisteten den fränkischen Kreuzfahrern unverzichtbare Dienste. Auch zu Land hatten die erfindungsreichen Seefahrer wesentlichen Anteil an den militärischen Erfolgen der christlichen Armeen: Der genuesische Chronist Caffaro berichtet, die Gebrüder Embriaco hätten nach der Zerstörung gegnerischer Schiffe veranlasst, die eigenen Galeeren in ihre Bestandteile zu zerlegen, um mit dem Bauholz Belagerungsmaschinen herzustellen, die schließlich die Eroberung Jerusalems ermöglichten.[34]

Die Genuesen wussten ihre neugewonnenen Positionen in *oltremare,* in Übersee, zu nutzen, wobei sich bald die Konturen zukünftiger Spannungen innerhalb der Gesellschaft Genuas abzeichneten: Zwar durfte jeder in Palästina und Syrien lebende Bürger der Seerepublik im Orienthandel tätig werden, um 1160 kontrollierten aber nur fünf Familien etwa 80 Prozent des Geschäfts zwischen der Mutterstadt und der Levante.[35] Die Leistungsfähigkeit der genuesischen Flotte wurde 1246 beim Kreuzzug Ludwigs IX. eindrucksvoll unter Beweis gestellt. Die vom französischen König angemieteten Schiffe transportierten dessen gesamte Streitmacht nach Ägypten. Es waren auch genuesische Bankiers, die Ludwigs Unternehmen finanzierten und bei 20 Prozent Zinsen enorme Gewinne erzielten – trotzdem betrachteten sie die Expedition mit gemischten Gefühlen, hätten doch Erfolge der Europäer eigene Handelsinteressen gefährdet. Das Debakel der Kreuzfahrer bei Damietta ließ nicht wenigen Finanzmagnaten und Kaufleuten auch außerhalb Genuas einen großen Stein vom Herzen fallen. Anders als Pisa konnte Genua der stärksten Wirtschaftsmacht im östlichen Mittelmeer, Venedig, die Stirn bieten: Die Unterstützung des Byzantiners Michael Paleologos bei der Rückeroberung Konstantinopels wurde 1261 mit Privilegien in Griechenland und im Schwarzen Meer belohnt. Von ihren Kolonien auf der Krim aus kontrollierten genuesische Kaufleute die Endpunkte der durch die *pax mongolica* gesicherten Interkontinentalrouten nach Persien, Indien und China. Auf Dauer konnten sie allerdings ihre Position gegen die Osmanen nicht halten.

Umso erfolgreicher agierte Genua im westlichen Mittelmeerraum. Bereits zu Beginn des 11. Jahrhunderts liefen Schiffe der Georgsrepublik die Häfen al-Andalus' und Nordwestafrikas an: In Tortosa, Almería, Málaga, Ceúta und Bougie wurden afrikanisches Gold, feinstes Leder aus Córdoba, Seide aus Granada, Olivenöl aus Sevilla sowie orientalische Gewürze verladen. Die ökonomische Durchdringung der Iberischen Halbinsel gelang durch militärische Allianzen mit den kastilischen und aragonesischen Königen, für deren Eroberungspläne Flottenunterstützung benötigt wurde, und durch Handelsverträge mit der nordafrikanischen Berberdynastie der Almohaden, die zwischen 1153 und 1223 in regelmäßigen Abständen erneuert wurden. Von

Muslimen und Christen gewährte Privilegien unterschieden sich kaum voneinander und entsprachen den Konzessionen, von denen schon die Fernhändler Amalfis im frühen 10. Jahrhundert profitiert hatten: Niederlassungsrecht in eigenen Wohn- und Geschäftsvierteln, Tarifreduktionen oder gar Befreiung von allen Abgaben, sowie Garantie freier Schifffahrt. Die vom kastilischen König Ferdinand III. nach der Eroberung Sevillas 1248 unterschriebenen Verträge beriefen sich ausdrücklich auf seine almohadischen Vorgänger: »Wie unter Herrschaft der Mauren«.[36] Genuesen bildeten die größte Gruppe ausländischer Kaufleute in Sevilla, Zeitgenossen empfanden ihr ausgedehntes Quartier als Spiegelbild der Mutterstadt, »un' atra Zenoa«, ein anderes Genua.[37] Die am Guadalquivir gelegene Handelsmetropole kontrollierte einerseits den Flussverkehr nach Córdoba, andererseits die Straße von Gibraltar – sie diente damit als Drehscheibe im Handel mit der afrikanischen und europäischen Atlantikküste.

Die Reconquista und der damit verbundene christliche Territorialgewinn auf Kosten der Muslime führte zur wirtschaftlichen Neuorientierung der Iberischen Halbinsel. Eine Entwicklung, an der genuesische Kaufleute und Financiers maßgeblich beteiligt waren: Al-Andalus hatte als westliches Scharnier der islamischen Welt mit dem christlichen Europa fungiert, ab der Mitte des 13. Jahrhunderts richtete sich der Blick nach Westen und Norden – nach Lissabon, Brügge und Southampton. »Die Häfen Andalusiens und Granadas dienten jetzt als Zwischenstation für Güter, welche zwischen den christlichen Handelszonen am Atlantik und Mittelmeer durch die Straßen von Gibraltar strömten.«[38] Mitglieder fast aller ligurischen Patrizierclans, der *alberghi*, waren an dieser ersten Phase atlantischer Expansion beteiligt: die Adorno, Di Negro, Spinola, Vivaldi, Centurione, Doria und Grimaldi. Sie spielten bei der wirtschaftlichen Durchdringung Madeiras und der Azoren – vor allem beim Aufbau der Zuckerindustrie – im 15. Jahrhundert eine ebenso entscheidende Rolle wie bei der Finanzierung der Projekte Christoph Columbus'. Womit genuesische Kapitalisten einigen Weitblick bewiesen – ein Jahrhundert später kontrollierten Bankiers der Georgsrepublik den gesamten Silberexport Spaniens ins restliche Europa.[39]

»Admiräle und Piraten; Geldgeber und Clans; Kaufleute und Abenteurer; neugierige Reisende und Kulturmenschen; ... Aktive Schattenmänner im Gefolge Kolumbus, und in der Wirtschaft Amerikas. Sie sind Protagonisten eines komplexen Systems, das seit Benedetto Zaccaria (eigentlich schon hundert Jahre vor ihm) bis Andrea Doria (eigentlich noch hundert Jahre nach ihm) ... in der dreifachen spanischen Realität – sarazenisch, kastilisch, katalonisch-aragonesisch – seinen Platz findet.«[40]

Im krassen Gegensatz zur wirtschaftlichen Expansion – symbolisiert durch die Prägung einer Goldmünze, dem *genovino d'oro* – und den großen außenpolitischen Erfolgen – Allianz mit Byzanz, endgültiger Sieg über Pisa, Zerstörung einer venezianischen Flotte bei Korcula – stand die innenpolitische Dauerkrise, die von ständigen Verfassungsänderungen gekennzeichnet war. Die Entwicklung verlief ähnlich wie in Pisa: Bis ins 12. Jahrhundert gab es eine relativ ausgewogene Machtverteilung zwischen Bürgertum, Adel und Bischof. 1190 wurde die Regierungsgewalt einem gewählten *podestà* unterstellt, jedoch nur ein Jahr später erfuhr das System eine weitere Veränderung: Einmal jährlich entschied ein *consilium de regimine,* ob im nächsten Jahr ein Alleinherrscher als *podestà* oder ein Kollektivorgan, die *consoli,* regieren sollte. Im 13. Jahrhundert wechselten sich beide Regierungsformen ohne erkennbare Logik ununterbrochen ab.[41] Dazu kamen die aus dem Konflikt zwischen Papst und Kaiser resultierenden Spaltungen innerhalb der Eliten: So etwa 1237, als die Stadt offiziell – nicht zuletzt zur Schwächung des staufischen Pisa – den Papst unterstützte, einige der einflussreichsten Adelsfamilien wie die Doria oder Spinola zur Wahrung ihrer Interessen in Sardinien und Gebieten jenseits des Apennin hingegen die Sache des Kaisers vertraten. Dank der starken Flotte sowie der Allianz mit Florenz und Lucca konnte sich Genua gegen den Angriff Friedrichs II., Pisas, und der Doria erfolgreich verteidigen. Wobei sich die Frage stellt, wer denn die Republik überhaupt noch repräsentierte, wessen Interessen sie diente. Im Gegensatz zu Venedig, das die Aktivitäten seiner Kaufleute und politischen Vertreter in Übersee normalerweise sorgfältig kontrollierte, zogen Genuesen weitgehend unbehelligt vom Staat ihre Fäden, »im eigenen Namen und ohne weitere engere organisatorische Verbindung zur Metropole«.[42]

Einer dieser Tycoons war Benedetto Zaccaria: 1304 wurde er vom byzantinischen Kaiser mit der Insel Chios belehnt – Höhepunkt und Abschluss der Karriere eines Mannes, der nicht zu Unrecht als Symbolfigur vielseitigen genuesischen Unternehmertums angesehen wird: Herr über ein Handelsimperium, dessen Netz sich von der Halbinsel Krim bis nach Flandern und England erstreckte. Schon als Jugendlicher nahm Zaccaria an der byzantinischen Kampagne gegen das Lateinische Kaiserreich teil, gewann dadurch die Gunst Michael Paleologos' und erhielt für seine Verdienste das Nutzungsrecht der reichen Alaunvorkommen von Focea in der Nähe Smyrnas. Auf familieneigenen Schiffen wurde das für die textile Farbfixierung unverzichtbare Mineral nach Genua und Flandern transportiert, auf dem Rückweg flämisches Tuch, italienische Waffen und korsisches Salz in die Romania beziehungsweise an die Schwarzmeerküste gebracht, wo man Getreide, Felle und Salzfisch erwarb. An der Peripherie Genuas gründete Zaccaria eine Großfärberei, die innerhalb weniger Jahre zu einer Stadt von etwa 3000 Einwohnern anwuchs. Die politische und militärische Laufbahn des Ligurers verlief ähnlich: Als Gesandter diente er nicht nur der Mutterstadt, sondern auch der griechischen Kaiserfamilie, in die er auch gleich einheiratete. 1284 beteiligte er sich mit mehreren Galeeren an der Entscheidungsschlacht von Meloria, in der die Flotte Pisas vernichtend geschlagen wurde. Ein Jahr später erzwang der Genuese in einem Bravourstück die Öffnung des pisanischen Hafens – eine militärisch wahrscheinlich nicht allzu wichtige Aktion, jedoch von größter propagandistischer Bedeutung: Diese Demütigung ließ keinen Zweifel aufkommen, dass die Toskaner als Großmacht ausgespielt hatten. 1291 operierte Zaccaria mit seinen Schiffen im Auftrag des kastilischen Königs erfolgreich gegen die marokkanischen Meriniden: wesentliches Ziel war die Kontrolle der Meerenge von Gibraltar. Er wurde dafür zum Großadmiral ernannt und – was ihm wohl wichtiger war – erhielt Puerto Santa María unweit Cadíz zum Lehen. Ein Stützpunkt von höchstem Wert, war damit doch die Route nach Flandern und England leichter zu sichern, außerdem befand man sich in unmittelbarer Nähe der pulsierenden Handelszentren Südspaniens. 1294 trat der anscheinend unermüdliche Zaccaria in den Dienst des französischen Königs, der auf die Hilfe genuesischer Schiffsbauer und Offiziere zum Aufbau einer Flotte – Ziel: Invasion Englands – setzte. Ein Unternehmen, das allerdings schon in der Frühphase scheiterte. Nicht viel besser erging es seinem Vorhaben, einen Kreuzzug gegen Ägypten – womöglich in Allianz mit dem mongolischen Khan Persiens – durchzuführen. In das Bild des vielseitigen Machtmenschen passt auch, dass er eine Theorie des Seekriegs verfasste und das prachtvolle Flaggschiff seiner Flotte auf den Namen »Divicia«, also »Reichtum«, getauft war.[43]

Um die Jahrhundertwende kehrte Zaccaria dorthin zurück, wo sein Aufstieg begonnen hatte: In die Romania. 1301 besetzte er Chios, das politisch geschwächte Byzanz musste diese Anmaßung eines mächtigen Bündnispartners zähneknirschend akzeptieren. Wer die Insel besaß, kontrollierte den Weg Richtung Konstantinopel und Schwarzes Meer, von hier ließen sich die Alaunminen Foceas leicht schützen. Darüber hinaus spielte Chios eine nicht zu unterschätzende Rolle als Drehscheibe im internationalen Handel, endete doch an der nahe gelegenen Küste eine wichtige Fernstraße durch Kleinasien. Der wesentlichste Wert der Insel lag jedoch in der äußerst produktiven Landwirtschaft – vor allem in der Erzeugung von Mastix. Diese spezielle Harzart dient bis heute mit seinem feinen rauchigen Geschmack der Aromatisierung von Konfitüren und Likören, vor allem gilt es als ideales Mundpflegemittel.

Um 1350 ging Chios – nachdem Zaccarias Söhne die Herrschaft leichtfertig verspielt hatten und Byzanz fast 17 Jahre lang die Insel kontrollierte – endgültig an die Genuesen. Die Okkupation der Insel erinnert in gewisser Weise an die Ereignisse des Vierten Kreuzzuges: Wieder fiel Byzanz einer »umgeleiteten« militärischen Aktion zum Opfer. Anfang 1346 plante Genuas Signoria eine Strafexpedition gegen den notorischen Störenfried Monaco, Hochburg der Grimaldi und vieler exilierter oppositioneller Adeliger, welche die Unruhe in der Metropole von außen schürten. Ein von Simone Vignoso kommandierter und von privaten Gesellschaften finanzierter Flottenverband, bestehend aus 25 Schiffen mit 5000 Mann Besatzung, steuerte vergebens die südfranzösische Stadt an – die Rebellen hatten sich entweder aus dem Staub gemacht oder kämpften als gefragte Spezialisten in der französischen Armee gegen England. Der hochverschuldete Staat stand nun vor dem Dilemma einer sündteuren, aber nutzlosen Armada: Keinerlei Gewinn aus Kriegsbeute, Lösegeld, Reparationszahlungen und den Nutzungsrechten eroberter Gebiete. Als einzige Lösung konnte man den Geldgebern neue Aufgaben mit Aussicht auf hohen Gewinn anbieten, nämlich die Unterstützung eines Kreuzzuges gegen die Türken Smyrnas sowie die Entlastung der Krimkolonie Kaffa im Kampf gegen die Tataren. Vignosos Schiffe liefen sofort in die Ägäis aus, dort änderte der Genuese angesichts organisatorischen Chaos' unter den Kreuzfahrern und dynastischer Probleme in Konstantinopel sein Ziel – er nahm Kurs auf Chios. Im Juni 1346 kapitulierte die griechische Hauptstadtgarnison, wenige Tage später kontrollierten genuesische Truppen den größten Teil der Insel.[44]

Nach der Kapitulation zeigte sich Vignoso gegenüber der griechischen Bevölkerung bemerkenswert korrekt, ja sogar großzügig, wenn man das Verhalten vieler Genuesen und Venezianer auf Zypern oder Kreta bedenkt. Es kam zu keiner Massenenteignung der Griechen, einzig ehemals genuesischer Besitz aus der Zaccariaherrschaft musste – allerdings gegen finanzielle Entschädigung – den neuen Machthabern überlassen werden, er schreckte auch nicht vor der Bestrafung seines eigenen plündernden Sohnes zurück.[45] Auf dem Papier unterstand die Insel weiterhin Byzanz, Besteuerung sowie Verwaltung oblagen der Republik Genua, den Ortsansässigen wurden genuesische Bürgerrechte garantiert. Es ist bezeichnend für Vignosos weitblickende und umsichtige Vorgangsweise, dass der umfassende Friedensvertrag ausdrücklich zwischen den Adeligen von Chios und seiner eigenen Person beziehungsweise den Financiers des Unternehmens geschlossen wurde. Darauf sollte in Auseinandersetzungen um den Status der Insel – sei es mit Konstantinopel oder mit Genua – immer wieder verwiesen werden. Noch im Jahr der Eroberung kehrte Simone Vignoso im Triumph nach Genua zurück, wo Verhandlungen über die Bezahlung der erfolgreichen Expedition aufgenommen wurden. Die Lösung lag auf der Hand und folgte bewährten Mustern: Die Republik musste den Kreditoren auf 20 Jahre sämtliche Nutzungsrechte in Chios und Focea überlassen, allerdings mit der Option, bei sofortiger Auszahlung der Schulden die vollständige Kontrolle der Insel sowie der kleinasiatischen Alaunminen zu übernehmen. Die Geldgeber konnten sich beruhigt zurücklehnen. Nominell blieb Genua zwar für die Verwaltung zuständig, tatsächlich lagen jedoch alle administrativen, militärischen und fiskalischen Aufgaben bei den Geldgebern, die sich wenig später nach der einflussreichsten Familie unter den Kreditoren *albergo degli Giustiniani* nannte. Unter »albergo« verstand man einen Clan oder einen auch um Freunde erweitereten Familienverband. Diese Regelung brachte neben der Lösung staatlicher Finanzprobleme auch diplomatische Vorteile: Bei internationalen Spannungen berief sich die Signoria stets auf Vignosos Grundvertrag oder auf die Widerspenstigkeit der privaten Kapitalgesellschaft – etwa 1348, als Byzanz die Rückgabe von Chios forderte.[46]

Schon 1235 hatten Unternehmer die *associazione di creditori dei Saraceni di Ceúta* gegründet, um gegen das an der Straße von Gibraltar gelegene Emirat vorzugehen. Die Republik selbst konnte den Krieg nicht finanzieren und musste die Geldgeber durch Gewährung von Sonderrechten entschädigen. Man gab solchen Kreditorenverbänden den arabischen Namen *maona*, was mit »Assistenz« übersetzt werden könnte.[47] Maona und die bereits erwähnte Casa di San Giorgio stellten die eigentliche Macht in Genua dar. Die Republik geriet in immer größere Abhängigkeit von solchen Gesellschaften und verpfändete daher die wichtigsten staatlichen Einnahmequellen: Direkte und indirekte Steuern, Salzmonopol oder die Verwaltung und damit totale wirtschaftliche Ausbeutung vom Staat beanspruchter Territorien wie Korsika oder Chios. Während die Kommune die Flotte auf wenige Einheiten reduzierte, stellten private Reeder problemlos große Schiffsverbände auf, die samt Besatzung und Admiral an Bestbietende vermietet wurden.[48] Ob Arsenal, Seidenproduktion, Getreideimporte, Orienthandel oder Banken – der Staat hatte jede Mitsprache verloren. Die genuesische Wirtschaft hingegen überstand problemlos selbst katastrophale außenpolitische Rückschläge. Der mit Venedig geschlossene Friede von Turin nach über 100 Jahren Krieg stellte sich trotz vieler militärischer Siege als diplomatische Niederlage heraus, im Schwarzen Meer und in der Ägäis gingen nach und nach wichtige Stützpunkte verloren. Doch damit erfolgte eine Neuorientierung der wirtschaftlichen Aktivitäten: Verlagerung der Handelsverbindungen nach Westeuropa und ins westliche Mittelmeer sowie verstärkte Konzentration auf internationale Finanzgeschäfte.[49] Auch im Ausland wandten genuesische Financiers in der Heimat geübte Praktiken an – verschuldete Staaten überließen den Kreditoren Steuerrechte, Landbesitz und sogar die Gerichtsbarkeit. Ein unentrinnbarer Teufelskreis aus Schulden, Kreditbedarf, Neuverschuldung war in Bewegung geraten. Eine Situation, die sich in Spanien, wo genuesische Bankiers Hauptgläubiger des Staates wurden, aber auch in der ligurischen Hafenstadt verheerend auf den Lebensstandard der Bevölkerung auswirkte. Dementsprechend heftig war der Hass auf die in solche Geschäfte involvierte Nobilität, er entlud sich wiederholt in revolutionsähnlichen Tumulten. Die Stadt war vollständig unregierbar und im 15. Jahrhundert Spielball ausländischer Mächte wie Frankreich und Mailand.

Genuesische Bankiers perfektionierten in dieser Zeit das bargeldlose Geschäft mit Krediten in einem Ausmaß, das einen venezianischen Berichterstatter mit respektvollem Staunen erfüllte. Er nannte die vor den Toren Genuas oder in Piacenza stattfindenden Wechselmessen eine Art »Utopia«, wo mit einer fiktiven europäischen Währung, dem »scudo de Marchi«, riesige Summen kreuz und quer durch Europa verschoben wurden.[50] Zum Stellenwert dieser Finanzkunststücke schrieb ein anderer Venezianer: »Das Wechsel- und Geldgeschäft erklären sie für die ehrenvollste Art des Handelsbetriebes, während sie von Warenhandel und Schifffahrt sagen, das sei Sache der Krämer.«[51] Der Gesandte Venedigs weist auf einen entscheidenden Unterschied zwischen beiden Seerepubliken hin: Das wirtschaftliche Standbein der Serenissima blieb selbst nach Rückschlägen im östlichen Mittelmeerraum der Fernhandel. Außerdem stieg in der Lagunenstadt keine Bankiersfamilie zu derartiger Bedeutung auf, zu viel Macht und Finanzkraft wurden als Bedrohung des innenpolitischen Gleichgewichts angesehen.[52] Die Signoria wäre auch nie bereit gewesen, wesentliche staatliche Einnahmequellen bedingungslos zur Nutzung an Private zu vergeben. Die Schiffsbauindustrie des Arsenals und die Flotten waren Staatsbesitz, die Schiffe konnten allerdings von Gesellschaften und Einzelunternehmern gepachtet werden. Um in etwas überzogenen Bildern zu sprechen: Auf der einen Seite steht das Modell eines Staatskapitalismus, der Gemeinwohl über die Interessen des Einzelnen stellt, der den Ausgleich zwischen den verschiedenen Bevölkerungsgruppen, oder zumindest die Ruhigstellung potenzieller Unruhestifter, als Ziel des *buon governo* ansieht. Auf der anderen Seite das Modell eines globalisierenden Kapitalismus der Individualisten. Ein Erklärungsansatz für diesen »genuesischen Weg« könnte darin liegen, dass die ligurischen Eliten in Denken und Mentalität ihren feudalen Wurzeln treu blieben. Sie übertrugen ihre traditionelle Art der Problemlösung vom Land auf die Stadt, »vom ländlichen militärischen Konflikt zum modernen, urbanen Wettbewerb des Halsabschneidens in Geschäft und Regierung.«[53]

(Die Macht der Patrizier) »... beruhte auf ihrem ligurischen Landbesitz, und selbst ihre Palazzi in der Stadt waren ihren burgähnlichen Latifundien nachgebildete, mit Wehrtürmen und großen Höfen ausgestatttete *alberghi*. So waren im Unterschied zu Venedig von Anbeginn die Lebensschwerpunkte zwischen Zentrum und Peripherie *umgekehrt* definiert: Das Zentrum befand sich für die genuesische Nobilität weit außerhalb der Metropole. ... Damit waren aber kollektive Gemeininteressen und private Gruppeninteressen grundsätzlich voneinander getrennt.«[54]

Eine Fahrt durch das ligurische Hinterland scheint Karbes Bild zu bestätigen: Die bergige, scheinbar so unzugängliche Landschaft wird von zahlreichen – oft winzigen – Festungen beherrscht. Besonders eindrucksvoll: Die Burg der Fieschi in Varese Ligure.

Stützpunktkolonien –
ein Trading Post Empire

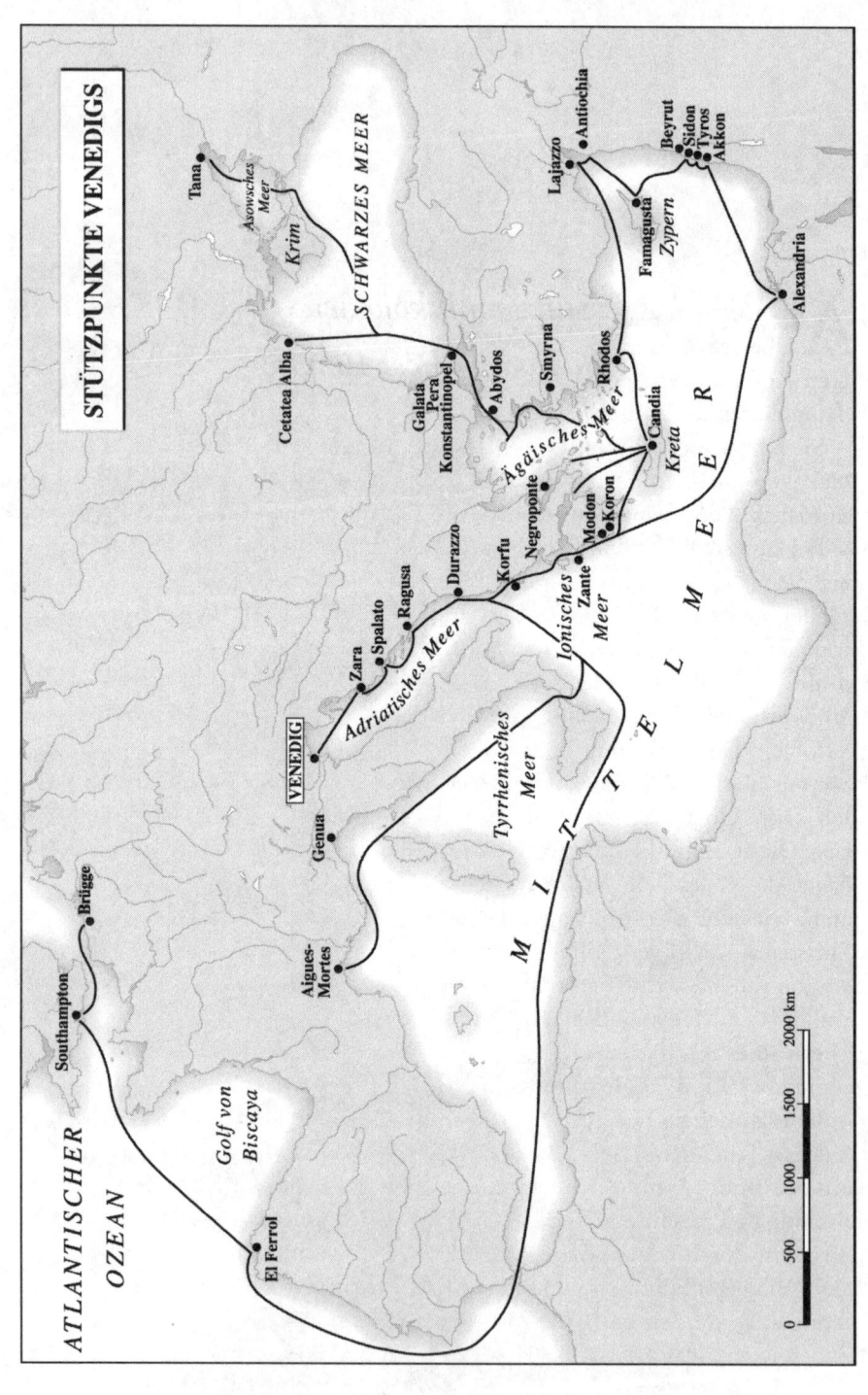

STÜTZPUNKTE VENEDIGS

ATLANTISCHER
OZEAN

Golf von
Biscaya

Southampton

Brügge

El Ferrol

Aigues-
Mortes

Genua

VENEDIG

Zara
Spalato
Ragusa

Durazzo

Korfu

Adriatisches Meer

Ionisches
Meer

Tyrrhenisches
Meer

M I T T E L M E E R

Zante

Modon
Koron

Negroponte

Ägäisches Meer

Candia
Kreta

Rhodos

Smyrna

Abydos

Galata
Pera
Konstantinopel

Cetatea Alba

SCHWARZES MEER

Krim

Asowsches
Meer

Tana

Famagusta
Zypern

Lajazzo

Antiochia

Beyrut
Sidon
Tyros
Akkon

Alexandria

2000 km

0   500   1000 1500

Als noch vor der Jahrtausendwende italienische Kaufleute erstmals in Übersee, in *oltremare*, aktiv wurden, ließen sie sich im Gegensatz zu antiken Kolonialisten – etwa Griechen und Phöniziern – in dichtbevölkerten Hafenstädten des Mittelmeerraumes nieder.

Sie zogen also nicht ins Niemandsland, sondern profitierten von hochentwickelten urbanen Strukturen: In den islamischen Metropolen Spaniens, Nordafrikas und der Levante, sowie im Byzantinischen Reich, dessen glanzvolle Hauptstadt Zentrum des Handels mit nah- und fernöstlichen Luxusgütern war. Ob muslimische oder christliche Herrschaft, die Zuteilung eines solchen *funduq*, Stützpunktes oder Stadtviertels folgte seit der frühen Expansion amalfitanischer Seeleute ähnlichen Mustern: Eigene Docks, Unterkünfte, Gotteshäuser, Handelskontore, Lager, Tavernen, Lebensmittelläden. Am Wort *funduq* lassen sich die Wege mediterraner Akkulturation anschaulich verfolgen. Der Ursprung liegt im griechischen πανδοχεῖον (*pandocheion*), was mit Herberge, Karawanserei oder mit »man nimmt alles« übersetzt werden kann. Über das Arabische fand der Begriff rasch seinen Weg nach Europa: Die Italiener nennen solche Niederlassungen *fondaco*, die Franzosen *fondigues*, die Katalanen *fondech*.[1] Die Verbreitung dieses Begriffs symbolisiert auch, wie sehr die vom Papst nach der Jahrtausendwende propagierte Pax Christiana – selbstverständlich unter Ausschluss der Muslime – eine Fehlkonzeption war. Sie stellte nicht die Fortsetzung der Pax Romana dar, weil sie die Einheit der Méditerranée ignorierte. Verträge zwischen islamischen Herrschern und den italienischen Seerepubliken entsprachen dem antiken Ideal schon eher: Eine Pax Islamica-Christiana.[2]

In islamischen Hafenstädten mussten ausländische Kaufleute nach dem Anlegen Ruder und Segel an die lokalen Behörden abgeben sowie Zollbeamte an Bord lassen, welche nach Kontrolle der Ladung die Abgaben – zehn bis zwanzig Prozent – festlegten. Geschäftsanbahnung und -abschlüsse erfolgten meist durch ortsansässige Makler.[3] Die muslimischen Herren waren bei allem Entgegenkommen nicht gewillt, ihre christlichen Partner im Landesinneren aktiv werden zu lassen und sie damit am attraktiven Zwischenhandel zu beteiligen. Das galt für die Karawanenrouten Syriens genauso wie für den relativ kurzen Binnenweg zwischen Nildelta und Rotem Meer. Jene bereits erwähnte Bewegungsfreiheit für pisanische Kaufleute dürfte da daher eine ungewöhnliche Ausnahme gewesen sein. Bei internen Problemen galten in der Kolonie die Gesetze der Mutterstadt. Zwischen *rûm*, wie man die Italiener nannte, und Einheimischen wurde islamisches Recht praktiziert. Durchaus im Interesse der Gäste: Etwa 996, als der Kalif nach Plünderung des amalfitanischen *funduq* die Täter zur Rechenschaft zog und die Opfer entschädigen ließ. Wenn sie sich an die Spielregeln hielten, konnten sich die Ausländer bester Arbeitsbedingungen erfreuen. Dementsprechend heißt es in der Dienstanweisung eines ägyptischen Spitzenbeamten nach der Jahrtausendwende:

> »Behandle die Kaufleute aller Länder, Zungen und Farben so, dass sie gerne daran zurückdenken, nimm sie selbst und ihre Waren in deine Obhut und unternimm alles Erdenkliche, um sie vor Schäden und Fährnissen zu bewahren.«[4]

In der Romania dürfte es keine klaren Abmachungen gegeben haben, wie Konflikte zwischen Italienern und Griechen zu regeln wären. Ein schwerwiegendes Versäumnis, weil ja ausländische Kaufleute problemlos ihre Quartiere verlassen konnten und in ständigem Kontakt zur Lokalbevölkerung standen. Offensichtlich hatten die »Lateiner« bei Rechtsbruch kaum Sanktionen zu befürchten, dementsprechend arrogant sollen sie durch die Hauptstadt stolziert sein.[5]

Die nicht vorhersehbare Dynamik der Kreuzzugsbewegung sollte massiv zur Verschlechterung des Verhältnisses zwischen Venezianern und Byzantinern beitragen. Konstantinopel wurde die Geister, die man zur Bekämpfung der Muslime gerufen hatte, nicht mehr los. Keiner der westlichen Partner ließ sich an die Leine legen. Konsterniert musste der oströmische Kaiser zur Kenntnis nehmen, wie ihm die Kontrolle über die bewaffneten Wallfahrer entglitt – eine Erfahrung, die auch noch so mancher Papst machen sollte. Venedig hingegen fürchtete um seine privilegierte Stellung in der Romania, wo plötzlich pisanische und genuesische Galeeren auftauchten, wo fränkische Ritterheere für Unruhe sorgten. Daher hielt sich Venedig – an einer Änderung der Machtverhältnisse im Mittelmeer wenig interessiert – zunächst aus dem Ersten Kreuzzug heraus und entsandte erst 1100 eine Flotte Richtung Levante. Nach dem Sieg der Christen ließen sich die lukrativen Handelsmöglichkeiten im Heiligen Land nicht übersehen, sodass man in weiterer Folge die Aktionen der Kreuzfahrer im wohlverstandenen Eigeninteresse unterstützte. Gleichzeitig gab die Serenissima – die Durchlauchtigste, wie man

Venedig bis heute nennt – ihre Politik der Loyalität gegenüber Byzanz auf: Wann immer eine Begünstigung der westitalienischen Rivalen oder eine Einschränkung von Vorrechten drohten, setzte die Dogenrepublik ihre Galeeren gegen die Griechen ein, deren Flotte nur noch ein jämmerliches Dasein fristete, weil man sich seit Jahrzehnten auf die Venezianer verlassen hatte.

»Die Plünderung des byzantinischen Kaiserreichs war für die Venezianer ... stets zweitbestes Vorgehen. Die Grundlage der venezianischen Politik war die Ausbeutung von Romania durch besondere Handelsvorrechte. Deshalb waren sie bereit, gegen Normannen und andere für die unversehrte Erhaltung des Byzantinischen Reichs zu kämpfen, während sie gleicherweise bereit waren, gegen die Griechen ... selbst zu kämpfen, nicht des Beuteguts wegen, sondern um sie zu zwingen, die venezianischen Privilegien zu erneuern. ... der Hass, den die Griechen empfanden, und die Verachtung, welche die Venezianer an den Tag legten, verstärkten sich stetig.«[6]

Die militärischen Unternehmungen der Jahre 1123/24 sollten Venedig der Dominanz im östlichen Mittelmeer einen großen Schritt näher bringen. Eine vom Dogen Domenico Michiel umsichtig geführte Flotte besiegte die Ägypter bei Askalon, danach kaperte sie zehn bis an den Rand mit wertvoller Ware angefüllte Handelsschiffe. Ein halbes Jahr später trugen Michiels Galeeren wesentlich zur erfolgreichen Belagerung der Hafenstadt Tyros bei.[7]

Die Kreuzzüge boten die Chance, das Konzept eines »Trading Post Empire, wie die Angelsachsen eine derartige Kette von Handelsplätzen, eine solch lange kapitalistische Antenne zu nennen pflegen«,[8] zu modifizieren. Als Gegenleistung für ihre unentbehrlichen Flotten- und Militärdienste während der Kreuzzüge sicherten sich Pisa, Genua und natürlich auch Venedig Handelsprivilegien und »nationale« Kaufleutequartiere in den größeren Hafenorten Palästinas. Bisweilen auch einige Dörfer sowie kleine stadtnahe Territorien, die viel direkter als die wesentlich umfangreicheren Besitzungen der französischen Lehensfürsten politisch mit der jeweiligen Metropole verbunden waren. Sie dienten vorrangig den spezifischen wirtschaftlichen Zielen des italienischen Kaufmannskapitals. Die Venezianer begannen beispielsweise auf den Ländereien, die ihnen im Jahr 1124 im Raum von Tyrus verliehen worden waren, umgehend eine exportorientierte Zuckerproduktion, deren Technologie sie von den Muslimen übernahmen und später auf andere Mittelmeerkolonien übertrugen. Von dort sollten sie ihren Weg zu den iberischen Atlantikinseln finden. »Die mediterrane Zuckerindustrie kann tatsächlich als die Schule der Kolonialherren auf Madeira, auf den Kanarischen Inseln und im tropischen Amerika gesehen werden.«[9] Schon früh hatten die Araber für die Verbreitung des Zuckers im Mittelmeerraum gesorgt: In Südspanien, Sizilien, Malta, Zypern und dem Maghreb. »Wohin sie auch gingen, die Araber brachten den Zucker mit, das Produkt und die Technology zur Produktion. Zucker, so sagt man, folgte dem Koran.«[10] Die erste urkundliche Erwähnung des Zuckers in Venedig datiert aus dem Jahr 996, er dürfte dort aber – wie in anderen Teilen Europas – schon längst bekannt gewesen sein. Aber erst in der Kreuzzugsära machten sich die Europäer mit Anbaumethoden und Verarbeitung vertraut. In dieser Zeit fand wahrscheinlich auch eine orientalische Nascherei, die man besonders gern im Fastenmonat Ramadan auftischte, den Weg via Venedig nach Europa: Marzipan, eine Mischung aus Zucker, Mandelöl, Reis und Rosenwasser. Bonbons und Dragées dürften ebenfalls ihren Ursprung im Orient haben.[11]

Während sich die Venezianer für die extensive, ertragsarme Landwirtschaft der ihnen verliehenen Dörfer weniger interessierten, betrieben sie den Anbau von Zuckerrohr auf den küstennahen Landstrichen in Eigenregie. Offensichtlich vollzogen die Venezianer spätestens im zweiten Viertel des 12. Jahrhunderts eine Neuorientierung ihrer Politik im Nahen Osten. Sie begnügten sich nicht mehr mit Handelsprivilegien und Flottenstützpunkten, sondern strebten auch die Hoheit über Landgebiete zur Einrichtung von Kolonialökonomien an.[12]

Wenn auch die Italiener Fern- und Binnenhandel in den neuen Kreuzfahrerstaaten Antiochia, Tripolis und Jerusalem weitgehend kontrollierten sowie praktisch ein Monopol auf den Transport von Kriegern, Pilgern, Waffen und Lebensmittels hatten, bedeutete dies nicht, dass sie in der Levante vollkommen frei agieren konnten.

> »Nicht jedes Privileg, das zunächst unter Ausnutzung einer akuten militärischen oder politischen Schwäche der Zentralgewalt problemlos durchgesetzt werden konnte, ließ sich noch behaupten, sobald eine Normalisierung der Lage erfolgt war und der Herrscher Bewegungsfreiheit zurückgewonnen hatte.«[13]

Die Italiener wussten also, dass sie den Franken gegenüber nicht allzu maßlos auftreten durften, daher akzeptierten sie Modifikationen beziehungsweise Einschränkungen ihrer Vorrechte. Der Profit blieb groß genug, auch wenn die Ritterorden und das sizilianische Königreich als ernst zu nehmende Konkurrenten sich ihren Anteil an der levantinischen Wirtschaft sicherten. Jedenfalls waren die fränkischen Herrscher, welche zwar – wohl aufgrund ihrer im Feudalismus wurzelnden Mentalität – die ökonomischen Möglichkeiten

Oltremares nicht wirklich nutzten, keinesfalls bereit, auf lukrative Einnahmen zu verzichten: Pilgersteuer, Schiffsliegegelder, Arsenalgebühren oder Strandrecht. Gerade das Strandrecht galt als attraktive Finanzquelle, sprudelte sie doch ohne nennenswerten Aufwand: Grundherren hatten ein verbrieftes Recht auf gestrandete Schiffe und deren Ladungen. Venedig verfügte in Tyros allerdings über eine eigene Werft und war auch kurzfristig vom Strandrecht ausgenommen.[14]

Ungeachtet der Unterstützung christlicher Okkupanten und gelegentlicher kriegerischer Auseinandersetzungen, welche immerhin die Schlagkraft der ägyptischen Flotte auf ein Minimum reduzierten, war das Verhältnis zwischen Muslimen und Venezianern meist von pragmatischen Erwägungen geprägt. Hier darf man wohl einen Zusammenhang zu den sich rapide verschlechternden venezianisch-byzantinischen Beziehungen sehen. 1173, zwei Jahre nach den Lateinerpogromen, unterschrieb die Serenissima einen äußerst günstigen Handelsvertrag mit Saladin. Selbst nach dem Fall Jerusalems blieben die Kontakte zum Sultan gut.[15] Hier beginnt sich jene Symbiose zwischen Adriametropole und Ägypten abzuzeichnen, die später während der Mamlukenherrschaft geradezu perfekt funktionieren sollte. Kairo garantierte den sicheren Transport der via Indischem Ozean und Rotem Meer angelieferten Waren nach Alexandrien, wo Venedigs Schiffe auf die Übernahme warteten.[16]

Gerade Saladin hatte Ägyptens einmalige Scharnierfunktion zwischen den Kontinenten erkannt und setzte dementsprechend energisch handelspolitische Initiativen: 1170 Eroberung des fränkisch kontrollierten Hafens Aidhab am Roten Meer. Beschränkung des Niederlassungsrechts christlicher Geschäftsmänner ausdrücklich auf die Städte an der Mittelmeerküste. Förderung einer neuen Schicht von Kaufleuten, *karimi* genannt, die den Handel im Roten Meer übernahmen. Festigung der Macht seiner Dynastie im Jemen, dessen Hauptstadt Aden der wichtigste Stützpunkt auf dem Seeweg nach Indien war.

Die Venezianer profitierten nicht als einzige Europäer von Saladins Maßnahmen. Auch Pisa kam in den Genuss von Begünstigungen: Einrichtung eines *funduq* in Alexandrien, Herabsetzung der Zölle von zwölf auf zehn Prozent sowie Befreiung von der Verpflichtung, Ruder und Segel an die Hafenverwaltung zu übergeben. Bemerkenswert die Abmachung bezüglich der von Pisa zu liefernden Waren, es heißt da ausdrücklich: »Waffen und Eisen und Holz und Pech«[17] – also ein wesentlicher Beitrag zur Aufrüstung der ägyptischen Armee. 1182 betonte Saladin in einem Brief an den Kalifen von Baghdad den Wert enger Handelsbeziehungen mit den Seerepubliken.[18]

Trotz zielstrebiger Wirtschaftspolitik und dem Ankauf strategischer Rohstoffe dachte man nicht an den Wiederaufbau der Mittelmeerflotte; wie Byzanz überließen die Aiyubiden den Italienern vorbehaltlos die Kontrolle der östlichen Méditerranée. Doch mit ganz anderen Konsequenzen: Während die Romania immer mehr zum hilflosen Objekt fremder Interessen wurde, profitierten Seldschuken und später Mamluken massiv von den Aktivitäten der *rûm*, ohne ihren Partnern den Funken einer Chance zu machtpolitischen Querelen zu geben. Gerade Venedig bewies in heiklen Situationen – natürlich war merkantiler Eigennutz eine gewaltige Triebfeder – Zuverlässigkeit gegenüber den muslimischen Vertragspartnern. 1198 protestierte die Serenissma erfolgreich gegen ein totales päpstliches Embargo, 1204 leitete Enrico Dandolo den eigentlich gegen Ägypten gerichteten Vierten Kreuzzug nach Konstantinopel um, aus dem Damiette-Feldzug Ludwigs des Heiligen hielt man sich 1249 heraus.[19] Die Entscheidung, den französischen König bei seinem Angriff auf Ägypten nicht zu unterstützen, machte sich doppelt bezahlt: Das Unternehmen endete in einer Katastrophe, und Venedig ersparte sich hohe Verluste an Menschenleben und Kapital. Außerdem war Ludwigs Alliierter Genua in den Augen des Sultans als Partner desavouiert: Es musste wesentliche Einschränkungen seiner kommerziellen Aktivitäten hinnehmen. Wenige Jahre später – nach der verheerenden Niederlage gegen die Venezianer bei Akkon – hatten die Ligurer als Machtfaktor in der Levante weitgehend ausgespielt. Ab 1260 war die Markusrepublik eindeutig Herrin des Orienthandels und sollte es trotz gelegentlicher Rückschläge bis ins 16. Jahrhundert bleiben.

Nach dem Fall des letzten Kreuzfahrerstaates zogen sich die Venezianer teilweise aus den Hafenstädten Syriens und Palästinas zurück, die kommerziellen Beziehungen brachen aber deswegen keineswegs ab. Im Gegenteil: Baumwollproduktion und -export wurden gesteigert, 1304 garantierte der mamelukische Gouverneur Galiläas venezianischen Kaufleuten vorteilhafte Geschäftsbeziehungen. Den florierenden Textilzentren Europas konnte man gar nicht genug Rohbaumwolle liefern, daher wurden die levantinischen Anbauflächen vergrößert sowie gesetzliche Rahmenbedingungen geschaffen, um den Export zu fördern. Die Muslime waren an der Fortführung ungestörter Handelsbeziehungen interessiert – nicht so der Papst, welcher das Geschäft mit Oltremare immer wieder durch Boykottaufrufe behinderte, es 1323 sogar kurzfristig lahmlegte.[20] Die Schmuggler hatten daran ihre helle Freude. Ungeachtet solcher Rückschläge blieb Alexandrien die wichtigste Destination Venedigs. Hier lagerten die Waren dreier Kontinente und warteten auf ihren Weitertransport: Aus Ägypten selbst Rohbaumwolle, Rohleinen, Zucker, Alaun, Natron, Glaswaren, Textilien, Smaragde und Gold. Aus dem Mittleren und Fernen Osten Pfeffer, Ingwer, Gewürznelken, Muskat,

Aloe, Weihrauch, Elfenbein, Edelsteine und Seide. Aus Europa Eisen, Kupfer, Blei, Silber, Waffen, Holz, Textilien – aus Barchent oder Wolle – und Sklaven.

Die bewegte Karriere des Venezianers Romano Mairano veranschaulicht, welche Chancen sich im Überseehandel boten, aber auch welche Risiken auf einen Kaufmann lauerten. Seine Aktivitäten sind ab 1153 gut dokumentiert. Er dürfte angeheiratetes Vermögen klug in seine Unternehmungen investiert haben: Zunächst in den Handel mit Bauholz. Bald verfügte er über eine Niederlassung in Konstantinopel, er wurde in Smyrna, Akkon und Alexandrien aktiv. Seine Geschäfte liefen nach den bewährten Regeln der *colleganza*: Zwei Drittel des Kapitals vom nicht zur See gehenden Partner, ein Drittel vom reisenden Kaufmann. Der eine riskierte sein Vermögen, der andere in erster Linie seinen Hals – daher wurde der Gewinn geteilt. Einige Jahre später sollte Mairano auf ein anderes Finanzierungsmodell umsteigen, das ihm zuerst großen Gewinn bescherte, ihn dann fast an den Rand des Ruins trieb: Er verschaffte sich Kapital durch Anleihen, was zwar hohe Zinszahlungen bedeutete, der Profit musste aber mit niemandem geteilt werden. In sicheren Zeiten eine sichere Strategie. Tatsächlich konnte der Venezianer die Geschäfte mit Alexandrien und Akkon intensivieren, 1169 pachtete er sogar alle Einkünfte, über die der Patriarch von Grado in Konstantinopel verfügte – als besonders lukrativ erwiesen sich die Landegebühren eines Kais am Goldenen Horn. Die Lateinerpogrome trafen Mairano vollkommen unvorbereitet. Er entkam der Mordbrennerei mit knapper Not, sein in Konstantinopel angehäufter Reichtum war verloren, er hatte erdrückende Schulden. Die Geldbeschaffung über Kredite hatte sich in der Krise als Bumerang erwiesen. Mit Hilfe seines Bruders gelang Mairano der Wiederaufbau seines Unternehmens, dessen Grundlage der Handel mit Oltremare blieb. 1201 starb er wohlhabend in der Heimatstadt.[21]

Im Vergleich zu anderen Venezianern war Mairano eher ein kleiner Fisch, der als *nouveau riche*[22] im politischen Leben der Serenissima wahrscheinlich keine nennenswerte Rolle spielte. Allerdings gab es Hunderte wie ihn, die zum Wohlstand der Stadt beitrugen und Venedigs Macht in Übersee festigten. Von ganz anderem Kaliber waren freilich die aus dem mächtigen Patriziat stammenden Kaufleute. Zum Beispiel die Familie der Ziani. Grundlage ihres Wohlstandes war der Handel mit Pfeffer, Alaun und Getreide. 1172 stellte der Clan nach der Ermordung des Unglücksraben Vitale Michiel, dessen Strafexpedition gegen Byzanz wegen angeblicher militärischer Fehlplanung und des Ausbruchs einer Seuche auf der Flotte in einem Debakel geendet hatte, den Dogen: Sebastiano Ziani, der sich als kompetentes Staatsoberhaupt erwies. Unter anderem fädelte er mit viel Fingerspitzengefühl die Versöhnung Friedrich Barbarossas mit Papst Alexander III. ein. Für den feierlichen Akt bequemten sich beide Kontrahenten nach Venedig. Sebastianos Sohn Pietro wurde 1205, nach dem für die Markusrepublik so erfolgreichen Vierten Kreuzzug, ebenfalls zum Dogen gewählt. Er übte sein Amt bis 1229 aus. In dieser Zeit stieg die Serenissima zur Weltmacht auf.

Die Machtposition der Ziani dürfte auch zur Veränderung der Geschäftsphilosophie des Clans geführt haben. Im 13. Jahrhundert waren zahlreiche Familienmitglieder am Fernhandel beteiligt, selbstverständlich gingen sie zur See. Unter Pietro scheint aus dem weitgestreuten Unternehmen die Firma eines Mannes geworden zu sein, der auf Reisetätigkeit verzichtete, sich stattdessen als *sozius stans* an *colleganze* beteiligte und mit der Vergabe von Darlehen große Gewinne machte. Besonders interessant ist die Tatsache, dass Pietro sein Vermögen auf dem Festland, in Padua, wo er 1201 als *podestà* regierte, und Treviso investierte. Nach seiner Wahl zum Dogen kaufte er Immobilien in Venedig: Die Vermietung zentral gelegener Häuser ermöglichte seinem Sohn Marco das bequeme Leben eines Rentiers.[23]

Die Geschäfte der Ziani lassen darauf schließen, dass viele Patrizier über bedeutenden Besitz auf der Terraferma – dem venetischen Festland – verfügten. Der Erwerb von Grund und Boden dürfte jedoch in dieser Zeit das Ergebnis privater Initiative gewesen sein, während merkantile Aktivitäten von der Kommune zielstrebig, ja dirigistisch organisiert wurden. Staatliche Maßnahmen zur Durchdringung des Festlandes sollten erst im 15. Jahrhundert ergriffen werden. Das Beispiel der Ziani zeigt jedoch, dass die venezianischen Wasservögel wohl immer schon über profunde Erfahrungen mit Landbesitz verfügten. Wenn sie auch »immun gegen die Feudalverhältnisse des Kontinents«[24] waren, so wussten sie trotzdem damit umzugehen. Ab 1204, bei der Entwicklung eines neuen Kolonialtyps, sollte den Venezianern diese Erfahrung von großem Nutzen sein.

Kreta, Zypern und die Schwarzmeerküste –
eine neue Form des Kolonialismus?

Im 13. Jahrhundert kam es zu einer Reihe grundlegender Veränderungen, welche die Seerepubliken Italiens zur teilweisen Neuorientierung ihrer Handelspolitik zwangen: 1215 eroberten die Mongolen unter Dschingis Khan Nordchina, 1241 stießen sie bereits bis Ungarn vor. 1238 nahmen die Aragonesen Valencia ein, 1248 fiel Sevilla in die Hände des kastilischen Königs. 1250 rissen die Mamluken in Ägypten und Syrien die Macht an sich. 1258 besiegte Venedig die Genuesen bei Akkon, womit die Ligurer fast zur Gänze aus der Levante vertrieben wurden. Im selben Jahr erstürmten die Mongolen – unterstützt von genuesischen Söldnern – Baghdad. 1261 zerschlug die Paleologosdynastie mit Hilfe Genuas das Lateinische Kaiserreich. 1284 unterlag die Flotte Pisas den Genuesen an der toskanischen Küste. 1291 ergab sich der letzte Kreuzfahrerstaat.

Diese kurze Aufzählung lässt erahnen, in welch kompliziertem Machtgeflecht sich die winzigen Seerepubliken bewegten, wie schwierig es war, aus der Vielzahl konkurrierender Staaten beziehungsweise Herrscher geeignete Partner zu finden. Dementsprechend oft änderten sich Allianzen, standen sich Verbündete plötzlich als erbitterte Kriegsgegner gegenüber, um wenig später – den Geist früherer Abmachungen beschwörend – Frieden zu schließen. Alleine die Beschreibung aller Vertragsbrüche zwischen Italienern und Byzantinern sowie der daraus resultierenden Auseinandersetzungen könnte ein eigenes Buch füllen. Dennoch zeigen sich Konstanten in den Beziehungen einiger Mitspieler: Erbitterte Rivalität zwischen Genua und Pisa, die mit der totalen Niederlage der Toskaner bei Meloria ihr Ende fand, beziehungsweise notorische Todfeindschaft zwischen Venezianern und Genuesen, welche sich erst 1381 nach dem Frieden von Turin abkühlen sollte. Oder die engen, geradezu symbiotischen Beziehungen der Markusrepublik zu den Mamluken, das meist freundliche Verhältnis der Genuesen zu den verschiedenen Mongolenreichen. Doch auch diese relativ stabilen Verbindungen – ob als Feind oder Freund – waren atmosphärischen Schwankungen unterworfen: Es gibt genug Beispiele für kurzfristige Interessengemeinschaften von Venezianern und Genuesen, für brutale Auseinandersetzungen der Italiener mit ihren muslimischen oder mongolischen Partnern.

Die Lateinerpogrome des Jahres 1171 waren wahrscheinlich vielen Venezianern in lebhafter Erinnerung, als 30 Jahre später Innozenz III. zu einem neuen Kreuzzug aufrief. Der Papst wusste nicht, dass ihm diese Kampagne vollkommen entgleiten sollte. Weder das Heilige Land noch Ägypten wurden erobert, sondern 1202 die Adriastadt Zara und 1204 Konstantinopel. Geschickt instrumentalisierten Doge Enrico Dandolo und seine Berater die auf dem Lido festsitzenden Kreuzfahrer, welche vor der peinlichen Situation standen, 40.000 Silbermark für venezianische Flottendienste nicht aufbringen zu können.[1] Gegen Zahlungsaufschub und tief beeindruckt von der bereitgestellten Armada, stimmten die Franken einer Umorientierung des Kreuzzuges zu. Venezianische Schiffsbauer – mehrere Tausend hochqualifizierte Spezialisten – hatten ihre Leistungsfähigkeit eindrucksvoll bewiesen: Der Dogenstaat verfügte mit dem 1104 gegründeten und immer wieder erweiterten Arsenal über eine Industrieanlage, deren Größe und Produktivität auch heute erstaunt. Innerhalb eines Jahres stellte man hier Schiffe für 4500 Ritter samt Pferden, 9000 Knappen und 20.000 Infanteristen bereit. Dazu kam eine venezianische Begleitflotte von 50 Galeeren mit 6000 Mann Besatzung. Sie brachte auch die Entscheidung bei der Erstürmung Konstantinopels. Byzanz verfügte gegen die – neben der chinesischen Marine – wahrscheinlich stärkste Seestreitkraft der Welt gerade über 20 Schaluppen in armseligem Zustand und vertraute daher auf die Festungsbauten der Hauptstadt. Vergeblich: Niketas Choniates berichtet vom Durchbrechen einer den Hafen absperrenden massiven Kette, von Kampfmaschinen und einem auf den Galeeren hochwachsenden Leiterwald. Das ermöglichte die rasche Einnahme der gewaltigen Stadtmauern von der Seeseite.[2]

Der Verzicht auf den vereinbarten Betrag brachte vielfachen Gewinn: Einfluss bei der Wahl zum Kaiser des neuen Lateinischen Kaiserreiches, drei Achtel byzantinischen Territoriums und Konstantinopels, und ganz zu schweigen von der reichen Beute – Kunstschätze wie die Pferdequadriga, Reliquien sowie etwa 500.000 Silbermark. Die Markusrepublik beanspruchte bei weitem nicht alle ihr zugesprochenen Gebiete, sondern nur strategisch günstige Häfen, Küstenstreifen und Inseln.

In Fortsetzung der Politik, die Venedigs Eliten bisher betrieben hatten und noch Jahrhunderte lang weiter verfolgen würden, war die Republik weniger an ausgedehnten Landgebieten, als an der Beherrschung der Meere sowie an kleinen, überschaubaren Kolonialbesitzungen interessiert. Sie sicherte sich daher Stützpunkte, die den Kauffahrern bei ihren Geschäften in der Romania und in der Levante als Basis dienen sollten. Das Hinterland dieser bereits beschriebenen Stützpunktkolonien konnte aber durch Rohstofflieferungen, Steuerabgaben und die Anlage exportorientierter Monokulturen von der Metropole ausgebeutet werden. Die wichtigsten Glieder des venezianischen Kolonialimperiums waren neben Konstantinopel, wo man das Arsenal und die Docks beherrschte, die Insel Kreta sowie Negroponte, von wo die allmähliche politische und ökonomische Durchdringung Euböas gelang. Später kamen Kreta und Zypern hinzu. Zur Sicherung der Route zwischen Adria und östlichem Mittelmeer besetzte Venedig außerdem 1209 die im Südwesten des Peloponnes gelegenen Hafenstädte Modon und Koron, die man bald *oculi capitalis communis* nannte: Augen der Hauptstadt.[3]

Die Annexion eines umfangreichen, wenngleich zerstreuten Besitzes im östlichen Mittelmeer zwang die Serenissima zum Abgehen von bewährten Mustern, denn der Charakter ihres Überseereiches hatte sich geändert und ein neuer Kolonietypus war hinzugekommen. Das traditionelle Stützpunktsystem bedeutete Gaststatus in einem fremden Land, man hatte trotz weitgehender Vorrechte die Ansprüche des jeweiligen Herrschers zu akzeptieren. Die neu gewonnenen Territorien unterstanden hingegen der Kommune, die nun experimentieren musste. Dabei steckten die erfolgsverwöhnten Venezianer auch manchen Rückschlag ein, wie auf den Kykladen, die bald wieder verloren gehen sollten. 1205 ließ Doge Pietro Ziani – ganz im Gegensatz zur dirigistischen Politik der Serenissima – dem Patriziat bei Besitznahme und Verwaltung der Inseln freie Hand, solange die neuen Herren Bürger Venedigs blieben und die Gesetze der Republik respektierten. Naxos, Anafi, Santorini, Andros, Tinos, Mykonos und Kos wurden Eigentum von Familienmitgliedern der venezianischen Nobilität: der Sanudo, Foscolo, Barozzi, Ghisi und Giustiniani. Anders als in Kreta oder Euböa unterließ es die Signoria, die im »Herzogtum des Archipels« unter Führung Marco Sanudos vereinten Inseln strikter Kontrolle zu unterwerfen. Was prompt zu chaotischen Zuständen führte und die Ambitionen der Dogenrepublik im östlichen Mittelmeer gefährdete: Extreme Besteuerung der lokalen Bevölkerung, Verletzung religiöser Gefühle der orthodoxen Griechen, Provokation der Türken sowie ständige Scharmützel mit den Nachbarinseln.[4] Diese unhaltbare Situation erklärt auch, warum die sonst so entschlossene, notfalls mit aller Härte agierende Signoria wenig unternahm, um die Besetzung der Inseln durch neue Herren – Franken, Griechen oder Türken – zu verhindern.

Kreta und Euböa wurden langfristig zu Knotenpunkten im Wirtschaftssystem Venedigs. Die ökonomische Nutzung dieser Neuerwerbungen stellte die Serenissima vor ein bis dahin unbekanntes Problem: Nutzung und Verwaltung eines relativ großen Territoriums. Die Lösung war einfach, sie entsprach der pragmatischen Haltung der Kommune: Man bediente sich feudaler Elemente, um effektive Administration sowie militärischen Schutz der Kolonien zu gewährleisten – allerdings ohne auf die bewährten Strukturen kommunaler Behörden und Kontrollinstanzen zu verzichten. »Venedig musste erstmals seine eigene Form des Feudalismus erfinden.«[5] Die uneingeschränkte Übernahme des Lehenssystems erwies sich als Fehlschlag – das nach einem solchen Vorbild gegründete Inselreich auf den Kykladen ließ sich nie an die Leine nehmen. Offensichtlich waren Teile der venezianischen Nobilität doch nicht so gegen die Versuchungen des Feudalismus immun, wie es oft in mythologischer Verklärung des venezianischen Gesellschaftsmodells dargestellt wird. So mancher Adelige konnte sich damit anfreunden, die eigene Souveränität auf Kosten staatlicher Macht zu erweitern: Im zugewiesenen Herrschaftsbereich Gerichtsbarkeit nach eigenem Gutdünken auszuüben, oder in ökonomischen und politischen Fragen autonom – ohne Rücksprache mit der Metropole – zu entscheiden. Die Gesetzgeber des Lagunenstaates waren sich zweifellos – nicht zuletzt wegen der Eskapaden Marco Sanudos, »der sich nicht wie ein Untertan benahm, sondern eher wie ein gleichberechtigter Partner Venedigs«[6] – dieser Tatsache bewusst, als sie ihre neuen Kolonien einem rigiden Überwachungssystem unterwarfen.

Kreta – das feudale Experiment

Bereits im 11. Jahrhundert waren italienische Kaufleute auf Kreta aktiv, wie ein auf Hebräisch abgefasster Brief um 1060 belegt: Er beschreibt die Geschäfte venezianischer und griechischer Händler in Alexandrien, die dort landwirtschaftliche Produkte aus Kreta, unter anderem Käse, verkauften. Allerdings dürften die Italiener bis zum Vierten Kreuzzug über keine nennenswerten Niederlassungen auf der Insel verfügt haben; die 1082 beziehungsweise 1126 geschlossenen Verträge bezüglich weitgehender Privilegien in der Romania lassen Kreta unerwähnt. Offensichtlich spielte Kreta in den strategischen Erwägungen Venedigs keine wichtige Rolle, sonst hätte die Markusrepublik wohl längst auf die Einbeziehung der Insel in die kaiserlichen Bullen gedrängt. Erst um 1140 änderte sich die Interessenlage: Pisa, Genua und Venedig hatten ihre Positionen in den neuen Kreuzfahrerstaaten bezogen und sichere Stützpunkte auf dem Weg in die Levante konnten den Kampf um die Vorherrschaft im östlichen Mittelmeer entscheiden. Dieses Umdenken war auch die Folge technologischer Neuerungen in der Schifffahrt: Verbesserte Navigationsgeräte sowie Schiffstypen mit größerer Ladekapazität, was die Mitnahme ausreichender Wasser- und Lebensmittelvorräte für die Besatzung erlaubte, erleichterten die direkte Route über das offene Meer.[7]

Den Wettlauf um Kreta gewann schließlich Venedig, auch in diesem Fall erwies sich der greise Doge Enrico Dandolo als geschickter Drahtzieher des Geschehens. Wie bei der Instrumentalisierung des ursprünglich gegen Ägypten gerichteten Vierten Kreuzzuges verstand es der ausgefuchste Verhandler, aus den Kalamitäten seiner Alliierten Profit zu schlagen: 1204 vermittelte er im Streit um die Kontrolle Thessalonikis zwischen Lateinischem Kaiser und Bonifaz von Monferrat, dem eine venezianisch-fränkische Kommission bei Aufteilung der territorialen Beute Kreta zugesprochen hatte. Mit Erfolg, denn Bonifaz verzichtete auf seine Ansprüche bezüglich der nordgriechischen Stadt und er trat gegen die Bezahlung von 1000 Silbermark Kreta an Venedig ab. Außerdem wurden ihm wirtschaftlich attraktive Territorien im Westen des Lateinischen Kaiserreiches versprochen.[8] Dandolos Coup kam gerade zur rechten Zeit, hatten doch die Genuesen Teile der Insel besetzt. Nach jahrelangen Kämpfen wurden die ligurischen Truppen, geführt von Enrico Pescatore – in der Literatur je nach Vorliebe als Pirat oder Graf von Malta bezeichnet – niedergerungen.

Erst ab 1211 konnte die Serenissima mit der planmäßigen Besiedlung und Durchdringung Kretas beginnen, es ging jetzt um die eigentliche Kontrolle der Insel, denn große Teile des bewirtschaftbaren Landes befanden sich im Besitz griechischer Adeliger. Die Republik vergab Lehen an 132 Ritter und 408 gemeine Soldaten: so genannte *cavallerie* beziehungsweise *sergenterie*. Die Zuteilung der Ländereien war an Wehrpflicht und die Übernahme administrativer Aufgaben gebunden. Bis zu Beginn des 14. Jahrhunderts sollte die Zahl venezianischer Einwanderer auf etwa 10.000 ansteigen. Mitglieder prominenter Patrizierfamilien ließen sich in der vielversprechenden neuen Kolonie nieder. Ein aristokratischer Massenexodus, getragen von allen, die Rang und Namen hatten: Badoer, Barbarigo, Contarini, Dandolo, Falier, Foscari, Gradinigo, Morosini, Tiepolo, Venier, Viglioni.[9] Eine solche Besiedlung konnte natürlich nur auf Kosten der griechischen Bevölkerung durchgeführt werden: die neue Feudalordnung bedeutete Enteignung ihres Besitzes, sei es kirchlich oder weltlich. Daher befand sich die Insel bereits 1212 im Aufruhr, die gerade erst etablierte Regierung unter Herzog Giacomo Tiepolo sah sich überfordert und rief den Herrscher von Naxos, Marco Sanudo, zu Hilfe. Ein schwerwiegender Fehler: Von keinerlei Loyalität zur Markusrepublik geplagt handelte Sanudo – man möchte fast sagen »genuesisch«– im eigenen Interesse. Nach militärischen Erfolgen verbündete er sich mit den von der Archontenfamilie Hagiostefaniti geführten Rebellen, bald kontrollierte er weite Teile der Insel. Den Militärkolonisten gelang es, mit Unterstützung aus der Mutterstadt entsandter Truppen Sanudo zurückzuschlagen, den Abzug trat der Herzog des Kykladenarchipels erst nach Zahlung einer Entschädigung an. Die Kämpfe gegen genuesische Widerstandsnester dauerten noch mehrere Jahre: Erst 1217 wurde der lästige Genuese Alamanno da Costa – in seiner Heimat als Volksheld umjubelt, in Venedig als Pirat abgestempelt – besiegt.[10] Das neue System hatte, wenn auch auf Biegen und Brechen, seine Feuertaufe bestanden. Das Verhältnis zur griechischen Bevölkerungsmehrheit blieb trotz gewisser Versuche, die adeligen Archonten in das System zu integrieren, prekär.

Byzanz' endgültiger Verzicht auf eine Rückgewinnung Kretas konnte nur kurzfristig zur Entspannung der Lage beitragen. Die Mehrheit der bäuerlichen Bevölkerung litt unter Leibeigenschaft und Frondiensten, der griechische Adel unter Machtlosigkeit und Steuerdruck. Das rigide Eintreiben von Abgaben trieb schließlich auch viele »eingesessene« Venezianer in den Widerstand: 1363 brodelte die Stimmung über, es kam zu einem für die Adriametropole besonders gefährlichen Aufstand, der gleichermaßen von Italienern und Griechen getragen wurde. Unter Führung prominenter Adeliger wie der Venier, Gradenigo und Kallergides wurde die Unabhängigkeit Kretas proklamiert, zahlreiche Venezianer konvertierten zum orthodoxen Glauben, bald hatte die Rebellion weite Teile der Insel erfasst. Erst vier Jahre später konnte die Mutterstadt durch brutale militärische Intervention den Aufstand niederschlagen.[11] Die Serenissima hatte hingegen ihre Lektion gelernt: Maßlose Auspressung und totale Entrechtung der Bevölkerung wirkten nur kontraproduktiv. In Zukunft suchte man einen gewissen Ausgleich mit Adel und orthodoxer Kirche.

Die Administration des »Regno di Candia« war in vielen Bereichen ein Spiegelbild der venezianischen Verwaltung. Kreta war wie die Mutterstadt in sechs Bezirke aufgeteilt, die auch die entsprechenden Namen trugen: San Polo, Dorsoduro, Castello, San Marco, Cannareggio und Santa Croce. Jeder Auswanderer sollte sich hier zu Hause fühlen, jeder Einheimische daran erinnert werden, wer hier regierte. Um 1300 wurde die Distrikteinteilung geändert, man gab auch die provozierenden venezianischen Namen auf: Die neugeschaffenen, von *rectores* geleiteten Verwaltungseinheiten Candia, Rettimo, Chania und Sitia sind bis heute fast unverändert erhalten geblieben.[12] Als Regierung fungierte eine von der Markusrepublik auf zwei Jahre eingesetzte dreiköpfige Signoria, bestehend aus dem *duca* und zwei *consiglieri*, beratend stand ihr der Große Rat der Nobilität zur Seite. Die Signoria hatte sich strikt an die Anweisungen Venedigs zu halten, was von Inspektoren, den *sapientes* und *proveditori* in regelmäßigen Abständen überprüft wurde. Rege Bautätigkeit untermauerte den Herrschaftsanspruch der neuen Herrscher: Eines der ersten fertig gestellten Gebäude in der Hauptstadt Candia, wie die Venezianer Iraklion und die Insel nannten, war 1239 bezeichnenderweise die Markuskirche – ein klares politisches Signal an die orthodoxe Bevölkerung.

Die wichtigsten Städte sowie vorgelagerte Inselchen erhielten Befestigungsanlagen, in Candia und Chania wurden Arsenale eingerichtet, die Hafenanlagen erweitert.[13]

Im ersten Jahrhundert der venezianischen Herrschaft dominierte extensive Landwirtschaft, die mit wenig entwickelter Technologie auskam und unter Arbeitskräftemangel litt. Produziert wurden Getreide, Wein, Käse, Wolle und Leder – anfänglich aber alles eher unregelmäßig, in relativ geringen Quantitäten, sodass nicht nur größere Exporte in die Metropole ausblieben, sondern selbst die Versorgung der venezianischen Streitmacht, deren Umfang infolge des hartnäckigen Widerstandes auf der Insel ständig wuchs, Schwierigkeiten bereitete.

Die Venezianer hatten die fruchtbarsten, am besten bewässerten Gebiete in Besitz genommen und umfangreiche Maßnahmen zur Förderung eines produktiveren, kommerzialisierten Agrarsektors eingeleitet: Schutz und Melioration von Böden, Dekrete zur Bewässerungs- und Mühlenorganisation, Unterstützung einer effizienten Viehhaltung. Seit dem späten 13. Jahrhundert wurde das Arbeitskräfteangebot durch fallweise Sklavenimporte aus Südosteuropa, Russland oder Südwestasien, aber auch durch gezielte Ansiedlung griechischer Immigranten erhöht. Kreta profitierte zum Beispiel von den Bestimmungen des Turiner Vertrages, der 1381 dem ewigen genuesisch-venezianischen Konflikt ein Ende setzen sollte. Die Insel Tenedos, strategisch günstig vor den Dardanellen gelegen und daher Anlass des letzten Krieges, wurde neutralisiert: Zerstörung aller Festungen und Häuser, Absiedlung aller Bewohner – auch der Griechen. Nach langen Diskussionen, in denen sich der Doge Venier heftig gegen die Evakuierung der Insel wehrte, aber vom Senat überstimmt wurde, entschloss man sich zur Einhaltung des Vertrages. 1383 ließen sich etwa 4000 Griechen nach großzügiger Entschädigung in Kreta nieder.[14]

Zusammen mit der Ausdehnung der venezianischen Herrschaft auf immer größere Teile der Insel führten die Bemühungen der Kolonialherren sowie einiger mit ihnen kollaborierender einheimischer Großgrundbesitzer dazu, dass Kreta zu einem wichtigen Weizenexporteur, im 14. Jahrhundert sogar zur Kornkammer Venedigs wurde. Die Olivenkulturen machten zwar ebenfalls Fortschritte, erlangten aber nie einen Stellenwert wie auf Korfu, von wo Olivenöl in größeren Mengen ausgeführt wurde. In der Weinproduktion war Kreta aber Korfu sowohl der Quantität als auch der Qualität nach deutlich überlegen. Es gibt kaum ein wichtiges oberitalienisches Handelshaus, in dessen Büchern der Transport und Verkauf von Kretawein nicht verzeichnet ist; die verschiedenen venezianischen Galeerenlinien lieferten die begehrte Fracht in den gesamten Mittelmeerraum, aber auch bis Flandern und England.[15] Im 15. Jahrhundert hatte Wein den größten Anteil am Export kretischer Agrarprodukte, während Weizen eine immer geringere Rolle spielte. Venedig bezog zu wesentlich günstigeren Konditionen Getreide aus Tunesien, Sizilien, den byzantinischen Balkanprovinzen und Südrussland. Wie leicht die Weizenpreise ins Trudeln geraten konnten, zeigt der Friedensvertrag, den die Venezianer mit der Goldenen Horde abschlossen: Getreide wurde in der Romania prompt um 20 Prozent billiger. In Kreta reagierte die Serenissima rasch auf die geänderte Marktlage, indem sie die Anbaufläche für Wein radikal erweiterte, was zur nachhaltigen Veränderung des Landschaftsbildes beitrug.[16]

Der Großteil des Weines wurde allerdings zum Eigenbedarf in die Markusrepublik verschifft. Dort standen die *vini navigati* in höherem Ansehen als die Weine vom venetischen Festland oder aus Istrien. Nicht zuletzt, weil der Transport selbst wegen der Wellenbewegungen und Temperaturunterschiede als vorteilhaft für die Qualität des Weines galt: Diese Art der Lagerung auf dem Schiff war Teil der Vinifikation. Steigende Nachfrage erhöhte auch den Bedarf an Fässern, die zunächst aus Venedig importiert wurden, später stellte man sie auf Kreta mit Holz aus Mazedonien und Thrazien her. Die auf der Insel abgeholzten Zypressen dienten hingegen dem Schiffsbau.[17] Der kretische Malvasia erfreute sich in allen Varianten höchster Beliebtheit: jung, gealtert, stark, süß, klar und auch trüb. Besonders hohe Preise erzielten schwere Süßweine, die sich aufgrund des hohen Zuckergehalts besonders gut transportieren und lagern ließen. Die Vorliebe für diesen Wein zeigt sich an den Straßennamen Venedigs: in fast jedem Sestier findet sich eine Calle della Malvasia, in San Marco gibt es deren gleich zwei.

Wein unterlag im Gegensatz zu Getreide keinen Preisregelungen des Staates, er war auch keine Stapelware und konnte – anders als Gewürze – ohne den Umweg über Venedig direkt exportiert werden, auch auf ausländischen Schiffen. Im 14. und 15. Jahrhundert dürften kretische Produzenten die wichtigsten internationalen Absatzgebiete weitgehend dominiert haben: So beklagte 1375 Kaiser Johannes V. die Konkurrenz des von Venezianern in den Tavernen Konstantinopels angebotenen ausländischen Weins. Noch im November 1452 liefen acht mit Wein beladene Schiffe aus Kreta die byzantinische Hauptstadt an, kaum am Bestimmungsort angekommen wendete die Flotte, um den vorrückenden Osmanen zu entgehen. Im selben Jahr erstanden genuesische Kaufleute in Chania 3000 Fass, die wahrscheinlich über Chios nach Flandern exportiert wurden. Erstaunlich große Mengen kretischen Weins wurden in islamische Staaten verkauft, vor allem nach Alexandrien: Wohl kein Hinweis auf verstärkten Konsum durch die Muslime, sondern auf den beträchtlichen Bedarf zahlreicher christlicher und jüdischer

Gemeinden. Für Juden wurden die Trauben in Kreta sogar nach koscheren Methoden gekeltert.[18]

Der im späten 14. Jahrhundert einsetzende Aufstieg der Zucker- und Baumwollproduktion, begleitet von der Intensivierung des Weinbaus, ergänzt um erste Salz- und Alaunexporte, signalisiert die nun rasch voranschreitende Wandlung Kretas in eine typische, völlig von den ökonomischen Interessen der Markusrepublik geprägte Kolonie. Nach der Beendigung des letzten Widerstandes in entlegenen Teilen der Insel, zum Beispiel in den rebellischen Dörfern der fruchtbaren Lassithihochebene, kontrollierte Venedig fast alle Landesteile. Fortschritte bei der Bodenbewässerung sowie eine rasche Zunahme der Bevölkerung ermöglichten ein allgemeines Wachstum der Landwirtschaft. Die Baumwollexporte Kretas erlangten zwar nie die Bedeutung der Lieferungen aus Zypern, Syrien, Palästina und Anatolien, sie trugen aber zusammen mit der Ausfuhr von Negroponte zur Befriedigung der steigenden europäischen Nachfrage bei.[19] Noch erfolgreicher als die Ausbreitung von Baumwollplantagen gestaltete sich seit etwa 1400 die Zuckerherstellung, die auf Kreta ja über eine lange Tradition verfügte. Dieser Zweig der Landwirtschaft fand, analog zur Entwicklung auf Zypern, steigende Beachtung bei venezianischen Investoren. Um die Kultivierung von Zuckerrohr zu fördern, autorisierte der Senat 1428 die Kolonialverwaltung Kretas, Privilegien zur Anlage von Plantagen sowie zur Raffination von Zucker zu vergeben. Wenig später wurde die Errichtung von Mühlen und der Ankauf weiterer Ländereien bewilligt.[20] Diese Maßnahmen dienten zweifellos den Profitinteressen der venezianischen Eliten, sie entsprachen der Entwicklungslogik einer abhängigen Kolonialwirtschaft, die damit den Rückgang des Getreideanbaus bewusst in Kauf nahm, ja sogar förderte. Was für das Nahrungsmittelangebot auf der Insel und in der Mutterstadt selbst, besonders die einkommensschwächeren Bevölkerungsgruppen betreffend, nicht unproblematisch war. Dies umso mehr, als die bis etwa 1440 unvermindert stattfindende Verschiffung großer Getreide- und Käsemengen von Kreta nach Venedig zunehmend in den Dienst der aufwendigen Militärkampagnen zur Eroberung und Sicherung der Terraferma gestellt wurden. Nach der osmanischen Eroberung Zyperns 1571 begann Venedig, die kretische Salzproduktion massiv zu fördern. Das weiße Gold stellte, wie später beschrieben wird, einen wichtigen Faktor in der venezianischen Wirtschafts- und Finanzpolitik dar. Der Erfolg ließ nicht lange auf sich warten: Um 1600 zählte der Rektor Chanias alleine in der Bucht von Souda ungefähr 200 Salinen.[21]

Im internationalen Fernhandel spielte Kreta trotz seiner günstigen Lage keine überragende Rolle, dennoch weisen die zahlreichen strikten Regulative bezüglich orientalischer Luxuswaren auf eine gewisse Drehscheibenfunktion kretischer Hafenstädte hin, vor allem für die Zeit von 1374 bis 1464, als Famagusta auf Zypern von der genuesischen Maona beherrscht wurde. Aus der Levante kommende Händler wurden genau kontrolliert: Pfeffer, Ingwer, Seide, Weihrauch und die für Glas- sowie Seifenherstellung so wichtige Pottasche mussten ohne Umweg in die Markusrepublik gebracht werden. Bei Steuern und Zöllen zeigten sich die Behörden großzügiger: Auf venezianischen Schiffen transportierte Güter unterlagen keinerlei Abgaben, Ausländer entrichteten ein Prozent des Wertes ihrer Ladung. Dennoch versuchten Kaufleute häufig, dem Stapelzwang durch Schmuggel zu entgehen. Bevorzugtes Versteck für die Contrebande waren doppelbödige Weinfässer, durfte doch wie schon erwähnt der Rebensaft ohne Einschränkungen oder Umwege nach Gutdünken exportiert werden. Die Verwendung von Fässern mit versteckten Kammern war im Mittelalter offensichtlich weit verbreitet. Nicht nur zum Schmuggeln wertvoller Waren, sondern auch zum Pantschen. So heißt es in einer Novellensammlung aus dem 13. Jahrhundert: »Ein Weinhändler transportierte Wein übers Meer in Fässern mit zwei Zwischenwänden. ... Unterwegs verkauften sie Wasser für Wein und hatten so doppelten Gewinn.«[22]

Die besonders im Fall von Kreta und Zypern klar erkennbaren negativen Auswirkungen venezianischer Kolonialherrschaft erreichten noch nicht jenes Maß an Zerstörung, das im 16. Jahrhundert für die iberischen Kolonien auf den atlantischen und westindischen Inseln typisch werden sollte. Sowohl die Verwaltungsorganisation als auch die Formen ökonomischer Penetration und Ausbeutung seitens der Markusrepublik waren zwar wichtige Vorbilder für die mit starker italienischer Beteiligung vorangetriebene portugiesisch-spanische Kolonialexpansion. Die italienischen Aktivitäten stellen aber keine vergleichbare Chronik totaler Zerstörung der eroberten Regionen oder gar völliger Ausrottung der unterworfenen Bevölkerung dar. Nicht nur, dass die Venezianer auf Kreta einem Teil der griechischen Aristokratie Land und Privilegien beließen, einen gewissen Ausgleich mit der griechisch-orthodoxen Kirche suchten, bisweilen sogar loyale Leibeigene rechtlich besser stellten. Die venezianischen Kolonialfunktionäre wiesen darüber hinaus vielfach ein relativ ausgeprägtes Pflichtbewusstsein auf: Korrekte Diensterfüllung bedeutete einerseits harte Repressionsmaßnahmen, massive wirtschaftliche Ausbeutung im Interesse des Kaufmannskapitals der Metropole. Auf der anderen Seite jedoch auch ein grundsätzliches Interesse an der Lage der beherrschten Bevölkerung sowie einen Sinn für die Grenzen von Unterdrückung.

Die Grundzüge venezianischer Kolonialpolitik wurden von einer Kommission des Senats festgelegt. Die Metropole traf in Zusammenarbeit mit der jeweiligen Überseeverwaltung die strategischen Entscheidungen, sie bestimmte den Beitrag jeder Kolonie für Flotte und Armee. Kreta musste etwa im Spätmittelalter ständig zwei bis vier Kriegsgaleeren stellen. Alle Kolonialgebiete wurden einer diskriminierenden, protektionistischen Wirtschaftspolitik unterworfen, die – mit Ausnahme weniger Produkte wie etwa Wein – direkte Handelskontakte nur mit der Metropole vorsah. Die Entwicklung eines selbstständigen Gewerbes sollte möglichst unterbunden, die abhängigen Regionen auf den Export von Nahrungsmitteln beziehungsweise Rohstoffen festgelegt werden. Diesen Maßnahmen, deren Bedeutung für die Entfaltung der ausgedehnten Exportplantagen augenfällig ist, entsprach eine lückenlose sowie regelmäßige Steuereintreibung durch Beamte, die anders als ihre portugiesischen und spanischen Kollegen in Asien oder in Lateinamerika, willens und in der Lage waren, bilanztechnisch exakte Rechnungsbücher zu führen. Steuern wurden gelegentlich – etwa im Kriegsfall – durch Sonderabgaben erhöht und durch die Einkünfte aus dem Salzmonopol ergänzt. Ähnlich straff wie die Besteuerung war auch das System marktunabhängig fixierter Preise, das beispielsweise den getreideproduzierenden Grundherren auferlegt wurde. Damit war eine ziemlich kostengünstige Versorgung Venedigs trotz erheblicher Zwischenhandelsgewinne möglich.

Zypern – Lusignan, Maona und Cornaro

Richard Löwenherz' Truppen besetzten 1191 die seit sieben Jahren vom selbst ernannten zypriotischen Kaiser Isaak Dukas Komnenos regierte Insel. Anlass der Auseinandersetzung war die feindselige Haltung Isaaks gegenüber Besatzung und Passagieren einiger vor Limassol gestrandeter Kreuzfahrerschiffe, unter ihnen auch Richards Verlobte, Berengaria von Navara. Der Herrscher Zyperns sah sich durch Verträge mit Ägypten gebunden: Den Muslimen feindlich gesinnte Flotten durften in seinen Häfen nicht vor Anker gehen – seit Saladins Sieg bei Hattin war die Insel für die Christen strategisch wichtiger denn je, »als Nachschubbasis und Ausgangspunkt einer möglichen Wiedereroberung«[23] Nach kurzer Herrschaft des Templerordens erwarb der seit den Erfolgen Saladins landlose König von Jerusalem 1192 Zypern. Die aus Poitou stammende Familie der Lusignan sollte bis 1489 regieren, ihr Reich, dessen Verfassung sich an jener des Königreichs Jerusalem orientierte, überlebte somit alle Kreuzfahrerstaaten auf dem Festland Outremers um zwei Jahrhunderte. Zypern profitierte unmittelbar vom Verlust der letzten fränkischen Hochburgen und dem teilweisen Rückzug christlicher Kaufleute aus den levantinischen Küstenstädten:

»Mit dem Fall von Akkon verschob sich dann die Lage einseitig zugunsten der Insel; ihre Häfen übernahmen die Rolle der syrischen Küstenstädte. Eigene Beamte mit dem (aus dem Arabischen stammenden) Titel eines mathesep oder mactasib waren zur Überwachung von Handel und Handwerk, Maßen und Gewichten eingesetzt. Famagusta wurde der Knotenpunkt des gesamten Levantehandels. Hier ... entstanden die Hauptkontore der Banken und Handelsfirmen von Genua, Venedig, Pisa, Florenz, Barcelona und Montpellier, die neuen Niederlassungen syrischer Handelshäuser. Der Handel von Famagusta reichte weit über den Nahen Osten hinaus nach Persien und Indien, Sibirien und China.«[24]

Zypern erschien Zeitgenossen unermesslich reich. Der Lebensstil des durch den Exodus vom Festland zahlenmäßig stark angewachsenen Adels sowie der zahllosen Kaufleute erregte ungläubige Bewunderung, er galt als Quintessenz des verfeinerten orientalisch-europäischen Luxus. Um 1340 schrieb Ludolf von Suchem, ein deutscher Landpfarrer auf Pilgerreise, über Famagusta:

»Ein bestimmtes Geschäft in dieser Stadt lagert mehr Aloeholz, als fünf Karren es tragen könnten. Von Spezereien will ich gar nicht mehr reden, denn sie sind so alltäglich wie zu Hause Brote, genauso reichlich werden sie hergestellt und verkauft. Von wertvollen Steinen, goldenen Geweben, und anderen Reichtümern wage ich nun nicht mehr zu erzählen, denn in unserem Teil der Welt wäre dies unglaublich und unerhört.«[25]

Zypern verdankte seine anfängliche innenpolitische Stabilität der Tatsache, dass es den Lusignan gelungen war, die Autorität der Monarchie gegenüber den Ambitionen des fränkischen Adels zu behaupten, ja sogar auszubauen. Loyale Beamte sorgten für effiziente Administration, der König verfügte über eigene Truppenkontingente und war somit nicht ausschließlich auf die Heerfolge der Ritter angewiesen, Münzprägung und Steuereinhebung unterstanden der Krone. Der Eindruck eines gut verwalteten, extrem wohlhabenden Staates verstellte jedoch den Blick auf schwerwiegende Probleme, die das scheinbar so stabile System immer wieder erschüttern sollten: Einerseits die Lebensumstände der Lokalbevölkerung, andererseits die Aktivitäten genuesischer und venezianischer Unternehmer. Die Griechen lebten zum größten Teil in erdrückender Armut, sie hatten die Hauptlast der Steuerzahlungen zu tragen. Diese unerträgliche Situation, aber auch die Unterdrückung der orthodoxen Kirche durch die Lateiner, führte zu sozialen Spannungen, die sich oftmals in Aufständen entluden. Unzufriedene Griechen ließen sich allerdings auch bei Konflikten innerhalb der auf Machtzuwachs bedachten Interessengruppen – Lusignans, römischer Kaiser, fränkische Barone, Italiener – für die Ziele der venezianischen Eliten gut instrumentalisieren.[26]

Von größerer Tragweite war jedoch der steigende Einfluss Genuas und Venedigs. 1218 und 1232 gewährte der zypriotische König den Genuesen das Recht auf uneingeschränkten Handel und Steuerfreiheit im ganzen Reich, es wurden ihnen autonome Stadtviertel in Nicosia, Famagusta und Limassol gewährt.[27] Venedig kam erst 1306 in den Genuss ähnlicher Privilegien. Obwohl zahlreiche venezianische Kaufleute auf Zypern tätig waren, spielte die Insel offensichtlich im strategischen Konzept der Markusrepublik während des 13. Jahrhunderts keine Rolle. Die Kommune war mit dem Aufbau effizienter Verwaltungsstrukturen auf Kreta und Euböa beschäftigt, außerdem dominierten ihre Kaufleute ohnehin den Handel in den Küstenstädten der Levante. Erst der Fall Akkons 1291 zwang die Serenissima zum Umdenken: Zypern bildete mit dem christlichen Königreich Kleinarmenien, dessen Hafen Lajazzo am Endpunkt wichtiger Handelsrouten aus der Schwarzmeerregion und aus Asien lag, eine neue Achse im Fernhandel. Venedigs Interesse manifestierte sich konsequenterweise 1294 in einem Angriff auf das genuesische Quartier in Limassol – von Lokalbevölkerung, Adel und Lusignans wahrscheinlich mit Genugtuung zur Kenntnis genommen, hatten sich ja die Ligurer schon »zu sehr als die Herren« des Landes aufgespielt.[28]

Auch 1372, als die dauernden Spannungen zwischen den Seerepubliken wegen scheinbar banaler zeremonieller Fragen bei der Krönung des jungen Königs Peter II. eskalierten, schlugen sich Franken und Griechen auf die Seite Venedigs. Die Genuesen wurden von der Insel vertrieben, planten aber sofort den Gegenschlag, wie immer finanziert durch eine private Gesellschaft, der Maona von Famagusta. 42 Schiffe mit 14.000 Mann griffen die wichtigsten Städte an, die Truppen Peters II. waren in kürzester Zeit besiegt, dem gefangenen Monarchen zwang man einen Friedensvertrag zu härtesten Bedingungen auf: Hohe Kriegsentschädigung, jährliche Tribute, Auslieferung zahlreicher Adeliger als Geiseln sowie Verzicht auf Famagusta, womit »neunzig Jahre eines wirtschaftlichen und politischen genuesischen Protektorates begannen.«[29] Für die Investoren der Maona war Zypern nicht mehr als ein Ausbeutungsobjekt, dessen Steuern und Zölle rigoros eingetrieben wurden, dessen agrarische und gewerbliche Ressourcen man aber nicht ausreichend zu nutzen verstand.[30] Die Ausfuhr von Weizen, Wein und Indigo nach Europa, die Salztransporte nach Rhodos sowie die Kontrolle eines Teils der Textilproduktion waren zwar profitable Unternehmungen, eine gezielte Ausdehnung der Plantagenkulturen wurde aber nicht einmal versucht. Anreize für die Kommerzialisierung und Produktionssteigerung der Landwirtschaft fehlten völlig. Die mächtige venezianische Familie Cornaro, deren Interessen die

Markusrepublik auch in der Ära des genuesischen Protektorates energisch und erfolgreich verteidigte, blieben bezeichnenderweise die wichtigsten ausländischen Unternehmer. Sie exportierten weiterhin die größten Zucker-, Salz- und Baumwollmengen vom Süden der Insel.[31]

Es war aber nicht nur die rücksichtslose genuesische Wirtschaftspolitik, die das Reich der Lusignan an den Rand des wirtschaftlichen Ruins führte. Die finanziellen Belastungen stiegen 1426 nach der verheerenden Niederlage des zypriotischen Königs Janus gegen ein Expeditionskorps der Mamluken, welche sich die Vertreibung katalanischer Seeräuber aus ihren Schlupfwinkeln an der Südküste Zyperns zum Ziel gesetzt hatten. Für den nach Kairo verschleppten jungen Monarchen musste hohes Lösegeld bezahlt werden, dazu kamen jährliche Tributzahlungen an den Sultan. Der nächste Rückschlag traf das ausgeblutete Land 1438: Die Schwarze Pest.

1447 übernahm die im Sanieren beziehungsweise Umstrukturieren des notorisch defizitären genuesischen Staatshaushaltes erfahrene Banco di San Giorgio die Leitung der Maona von Famagusta, wenig später wurden ihr die Finanzgesellschaften Korsikas und der Krim unterstellt. Tatsächlich bemühte sich die Casa, wie die Großbank auch genannt wurde, fähige Beamte in die Kolonien zu entsenden, verkrustete Strukturen aufzubrechen und schlimmste Ungerechtigkeiten abzustellen. Durchaus mit Erfolg: Laut Roberto Lopez galten die Repräsentanten der Banco di San Giorgio als »umsichtig und ehrlich, … als fleißiger, fähiger und rechtschaffener« im Vergleich mit ihren Vorgängern – »das zeigt sich auch am Rückgang der Beschwerden …, die sich früher gehäuft hatten«.[32] Das Hauptziel der Neuordnung, nämlich ausgeglichene Bilanzen und Abwehr rivalisierender Mächte, wurde indessen nicht erreicht, wie es sich bei allen von der Casa übernommenen Kolonialgebieten zeigen sollte. Innen- und außenpolitische Faktoren ließen den Beamten der Sanktgeorgsbank wenig Spielraum: Zu Hause versank die Mutterstadt im Chaos – alleine in den Jahren zwischen 1461 und 1463 wurden fünf Dogen ernannt, um jeweils gleich wieder aus dem Amt gejagt zu werden, in den Straßen Genuas herrschte nackte Gewalt. Im Schwarzmeergebiet ließen sich die Osmanen nicht mehr aufhalten: Um 1460 gingen die kleinasiatischen Kolonien Trapezunt und Sinope verloren. Famagustas Position als Drehscheibe im Handel mit Asien war schwer erschüttert: Tamerlans Riesenreich zerfiel sehr rasch nach dessen Tod, die Interkontinentalrouten nach China und dem Iran galten nun als unsicher. Die Achse Zypern-Laodicea verlor ebenfalls nach der Unterwerfung des christlichen Kleinarmenischen Reiches durch die Mamluken an Bedeutung. Europäische Schiffe liefen verstärkt Alexandrien und Beirut an.

Letztendlich waren es die Verhältnisse auf der Insel selbst, die das genuesische Protektorat ins Wanken brachten. Im Streit um die Thronfolge setzte sich Jakob II., genannt der Bastard, mit Hilfe Venedigs und der Mamluken nach vierjährigem Krieg gegen die von Genua sowie zahlreichen Baronen unterstützte legitime Erbin Carlotta durch. 1464 kapitulierte Famagusta, die Herrschaft Genuas war nach neun Jahrzehnten beendet. Die Unabhängigkeit des Lusignanreiches existierte jedoch bestenfalls auf dem Papier: Der an sich sehr energische und skrupellose Jakob hing zu sehr von seinen Verbündeten ab, um den Interessen der Serenissima im Wege stehen zu können. Seine Ehe mit Caterina Cornaro sollte zwar seine Macht absichern, aber es war offensichtlich, wer in seinem Land die Zügel in der Hand hielt – hatten doch die Cornaro seine militärischen Unternehmungen finanziert. Der neue König kam ohnehin nie dazu, die Hoffnungen, welche er an seine Heirat geknüpft hatte, erfüllt zu sehen. 1472, wenige Monate nach Caterinas Ankunft, allerdings bereits vier Jahre nach der Eheschließung, starb er unter mysteriösen Umständen. Caterina regierte als Marionette Venedigs, mit viel Sinn für Symbolik und zeremonieller Grandezza wurde die Königin von der Serenissima als »Tochter der Republik« adoptiert, womit die Lagunenstadt »aufgrund dieser eigentümlichen Konstruktion Eventualerbe des Königreiches war«[33]. Angesichts der Werbungen heiratswilliger Mitglieder aus europäischen Herrscherhäusern, vor allem des Hauses Neapel-Aragón, reagierte die Markusrepublik rasch, um ihr neu gewonnenes Protektorat nicht als Mitgift an rivalisierende Mächte zu verlieren. Geschickt zum Rücktritt gezwungen, trat Caterina 1489 Zypern offiziell an die Markusrepublik ab, reichlich entschädigt zog sie sich ins Exil nach Asolo im Hügelland Venetiens zurück.

Die Familie der Cornaro, auch Corner genannt, spielte schon im 13. Jahrhundert eine wesentliche Rolle in der venezianischen Gesellschaft, der weitverzweigte Clan verfügte über glänzende internationale Geschäftsverbindungen. Offensichtlich waren die Cornaro schon lange auf den Inseln des östlichen Mittelmeeres aktiv: Nicht ohne Grund war Peter I. Lusignan, der in Europa Alliierte für einen Kreuzzug gegen Ägypten suchte, während seines Venedigaufenthaltes Gast in Federico Cornaros prachtvollem Palast am Canal Grande, dem heutigen Rathaus. Als Gegenleistung für einen Kredit zur Finanzierung der Expedition erhielt der Venezianer das südzypriotische Dorf Episcopi inklusive wasserreichem Umland, die gesamte Region wurde von allen Abgaben und Steuern befreit.[34] Ein Kreditgeschäft dieser Dimension war für Venedig untypisch: Geldverleih großen Stils oder die Finanzierung von Monarchen entsprachen nicht dem wirtschaftspolitischen Modell einer Kaufmannsrepublik, welche den Fernhandel sowie die direkte Nutzung von Agrarkolonien als ihre ökonomischen Standbeine betrachtete. Das internationale Bankwesen galt als Risikobranche, in dem die Markusrepublik üblicherweise nicht mit den Financiers aus Genua, Siena und Florenz konkurrierte.

Die Cornaro begannen auf Zypern umgehend mit dem Aufbau einer effizienten, durchkommerzialisierten Zuckerproduktion, indem sie umfassende Bewässerungsmaßnahmen einleiteten und das Arbeitskräfteangebot aus ortsansässigen Leibeigenen sowie hochqualifizierten syrischen Immigranten durch den Import von Sklaven, meist arabischer Herkunft, noch vergrößerten.[35] Auch die Methoden der Zuckerherstellung wurden verbessert:

> »Wasserbetriebene Mühlen zermalmten das Rohr, aber die industriellen Aktivitäten der Cornaro beschränkten sich nicht auf die Erstverarbeitung des Produktes. Im Gegensatz zur in Amerika während des 17. und 18. Jahrhunderts praktizierten Methode, wo der Zucker nicht an Ort und Stelle raffiniert wurde, sondern in spezialisierten europäischen Fabriken, lieferte Zypern im 14. Jahrhundert Fertigprodukte in Form von Zuckerbrocken oder Streuzucker. Zu diesem Zweck benützten die Cornaro riesige, in Italien hergestellte Kupferkessel.«[36]

Die massiven Investitionen in Mühlen, Bewässerungsanlagen und Sklaven rentierten sich: Zucker wurde sowohl in Europa als auch im Nahen Osten immer stärker nachgefragt, die Großproduktion ermögliche gute Qualität bei günstigeren Preisen. Daneben war das Familienunternehmen wie schon erwähnt in anderen Bereichen tätig, etwa in der Salz- und Baumwollherstellung. Die Machtposition der Cornaro wird durch die Tatsache verdeutlicht, dass sie erfolgreich Kartelle im Handel mit den von ihnen erzeugten Produkten bildeten und zu einem auch für Venedigs Oberschichten in diesem Ausmaß ungewöhnlichen Reichtum gelangten.[37]

Venedigs Machtübernahme 1489 gelang nicht zuletzt deswegen ohne größere Spannungen oder militärische Konfrontationen, weil neben den Cornaro auch andere Familien schon längst auf Zypern Fuß gefasst hatten, hohe Ämter innehatten und über ertragreiche Lehen verfügten, etwa die Contarini oder Giustiniani.[38] Im Gegensatz zu den Genuesen ließ die Markusrepublik keinen Zweifel aufkommen, in wessen Namen die Insel regiert wurde: Die führenden Beamten – ein *luogotenente* unterstützt von zwei *governadori* – unterstanden der Regierung Venedigs, ihre Amtszeit war auf zwei Jahre beschränkt, sie hatten mit ständigen Kontrollen zu rechnen. Der fränkische Adel behielt zwar seinen Besitz, war aber von jeglicher Mitsprache ausgeschlossen. Die Griechen mussten jede Hoffnung auf Verbesserung ihrer Lage unter neuer Herrschaft begraben, denn die Serenissima dachte nicht daran, die Lebensbedingungen der ländlichen Unterschichten zu verändern.

Im Gegenteil: Die zielstrebige Umstellung der zypriotischen Agrarproduktion auf eine vorrangig den Interessen und Bedürfnissen Venedigs dienenden Kolonialökonomie erforderte rechtlose Arbeitskräfte, über die beliebig verfügt werden konnte. Der Serenissima ging es einzig darum, die profitable Exportproduktion ungehindert auszudehnen, sie möglichst effizient zu organisieren. Getreide wurde in den Hintergrund gedrängt, der Anbau von Wein, Maulbeerbäumen für die Seidenherstellung, Zuckerrohr und Baumwolle forciert. Aus Zypern kam auch ein Luxusprodukt ganz besonderer Art: essbare Kleinvögel. Im Spätmittelalter wurden tausende Fässer in Essig eingelegter Ammern nach Rom und Venedig exportiert.[39]

Allerdings litt der mit großem Kapitaleinsatz in Angriff genommene weitere Ausbau der Zuckerproduktion von Anfang an unter der Konkurrenz der portugiesischen Atlantikkolonie Madeira. Auf dieser Insel, die noch viel radikaler als Zypern oder Kreta zu einer Plantagenökonomie deformiert wurde, ermöglichten unverbrauchte Böden, ausreichende Holzvorräte für die Raffination sowie das reichliche Sklavenangebot eine äußerst kostengünstige Produktion.[40] Und da die Genuesen ein effizientes, bis ins östliche Mittelmeer reichendes Vertriebsnetz aufbauten, begannen die Zuckerpreise in Antwerpen und Venedig um 1490 drastisch zu fallen. Dies bewirkte kein sofortiges Ende der vorerst noch expandierenden Zuckerindustrie auf Zypern, lenkte das Interesse des venezianischen Kaufmannskapitals aber zunehmend auf Baumwolle. Innerhalb kürzester Zeit gelang es den Venezianern, welche schon den Baumwollexport aus Syrien und Palästina dominiert hatten, die Produktion der »goldenen Pflanze«, wie Baumwolle auf Zypern genannt wurde, um mehr als das Dreifache zu steigern. Gegen Ende des 15. Jahrhunderts war die Serenissima im Handel praktisch ohne Konkurrenz, die Barchentindustrie Europas hing fast ein Jahrhundert von diesen Lieferungen ab. Selbst nach der Eroberung Zyperns durch die Osmanen im Jahr 1571 kontrollierten Venezianer weiterhin den Export. Dann allerdings bekamen sie auch hier die Konkurrenz der iberischen Kolonien zu spüren. Baumwolle aus der neuen Welt konnte zu wesentlich günstigeren Preisen auf den europäischen Märkten angeboten werden.[41]

Jenseits des Bosporus

Über die Entstehung der italienischen Handelsniederlassungen an den Küsten des Schwarzen Meeres ist wenig bekannt, erst ab dem 13. Jahrhundert sind die Aktivitäten von Kaufleuten aus den Seerepubliken belegt. Vor allem von Genuesen, die im venezianisch dominierten Lateinischen Kaiserreich wenig Entfaltungsmöglichkeiten vorfanden, denen man jedoch die

Passage durch den Bosporus nicht verwehrte: 1242 kommandierte Bonifazio di Castello fränkische Truppen im Dienste kleinasiatischer Seldschuken, zur selben Zeit bereisten Genuesen das Reich der Goldenen Horde, Nicolò Doria leitete die Münzprägung des griechischen Kaiserreiches von Trapezunt. 1280 erwarb Lamba D'Oria – später Kommandant der gegen Venedig siegreichen Flotte bei Korcula – ein Haus in Sivas, einem wichtigen Etappenort auf der Landroute zwischen Trapezunt und Lajazzo am Mittelmeer. Mitglieder der D'Oria Familie dürften vor 1270 am Aufbau der Kolonie in Kaffa auf der Halbinsel Krim beteiligt gewesen sein.[42]

Nach dem Zusammenbruch des Lateinischen Kaiserreiches erfreute sich Genua aufgrund des Vertrages von Ninfeon weitreichender Privilegien, die den Ligurern – wenn auch nur für wenige Jahre, aber das reichte, um einen entscheidenden Schritt vor ihren venezianischen Rivalen zu sein – praktisch eine Monopolstellung im Handel jenseits von Konstantinopel garantierten. Darüber hinaus erhielten sie zwei wichtige Stützpunkte am Nadelöhr zwischen Méditerranée und Schwarzem Meer: Galata und Pera, beide außerhalb der Stadtmauern gelegen. Offensichtlich war sich der byzantinische Kaiser Michael Paleologos bewusst, wie sehr seine italienischen Bündnispartner zum Unruhestiften neigten. Dieser Argwohn zeigt sich auch am Verbot der Errichtung von Festungsanlagen um die neuen Siedlungen; allerdings erhielten die Bewohner Peras nach verheerenden Angriffen venezianischer Galeeren unter Ruggero Morosini, die von Genuesen und Byzantinern mit Mühe abgewehrt werden konnten, 1296 das Recht, ihr Viertel mit Verteidigungsbauten zu schützen. Innerhalb kurzer Zeit entwickelte sich Pera zur blühenden Stadt, in der Waren aus Fernost, Persien, Indien, Russland, der Kaspischen Region, dem Balkan und dem Mittelmeerraum umgeschlagen wurden. Der Reichtum strömte an der benachbarten griechischen Hauptstadt vorbei. Das zeigt sich deutlich an den Zolleinnahmen: Während etwa 30.000 Goldsolidi an Zöllen in die Kassen der Byzantiner flossen, waren es bei den Peroten 300.000. Dem auf ein Jahr eingesetzten »Podestà dei Genovesi di Romania« mit Amtssitz in Pera unterstanden die Konsuln aller Stützpunkte im Schwarzmeergebiet und in Kleinasien mit Ausnahme Kaffas. Verwaltung und Rechtsprechung orientierten sich am System Genuas.[43] Das Verhältnis zur Mutterstadt war jedoch von Distanz geprägt: Spätestens seit dem Übergreifen des Bürgerkriegs auf die Kolonien, als Schiffe der guelfisch gesinnten Signoria 1324 das ghibellinische Pera angriffen und von den Peroten in Allianz mit dem Türken Ghazi Kelebis zurückgeschlagen wurden, kann man die genuesische Bosporusstadt als eigenen Staat betrachten, »bereit, sich gegen alle zu verteidigen, auch auf sich alleine gestellt«.[44]

Um 1330 gab es an allen Endpunkten wichtiger Handelsrouten vom Landesinneren an die Küste des Schwarzen Meeres genuesische Niederlassungen: Über Licostomo am Donaudelta beziehungsweise über Maurocastro am Dnjestr erschlossen ligurische Kaufleute Bulgarien, die Ukraine, Polen und das Baltikum. Von Trapezunt führten die Fernstraßen über Täbris an den Persischen Golf oder über Sivas nach Laiazzo am Mittelmeer. Sebastoli an der Ostküste war das Tor zu den seidenproduzierenden Regionen an der Kaspischen See. Die Krimstädte Kaffa, Soldaia und Tana dienten nicht nur als Drehscheiben im Handel mit Russland, wo man in erster Linie Getreide und Sklaven erwarb, sondern hier stapelten sich auch alle begehrten Luxusgüter, von Karawanen aus Zentralasien und China herbeigeschafft: Seide, Gewürze und Drogen. Mit letzteren waren im zeitgenössischen Sprachgebrauch keineswegs Rauschmittel gemeint, sondern Medikamente.

Das Schwarze Meer galt zwar als Domäne der Genuesen, die Venezianer waren aber trotz ihres Engagements im östlichen Mittelmeer nicht gewillt, ihren ligurischen Rivalen den Handel nördlich von Konstantinopel als Monopol zu überlassen. Zu sehr hing die Serenissima von regelmäßigen Getreidelieferungen ab und auf den gewinnbringenden Verkauf von Sklaven – vor allem an Venedigs verlässlichsten Wirtschaftspartner, die Mamluken Ägyptens – wollte man nicht verzichten.[45] Schon bald nach 1204 hatten sich venezianische Händler in Soldaia auf der Krim niedergelassen, das an der Mündung des Don gelegene Tana wurde ein Jahrhundert später zielstrebig zum Stützpunkt ausgebaut, 1319 fassten sie in Trapezunt Fuß. Die Entwicklung dieser Handelszentren verlief nicht anders als jene Peras oder Kaffas: Schnellwachsende Städte mit kosmopolitischem Charakter, eine hektische Geschäftswelt, die Investoren hohe Gewinne versprach. Der arabische Reisende Ibn Batutah zählte Soldaia neben Alexandrien, Calicut und dem chinesischen Zeitun zu den vier größten Häfen der Welt.[46]

Voraussetzung für die venezianische Expansion im Schwarzen Meer waren geschickte diplomatische Verhandlungen mit Byzanz, dem die im Vertrag von Ninfeon festgelegte Dominanz Genuas ohnehin etwas unheimlich wurde. 1268 einigten sich die Markusrepublik und der Kaiser auf einen Friedensvertrag, der den Venezianern Niederlassungsrechte und freien Handel garantierte, den Austausch von Gefangenen regelte, Entschädigungen bei Piraterie vorsah, die Ansprüche Venedigs auf ehemaliges byzantinisches Territorium – in erster Linie Kreta, Euböa, Modon und Koron – bestätigte, sowie Feindseligkeiten zwischen Venezianern und Genuesen im gesamten Byzantinischen Reich untersagte. Mit schöner Regelmäßigkeit brachen die Unterzeichnenden diesen Vertrag, ebenso regelmäßig erneuerten sie ihn. Besonders die Bestimmungen bezüglich der Freibeuterei und eines dauernden Waffenstillstandes zwischen den italienischen Erzfeinden hatten keine Chance auf

Realisierung. Missachtung des Kontraktes führte zu schmerzhaften Sanktionen des Kaisers, was die Serenissima vor größte Versorgungsprobleme stellte, war doch die Lagunenstadt auf preisgünstige Nahrungsmittellieferungen angewiesen. Byzanz setzte immer wieder Getreide als handelspolitische Waffe ein, wobei sich diese Maßnahme als zweischneidiges Schwert erweisen konnte: Konstantinopel hing bei den eigenen Kornlieferungen von italienischen Schiffen ab, gefährdete also bei dauerhafter Bestrafung seiner Vertragspartner eigene Interessen.[47] Letztendlich waren aber beide Seerepubliken bereit, für auf byzantinischem Hoheitsgebiet angekauftes Getreide Steuern zu zahlen, solange sie beim Handel mit russischem und bulgarischem Korn nicht behindert wurden. 1324 unterschrieben die Markusrepublik und Byzanz dementsprechende Verträge, es ist anzunehmen, dass Genua ähnliche Vereinbarungen akzeptierte. Allerdings waren die Ligurer weniger als Venedig auf solch eine Regelung angewiesen, genossen doch ihre Handelsflotten den Schutz perotischer Galeeren.

Das verstärkte Engagement der Italiener an den Küsten des Schwarzen Meeres steht in engem Zusammenhang zur Expansion der Mongolen. Innerhalb von 70 Jahren hatten die Dschingisiden ein aus vier Khanaten bestehendes Großreich aufgebaut, das vom Chinesischen Meer bis zum Nahen Osten und Europa reichte. Trotz interner Spannungen aufgrund überschneidender Machtansprüche und unterschiedlicher Lebensweise, die zwischen Integration in alte Hochkulturen und Beibehaltung nomadischer Traditionen oszillierte, gab es wesentliche Gemeinsamkeiten, welche das riesige Territorium zur Einheit werden ließen: Sprache, Währung und Gesetze. Von ganz besonderer Bedeutung war aber das mongolische Kommunikationssystem. So konnte man vom venezianischen Tana an der Donmündung über Sarai, Hauptstadt der Goldenen Horde, ungehindert bis Khanbaligh, dem heutigen Peking, reisen. Auf der Strecke lagen – abgesehen von pulsierenden Handelsmetropolen wie Täbris, Samarkand und Buchara – zahllose Stationen, wo für Pferde, Nahrung und Übernachtung gesorgt war. Marco Polo, Ibn Battuta oder der Florentiner Francesco Balducci Pegolotti – letzterer Verfasser eines populären Manuals für Kaufleute – schwärmten einhellig von der durch Polizeitruppen garantierten öffentlichen Sicherheit und den Vorteilen chinesischen Papiergeldes.[48] Wenn auch der Begriff der Pax Mongolica in der Literatur nicht unumstritten ist, so beschreibt er doch recht treffend ein Phänomen, dessen historische Bedeutung noch immer vielfach unterschätzt wird: Die Vernetzung der Welt in einem noch nie dagewesenen Ausmaß.

»... ein System weltweiten Handels und sogar ›kulturellen‹ Austausches, das auf seinem Höhepunkt gegen Ende des 13. Jahrhunderts eine sehr große Anzahl differenziert entwickelter Gesellschaften integrierte, die sich zwischen den beiden Extremen Nordwesteuropa und China erstreckten … .«[49]

Den archäologischen Beleg dieser weltumspannenden Kontakte fand man 1951 in Yang Zhou am Yangtse Kiang. Bei Abrissarbeiten wurde ein Grabstein freigelegt, dessen Relief das Bild Marias mit dem Jesuskind sowie eine Darstellung des Martyriums der hl. Katharina zeigt. Der Text des Steines lautet:»Im Namen des Herrn. Amen. Hier ruht Katerina,Tochter des Domenico Vilioni, verstorben im Jahre des Herrn 1342, im Monat Juni.« Die schon im 12. Jahrhundert urkundlich erwähnte venezianische Familie derVilioni blickte offensichtlich auf eine lange Tradition im Asienhandel zurück. Der Grabstein ist nicht der einzige Beweis ihrer Aktivitäten. Aus dem Jahr 1264 datiert ein in Täbris abgefasstes Testament des Pietro Vilioni, der dort mit Bergkristallen handelte.[50]

Europäische Kaufleute, in erster Linie Italiener, erhielten direkten Zugang zu den Luxuswaren des Mittleren und Fernen Ostens, gerade mit chinesischer Seide ließen sich enorme Gewinne erzielen. Lopez vergleicht die Gier nach Seide mit dem Goldfieber des 16. Jahrhunderts:»La febbre da la seta« als eine Frühform des Traums von »El dorado«.[51] Das neue internationale Handelsnetz ermöglichte die Befriedigung solcher Bedürfnisse. *Panni tartarici,* wie Seide im Italienischen auch genannt wurde, konnten aufgrund konkurrenzlos niedriger Transportkosten so günstig wie noch nie bei gleichzeitiger hoher Gewinnspanne verkauft werden. Bezeichnenderweise verdoppelte sich der Seidenpreis 1343, als Tana von der Goldenen Horde überrannt wurde. Die Spannungen – Auslöser war die Ermordung eines Mongolen durch einen Venezianer – führten außerdem zur Unterbrechung der Weizenlieferungen aus Südrussland, was prompt Getreide in Griechenland und Italien empfindlich verknappte.[52] Noch schlimmere Konsequenz: Zahlreiche Italiener infizierten sich mit der unter den Tataren grassierenden Pest, die 1348 ihren Siegeszug durch Europa antrat. In der Regel war aber dasVerhältnis der italienischen Schwarzmeerkolonien zur Goldenen Horde – die man auch Kiptschaktataren nannte – von Kooperation und freundlichen Kontakten geprägt. Das zeigt sich am Beispiel der in mehreren Städten vereinbarten gemeinsamen Gerichtsbarkeit für Mongolen und Venezianer. Außerdem waren nicht wenige Italiener mit Tatarinnen liiert.[53]

Seide und Getreide waren nicht die einzigen profitablen Güter, welche von den italienischen Schwarzmeerkolonien Richtung Europa und Nordafrika verschifft wurden. Dazu kamen Juwelen, Perlen, Gewürze, Drogen, Wachs, Pelze, Salz, Salzfisch, Kaviar, Nüsse, Sklaven. Der größte Teil der versklavten Menschen wurde mit enormem Gewinn nach Ägypten verkauft, wo sie die Armeen der Mamluken auffüllten.[54] Angesichts Venedigs guter Geschäftsbeziehungen zum Sultan in Kairo setzten die Genuesen auf eine zweite mongolische Karte: das Il-Khanat in Persien. Nach der Zerstörung Baghdads, von der sich die einst blühende Metropole des Abbassidenkalifats nicht mehr erholen sollte, verlagerte sich die Karawanenstraße zwischen Schwarzem Meer und Indischem Ozean nach Osten. Die prachtvolle Hauptstadt Täbris mit ihren überquellenden Märkten wurde Zwischenstation auf einer neuen Nord-Süd-Verbindung. Im dynamischen Mongolenstaat waren Genuesen nicht nur als Händler willkommen: Ligurische Spezialisten sollten den Aufbau einer Flotte organisieren, um Gewürzlieferungen von Indien nach Ägypten zu unterbinden und nach Hormuz umzuleiten. Ein weitsichtiger Plan, der Mamluken und Venezianer empfindlich getroffen hätte. Er scheiterte an den typischen internen Spannungen der Genuesen – bürgerkriegsähnliche Reibereien zwischen Guelfen und Ghibellinen.[55]

Die politischen Veränderungen um die Mitte des 14. Jahrhunderts – Zerfall des Mongolenreichs in Turkestan, Unruhen im Khanat der Goldenen Horde Südrusslands, Machtübernahme der an wirtschaftlichen Kontakten zum Westen wenig interessierten chinesischen Mingdynastie, Expansion der Osmanen in Kleinasien – konnten die Position der italienischen Handelskolonien zunächst nicht wirklich beeinträchtigen. Man musste zwar Einbußen hinnehmen, konnte diese jedoch durch forcierte Erschließung bisher vernachlässigter Regionen kompensieren. Die Verlagerung auf den Handel mit lokalen Produkten aus dem unmittelbaren Hinterland versprach Gewinn und diente zum Teil der Verbesserung des Nahrungsmittelangebots in der Heimat: Salzfisch, Salz und Getreide wurden nun verstärkt nach Europa exportiert. Genua litt wohl stärker an seiner innenpolitischen Zerrissenheit als an den skizzierten internationalen Spannungen. Dauernde Regierungswechsel, revolutionsartige Unruhen und Bürgerkrieg – hier sollte man Epstein unübersetzt lassen: »Perhaps all sorts of people were knifing each other on the streets«[56] – schwächten nicht nur die Republik, sondern auch die Kolonien, welche verstärkt auf militärische Hilfe angewiesen waren. Es ist wohl typisch, dass genuesische Seeleute und Armbrustschützen im 100-jährigen Krieg als Söldner eine entscheidende Rolle spielten, während zum Schutz der Überseegebiete verstärkt Fremde, oft Florentiner und Katalanen, angemietet werden mussten.[57]

Die fulminanten Siege Timurs, Führer eines zentralasiatischen Turkvolkes mongolischen Ursprungs, erweckten in den Europäern Hoffnung auf eine wirkungsvolle Allianz gegen die Osmanen. Tatsächlich erlitten die Türken fürchterliche Niederlagen gegen das Heer des neuen Großreiches, die hochgesteckten Erwartungen wurden wohl durch Timurs Plünderungen – 1395 Tana, 1402 Focea – getrübt. Allerdings hatte sich Timur ungeachtet seiner Angriffe an intensiven Handelsbeziehungen mit Europa interessiert gezeigt. Bevor entschieden war, ob sich der Hoffnungsträger als Bündnispartner oder Elementarbedrohung des Westens erweisen würde, verstarb der erfolgreiche Feldherr, sein Weltreich zerfiel so rasch, wie es entstanden war. Die Osmanen konnten sich erholen und reorganisieren. Innerhalb weniger Jahre waren sie militärisch so stark, dass fast alle italienischen Kolonien der östlichen Méditerranée und des Schwarzmeergebietes den Status tributpflichtiger Vasallen akzeptieren mussten, um ungestört Handel treiben zu können. Eine ironische Umkehrung der Machtverhältnisse, wie man am Beispiel von Chios sehen kannn.[58] Trotz dieser Zahlungen blieb die Lage der italienischen Kolonien prekär, drohte doch die rapide osmanische Expansion die Küstenstädte von ihrem Hinterland abzuschneiden.

Selbst angesichts der Bedrohung ihrer elementaren Interessen und des Drucks auf Konstantinopel konnten sich Venezianer und Genuesen nicht auf konsequente Zusammenarbeit gegen die Osmanen einigen. Nach den türkischen Erfolgen am Bosporus war es nur noch eine Frage der Zeit, bis die Städte am Schwarzen Meer oder einzelne Agäisinseln den Osmanen in die Hände fallen würden. Zwischen 1459 und 1462 gingen die der Casa di San Giorgio unterstellten, aber auch die venezianischen Kolonien in Trapezunt und Sinope verloren, ebenso das von den genuesischen Gattilusio kontrollierte Lesbos. 1475 eroberte Mehmed II. Kaffa und die restliche Halbinsel Krim. Der endgültige Untergang des ausgehöhlten Byzantinischen Reiches sowie der rasche Zusammenbruch des so dynamischen italienischen Kolonialsystems am Schwarzen Meer wirft ein grelles Licht auf die langfristigen Strategien der Seerepubliken, welche die gegenseitige Schwächung anscheinend zum Grundprinzip ihrer Politik erhoben hatten, dabei aber in dieser Region bedrohliche oder neue, sich eröffnende Chancen internationaler Entwicklungen übersahen beziehungsweise unterschätzten.[59] Laut Nicol war die erbarmungslose Konkurrenz im Schwarzmeergebiet der eigentliche Grund für den jahrhundertelangen Konflikt der beiden Handelsmetropolen. Ein Spannungsverhältnis, das vielleicht mehr als alles andere zur Schwächung von Byzanz beitrug, das sich immer stärker zur manipulierbaren Marionette entwickelte, der man aufgrund ihrer – oft von den Italienern bewusst geschürten – Instabilität die Politik der Seerepubliken leicht aufzwingen konnte. Kein Trick war den Drahtziehern zu übel: Beispielsweise brachten Venezianer und Genuesen Falschgeld in Umlauf, wodurch der Hyperes, die byzantinische Währung, rasant an Wert verlor.[60] »Für die Italiener spielt Konstantinopel in dieser Epoche eine ähnliche Rolle wie Shanghai im 19. und 20. Jahrhundert für die Europäer. Mit der Zeit verschlingen die unersättlichen Fremden alles.«[61]

Die Jahrhunderte lang so viel Glanz verstrahlende Metropole verarmte zusehends. Die einstige Seemacht verfügte über keine Flotte mehr, die Byzantiner waren zur Verteidigung sowie zur Versorgung mit den wichtigsten Gütern des täglichen Bedarfs auf die Schiffe der Lateiner angewiesen.

Kreta, Zypern und die Schwarzmeerküste – eine neue Form des Kolonialismus?

Genua und Venedig – das große Duell

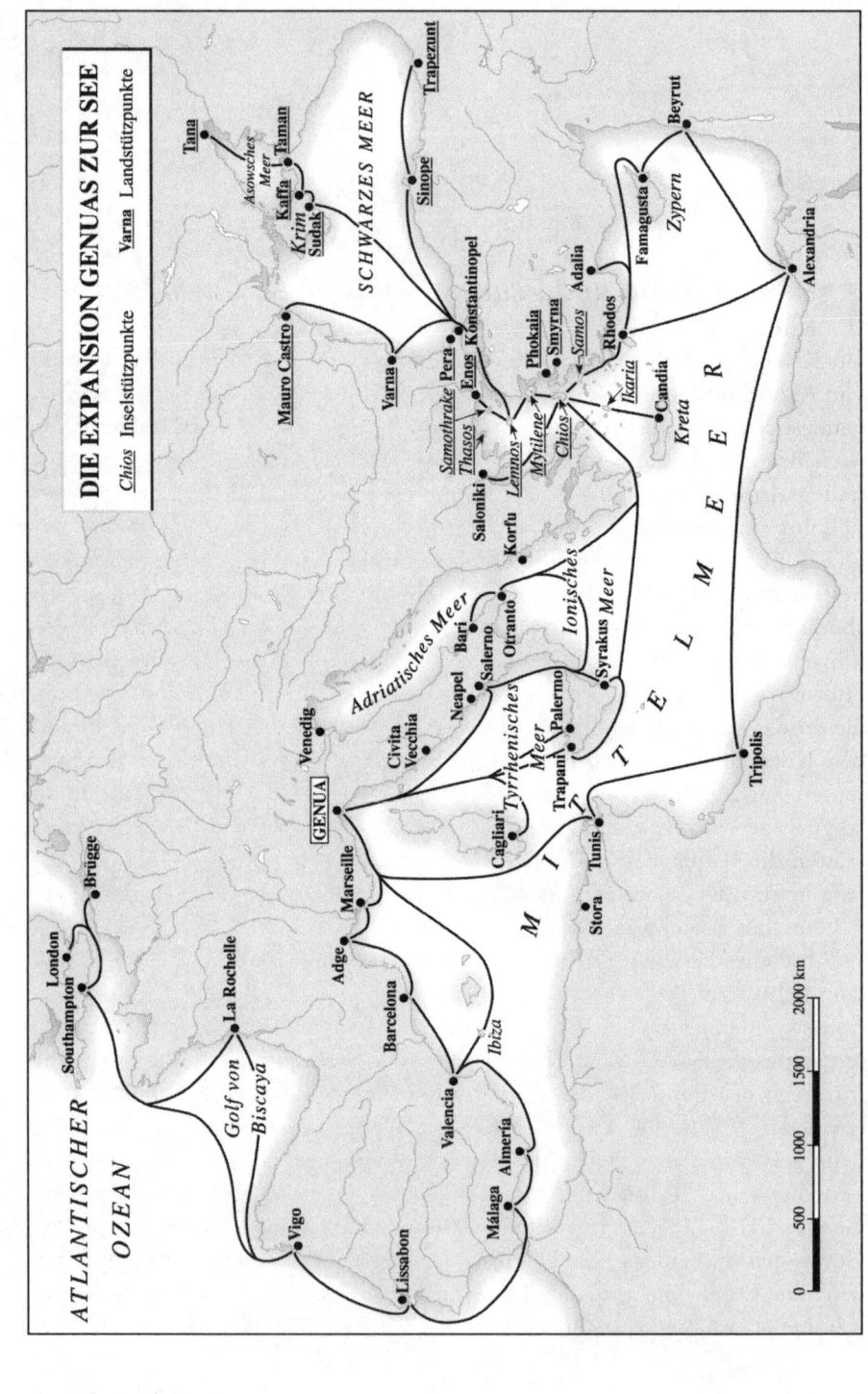

DIE EXPANSION GENUAS ZUR SEE

Chios Inselstützpunkte   Varna Landstützpunkte

ATLANTISCHER
OZEAN

Golf von
Biscaya

SCHWARZES MEER

Asowsches
Meer

MITTELMEER

Adriatisches Meer

Tyrrhenisches
Meer

Ionisches
Meer

Syrakus Meer

London
Southampton
Brugge
La Rochelle
Vigo
Lissabon
Málaga
Almería
Valencia
Ibiza
Barcelona
Adge
Marseille
GENUA
Venedig
Civita
Vecchia
Cagliari
Neapel
Salerno
Bari
Otranto
Trapani
Palermo
Stora
Tunis
Tripolis

Mauro Castro
Varna
Tana
Kaffa
Taman
Krim
Sudak
Samothrake
Thasos
Pera
Enos
Konstantinopel
Salniki
Korfu
Lemnos
Mytilene
Chios
Phokaia
Smyrna
Samos
Adalia
Rhodos
Ikaria
Candia
Kreta
Sinope
Trapezunt
Famagusta
Zypern
Beyrut
Alexandria
Tripolis

2000 km
1500
1000
500
0

Für Nicols These, der Wettlauf um die günstigsten Standorte an den Küsten des Schwarzen Meeres sei die wesentliche Ursache der erbitterten Kriege zwischen Genua und Venedig, spricht einiges: Seit der Schlacht von Akkon im Jahre 1258 war das östliche Mittelmeer – abgesehen von der genuesischen Herrschaft über Famagusta – eine Domäne der Venezianer, nach der Ausschaltung Pisas 1284 dominierte Genua den Handel westlich Italiens. In Flandern steuerten die Ligurer in erster Linie Brügge an, während sich ihre venezianischen Kollegen hauptsächlich in Antwerpen niederließen.[1] Die Zonen waren also relativ deutlich getrennt, wenn auch beide Seiten keinesfalls ihre Aktivitäten in den Einflussgebieten des Rivalen einstellten: Was aber ab dem 14. Jahrhundert niemals zu solchen Auseinandersetzungen führte wie in der nördlichen Ägäis, am Bosporus und am Schwarzen Meer. Hier war eine Trennung der Interessengebiete nicht möglich. Eine Situation, die an das spannungsreiche Verhältnis zwischen Venedig, Genua und Pisa in den Kreuzfahrerstaaten erinnert: Die Schwächung des jeweiligen Konkurrenten war geradezu zum Prinzip erhoben worden und somit die Chance auf langfristige wirtschaftliche und politische Durchdringung Outremers vertan. Hätten die Italiener dort Einigkeit gezeigt, anstatt sich in Tyros, Akkon oder Jaffa heftigst zu bekämpfen, »so hätten sie … das Heilige Land fraglos in ein italienisches Protektorat verwandelt.«[2]

Ähnliches lässt sich für die Politik Genuas und Venedigs in der Ägäis und dem Schwarzen Meer sagen. Wenn sich auch genug Beispiele der Kooperation zwischen Kaufleuten beider Seerepubliken aufzählen lassen, so bestimmten aggressive Auseinandersetzungen – ob Wirtschaftsboykott, diplomatische Intrige, kecke Piraterie oder mörderischer Krieg – das Verhältnis beider Staaten. Jeder Schritt des Gegners wurde mit Argwohn beobachtet, oft schon beim leisesten Anzeichen einer Benachteiligung mit Gewalt reagiert: Der Venedig an den Rand einer totalen Niederlage bringende vierte Krieg mit Genua (1378–1381), der größtenteils in unmittelbarer Nachbarschaft in den Gewässern und auf den Sandbänken der Lagune ausgetragen wurde und bei dem die Eroberung und Rückgewinnung von Chioggia im Zentrum der Kämpfe stand, brach wegen einer winzigen Insel aus, von welcher sich der

Eingang zu den Dardanellen kontrollieren ließ. Die Konkurrenz im Handel mit Seide, Gewürzen, Salz, Alaun oder Sklaven bot schon Grund genug für dauerhafte Spannungen, die vielleicht wichtigste Triebfeder im Kampf Genua gegen Venedig war jedoch der Wettlauf um Getreide.

> »… auf allen Märkten des Ostens, mit Ausnahme venezianischer Herrschaftsgebiete, lieferten sich die beiden Seerepubliken einen erbitterten Konkurrenzkampf um die Kontrolle des Handels mit Getreide, das für die Ernährung ihrer Bürger unverzichtbar war.«[3]

Zeitgenossen kommentierten die notorische Gegnerschaft je nach Standpunkt mit Genugtuung oder mit Resignation: Mehmed II. soll die venezianisch-genuesischen Auseinandersetzungen mit Raufereien »Schweine gegen Hunde und Hunde gegen Schweine« verglichen haben. Petrarca hingegen beschwor Einigkeit, schließlich wären die Seerepubliken »die beiden Augen Italiens, von denen weder das eine noch das andere ausgestochen werden darf.«[4]

Nach dem Zusammenbruch Pisas als Flottenmacht war der Weg frei für die direkte Konfrontation zwischen Venedig und Genua, die innerhalb von hundert Jahren zu drei weiteren erbittert geführten Kriegen und unzähligen kleineren Reibereien führte. Es ging um die Auslöschung des Gegners – »seines Handels, seiner Kolonien, seiner Metropole.«[5] In der zweiten großen Auseinandersetzung der Jahre 1294 bis 1299 behielten die Genuesen in den Seeschlachten meist die Oberhand, die Siege nützten ihnen aber nicht mehr als den Venezianern vierzig Jahre zuvor. Trotz des relativ ausgeglichenen Kräfteverhältnisses begann sich die Situation, durchaus mit etwas Glück, zugunsten Venedigs zu verschieben. Zweifellos profitierte die Serenissima massiv von den bereits skizzierten genuesischen Fraktionskämpfen.

Das im gesamten kolonialen Netzwerk zu spürende innenpolitische Chaos in Ligurien bedeutete auch das Ende einer vielversprechenden, erst 1313 gegründeten Institution: Des Amtes für Gazaria, wie man die Halbinsel Krim nannte. Es war verantwortlich für die Routen nach Kaffa, Tana und Persien, organisierte den Schutz gegen Piraten, setzte die Qualitätsstandards beim Schiffsbau fest, erließ Bestimmungen über die Mannschaften auslaufender Flotten. Die vielleicht wichtigste Aufgabe bestand in der Ausarbeitung von gesetzlichen Grundlagen zur Verwaltung Kaffas. Die Arbeit des *ufficio*, dem bald auch die Routen nach Sizilien und Mallorca unterstellt wurden, scheiterte an den nicht zu bändigenden Rivalitäten der ligurischen Eliten, an der mit höchster Konsequenz betriebenen Unterminierung staatlicher Autorität.

»Bürokratie und Regeln des Amtes für die Krim zeigen ein sich stärker an Kooperation und staatlicher Intervention orientiertes Konzept für den genuesischen Handel. Ein Impuls, der Genua mit Venedig mehr Ähnlichkeit verliehen hätte, wäre er nicht vom Bürgerkrieg unterbrochen worden.«[6]

140 Jahre später unternahm die Signoria abermals den Versuch, die wichtigsten Kolonien einer zentralen Leitung zu unterstellen und die Aktivitäten jener »statarelli«, wie Lopez die genuesischen Überseegebiete nennt[7], zu koordinieren. Die Casa di San Giorgio scheiterte trotz aller Ambitionen an dieser Aufgabe.

Venedig und Genua stießen in Byzanz, im Schwarzen Meer sowie in der Ägäis immer wieder zusammen, bis ab 1350 in einem dritten Krieg erneut die Entscheidung gesucht wurde – wiederum vergeblich. Bei wechselhaftem Verlauf der Flottengefechte erfasste die Auseinandersetzung der beiden Seestädte schließlich ganz Oberitalien, sie weitete sich zum europäischen Konflikt aus. Mit besonderer Heftigkeit wurde in der Ägäis gekämpft: 1352 attackierte eine von Nicolò Pisano kommandierte venezianische Flotte die Mastixinsel Chios. Sie wurde von den zahlenmäßig weit überlegenen Genuesen vernichtend geschlagen. Als man infolge beidseitiger Erschöpfung 1355 in Mailand Frieden schloss, wiederholte man im Grunde die Vereinbarungen des Jahres 1299, indem man die Adria für Genuesen sperrte, den Venezianern das westliche Mittelmeer zwischen Pisa und Marseille verbot.[8] Die Kontrolle des Schwarzmeerhandels – vermutlich der wichtigste Konfliktpunkt – blieb weiterhin ungeregelt und umkämpft.

Als aus der Konkurrenz um den Besitz der Insel Tenedos und die Kontrolle über den Handel im Schwarzen Meer im Frühjahr 1378 erneut Krieg entstand, griffen auf genuesischer Seite sofort Padua, Aquileja und insbesondere Ungarn ein. Venedig sah sich in einer fast aussichtslosen Lage. Die Kriegsflotten der beiden Kontrahenten waren infolge von Pest und allgemeiner Depression um die Jahrhundertmitte wesentlich kleiner als früher, für Venedig hatte der Verlust Dalmatiens an Ungarn eine weitere Schrumpfung der Flottenmacht bewirkt. Nach venezianischen Anfangserfolgen eroberten Genuesen und Paduaner gemeinsam Chioggia, schlossen Venedig zu Land und Wasser ein. Durch Aufbietung aller verbliebenen Ressourcen wurde die tödliche Umklammerung gesprengt, das Belagerungsheer in Gefangenschaft genommen, schrittweise die Herrschaft über die Adria zurückgewonnen. Zu Land blieb Venedig auf die Defensive beschränkt. Der vom Kriegsverlauf beunruhigte Herzog von Savoyen drängte zu Friedensverhandlungen, die noch 1381 im Vertrag von Turin zum Abschluss gebracht wurden. Venedig hatte zwar aufgrund des Sieges von Chioggia einen Verhandlungsvorsprung, die

Abmachungen lassen aber die Adriametropole nicht als Sieger erkennen: Venedig verlor Dalmatien an Ungarn, gab Tenedos auf, stellte wie Genua für zwei Jahre den Handelskontakt mit Tana ein, anerkannte Sonderrechte der Genuesen auf Zypern, trat Treviso an Österreich ab und akzeptierte eine geringfügige Einschränkung des Monopols in der Adria durch die ungarischen Küstenstädte Dalmatiens.[9] Nach Einstellung der Feindseligkeiten verfügte Genua sogar für kurze Zeit über eine deutliche Vormacht im Schwarzmeerhandel, wenngleich das mit allen Mitteln angestrebte Monopol wieder nicht durchgesetzt worden war.

> »Genuas Versuche, den gesamten Bereich des Schwarzmeer-Handels zu kontrollieren, waren lediglich während einiger kurzer Dezennien zwischen Ende des 14. und Anfang des 15. Jahrhunderts von Erfolg gekrönt; und auch da gilt es festzuhalten, dass dieser ›Erfolg‹ niemals zur exklusiven Monopolstellung geführt hat: sowohl in Tana als auch in Trapezunt gelang es den Venezianer solide Handelspositionen zu behalten und von den Möglichkeiten zu profitieren, welche die mongolischen Fernhandelswege damals – bis zu Timurs Überfällen – noch boten. Was die übrigen pontischen Gebiete anlangt, so geht Venedig mit allen lokalen Mächten – so zum Beispiel mit der Goldenen Horde – Bündnisse ein, um sich gegen die genuesische Übermacht abzusichern.«[10]

Die Ereignisse der nächsten Jahrzehnte, in denen Venedig verlorenen Boden rasch zurückgewinnen konnte und die völlige Dominanz im Levantehandel erkämpfte, sollten aber zeigen, dass Genua die säkulare Auseinandersetzung verloren hatte: Der Friede von Turin erwies sich langfristig einerseits als Beginn des Rückzugs der Genuesen, die nie mehr in der Adria auftauchen sollten, andererseits als Angelpunkt unbestrittener venezianischer Vorherrschaft im Welthandel. Das Ende der jahrhundertelangen Auseinandersetzung, die endgültige Niederlage Genuas und der von Venedig schließlich doch noch erlangte Triumph waren kein unmittelbares Ergebnis des letzten Krieges.

Die Gründe sind daher nicht einfach zu erklären: Auf das innenpolitische Chaos in Genua wurde wiederholt hingewiesen. Sicherlich eröffnete die kriegsbedingte Schwächung Genuas, das bald nach 1400 seine Eigenstaatlichkeit einbüßte, der ebenfalls erschöpften, aber staatlich besser organisierten Lagunenrepublik neue Möglichkeiten. Vielleicht war es gerade Venedigs bedächtige, ja konservative Politik, die im Zweifelsfall auf unnötige Risiken verzichtete und auf bewährte Reaktionsmuster setzte. Sicherlich profitierte die Markusrepublik von ihrer günstigen geographischen Lage: Die geschlossene, gut kontrollierbare Adria blieb das Hausmeer der Venezianer. Genua hingegen liegt an offenen »internationalen« Gewässern, was es ungleich schwieriger machte, Gegner auf Distanz zu halten. Zweifellos gereichten der Serenissima ihre Verbindungen nach Mitteleuropa, dem Hauptlieferanten des unentbehrlichen Silbers und Kupfers, zum Vorteil. Venedigs Netzwerk nördlich der Alpen umfasste Wien, Augsburg, Regensburg, Nürnberg, Ulm, Basel, Strassburg, Köln, Hamburg und Lübeck.[11]

Wichtig war insbesondere die Entscheidung vieler genuesischer Handelskapitalisten, die ohne staatliche Unterstützung immer schwieriger werdenden Geschäfte in der Levante aufzugeben. Sie konzentrierten sich dafür auf den Handel im westlichen Mittelmeer und in Nordwesteuropa, auf Investitionen in iberische Kolonialaktivitäten, oder überhaupt auf Finanzgeschäfte. Diese Umorientierung hing sowohl mit der immer schärferen Konkurrenz der Venezianer im Orienthandel als auch mit der türkischen Expansionspolitik zusammen. Zwischen 1453 und 1475 zerstörten die Osmanen im Zuge ihrer Eroberungen fast das gesamte östliche genuesische Kolonialsystem. Nur Chios blieb im Besitz der Genuesen. Nicht nur wegen der weltweit einzigartigen Mastixproduktion waren die Ligurer bereit, alles zu unternehmen, um die Insel zu halten. Sie bauten Chios zur Drehscheibe des genuesischen Handels zwischen nördlicher Ägäis, Schwarzem Meer und kleinasiatischem Hinterland aus. Die Insel wurde zum Hauptumschlagplatz von Seide aus der Region des Kaspischen Meeres, persischen Perlen, Sklaven aus dem Schwarzmeergebiet und Baumwolle aus Bursa. Außerdem gelang es der Maona, die Landwirtschaft auf den Anbau von Mastix, Wein und Maulbeerbäumen zu spezialisieren. Die ausgedehnten Waldbestände lieferten der Schifffahrtsindustrie reichlich Holz und Pech, die Alaunminen des auf dem nahen Festland gelegenen Phocäa waren so ergiebig, dass die Genuesen wesentliche Anteile des gesamteuropäischen Bedarfs kontrollierten. Als besonders wertvoll galt Mastix. Obwohl der Mastixstrauch fast überall im Mittelmeerraum heimisch ist, wird er seit Menschengedenken nur auf Chios landwirtschaftlich genutzt und ist so wahrscheinlich das Ergebnis jahrtausendelanger Selektion. Mit seinem feinen rauchigen Geschmack dient dieser Harz der Aromatisierung von Süßspeisen, eingelegten Früchten und Likören. Besondere Bedeutung hat er als Zahnpflegemittel, das sich überdies positiv auf die Magennerven auswirkt. Vor allem in der islamischen Welt erfreute sich Mastix großer Beliebtheit. Welche Bedeutung die Genuesen dem Anbau eines derart seltenen Naturproduktes beimaßen, zeigt sich an ihrem zurückhaltenden Vorgehen in der Mastixchoria genannten Region: Die ansässige Bevölkerung – Spezialisten mit einzigartigem Know-how – wurde nicht feudalisiert. Sie genoss wesentlich mehr Freiheiten als ihre Landsleute im Norden der Insel, die als Matrosen, Landarbeiter und Pechzapfer strikter Kontrolle der Maona unterworfen waren.[12] Kein Wunder, dass Venedig begehrlich nach dem ägäischen Juwel schielte. 1431 unternahm die Serenissima große Anstrengungen, die Insel zu erobern. Genua war in den Krieg Mailands mit Florenz und der Adriametropole involviert, die Gelegenheit schien günstig. Nach wochenlangen blutigen Gefechten zu Land und zu Wasser – wobei Kriegsmaschinen und Armbrüste massiv zum Einsatz kamen – zogen die Venezianer ab. Nicht ohne die Mastixgärten und Orangenhaine zu verwüsten.[13]

Dennoch: Venedigs Handel war seit Beginn des 15. Jahrhunderts von seiner schärfsten europäischen Konkurrenz befreit und konnte, trotz allgemeiner Wirtschaftskrise und wachsender Spannungen mit dem Osmanischen Reich, in eine neue Phase der Expansion eintreten, die einem Vergleich mit der Blütezeit des frühen 13. Jahrhunderts sicherlich standhält. »Für die Zeit nach 1380 kann von einem neuen imperialen Zeitalter, oder einem zweiten und größeren imperialen Vorstoß Venedigs in Übersee gesprochen werden.«[14] Die großpolitische Wetterlage schien vorteilhaft: Thronfolgerkrise der Anjou in Neapel, Bedeutungsverlust des Byzantinischen Reiches und – trotz aller bedrohlichen Aspekte – Machtgewinn der Osmanen. Nur wenige Jahre nach dem Friedensvertrag von Turin erweiterte die Serenissima ihr Kolonialreich nach altbewährtem Muster: Kleine, aber feine Stützpunkte von hohem strategischem Wert. 1386 erwarb man Korfu, was den Verlust Dalmatiens verschmerzen ließ. Zwischen 1388 und 1408 folgten Durazzo/Durres, Butrint, Nauplion, Argos, Patras, Tinos und Mykonos. 1409 gelang die Rückeroberung der dalmatinischen Küstenstädte, wo Venedig bis 1797 seine Herrschaft ausüben sollte. Außerdem expandierte man zielstrebig Richtung Westen: Ab 1412 befuhren venezianische Schiffe regelmäßig die Strecke Provence-Languedoc-Barcelona-Tortosa, 1437 wurde der Linienbetrieb mit der nordafrikanischen Berberei aufgenommen.[15]

Diese für Venedig so vorteilhafte Entwicklung vollzog sich sicherlich nicht infolge überlegener »frühkapitalistischer« Strukturen, wie bisweilen argumentiert wird. Demgemäß sollen in Venedig schon im 12. Jahrhundert vollentwickelte kapitalistische Verhältnisse geherrscht haben – dies zeige sich an Handel, Gewerbe und Kolonialpolitik ebenso deutlich wie in den Bereichen von Politik, Religion, Nationalismus und Kultur. Damit hätte die Markusrepublik gegenüber Städten wie Genua oder Florenz einen enormen Modernisierungsvorsprung aufgewiesen.[16] Das Gegenteil dürfte eher zutreffen: Florentiner und Genuesen verfügten über die ausgefeiltesten Handels- und Finanztechniken, Florenz besaß seit dem 13. Jahrhundert überdies eine hochentwickelte Manufakturproduktion, Genua galt als die kommerziell modernste Stadt Europas. Viele Geschäftspraktiken der Venezianer dagegen verweisen auf einen ausgeprägten Konservativismus, beispielsweise im Bereich des Scheck- und Wechselwesens.[17]

Der ökonomische Entwicklungsvorsprung Genuas zeigte sich besonders klar an der überragenden Position der Kaufleute in allen Bereichen des städtischen Lebens, am hohen Stellenwert individuell erlangter Profite, an der außergewöhnlichen Liberalität gegenüber fremden Händlern und Handwerkern, die sich in Genua niederließen, um von hier aus ihren Geschäften nachzugehen.[18] Vielleicht bedeutete gerade die ›Modernität‹ Genuas gegenüber dem bedächtigeren, jedem allzu großen Risiko abgeneigten Venedig unter den gegebenen, von politischer und rechtlicher Unsicherheit gekennzeichneten Umständen einen Nachteil. Im Verein mit den traditionellen Vorteilen der Adriametropole – ein etwas leichter abzuschirmendes Meeresgebiet als Operationsbasis und ökonomische ›Reserve‹, Lagegunst hinsichtlich der levantinischen Stapelplätze, krisenfeste Handelskontakte mit den großen mitteleuropäischen Absatzmärkten in Deutschland, Böhmen und Österreich – mag dieser Unterschied Bedeutung erlangt haben.[19]

Vielleicht hat aber einfach die umfassende Depression, die spätmittelalterliche Krise von Wirtschaft und Gesellschaft dem erbitterten Konkurrenzkampf zwischen den mächtigsten Handelsmetropolen des Mittelmeerraumes ein Ende bereitet. Dass dieser äußere Zwang zu »friedlicher Koexistenz« Venedig die Blütephase seiner wirtschaftlichen und politischen Entwicklung eintrug, während Genua in ein schwieriges Jahrhundert ökonomischer Anpassung und Neuorientierung ging, lag in den unterschiedlichen politischen und sozialen Strukturen, vielleicht auch in der geopolitischen Lage begründet. Das staatlich souveräne Venedig – gekennzeichnet durch ein relativ geringes inneres Konfliktpotenzial, eine stabile Verfassung, hohe Staatseinnahmen und kompetente Finanzverwaltung – hatte große Mühe, eine angemessene Politik gegenüber dem Osmanischen Reich zu finden. Für die total verschuldete Regierung Genuas, deren Autorität immer weniger zur Bewältigung innerer Konflikte ausreichte, war der Druck äußerer Feinde wie Aragón, Frankreich, Florenz und Mailand übermächtig.[20]

Dass der politische Abstieg Genuas aber nicht das Ende ökonomischer Macht und Größe bedeutete, erwies sich insbesondere im 16. Jahrhundert. Um 1570 wussten die Ligurer Spaniens Notlage zu nutzen, als die Kaperfahrten englischer Korsaren und die Kriege mit den Niederländern die Seeverbindung zwischen Iberischer Halbinsel und Nordwesteuropa blockierten. Damit sah sich Philipp II. von der Drehscheibe im Handel mit amerikanischem Silber, Antwerpen, abgeschnitten. Als Alternativroute bot sich der Landweg von Genua, wo praktischerweise die Geldgeber des Königs saßen, nach Brüssel an. Bald gaben die Genuesen den Warenhandel in Spanien auf, schließlich konnte man mit Krediten, die Philipp durch Schuldverschreibungen auf Silber absicherte, Geschäfte ganz anderer Dimension betreiben.[21]

> »Auf diese Weise läuft über die genuesische ›Bank‹ das ›politische‹ Geld des Königs von Spanien, und die Verwaltung dieser Gelder wiederum bedingt, dass ihr der ganze bewegliche Reichtum des Abendlandes zuströmt, auch schon bald aus Italien. Nach und nach landen also die gesamten italienischen und spanischen Ersparnisse bei den Geldgebern. Und kann es für einen Geschäftsmann Idealeres geben, was kann er sich Besseres wünschen, als mit dem Geld anderer zu spekulieren?«[22]

1627, als das spanische Königshaus neue Geldgeber fand, ging das Ende des Jahrhunderts der Genuesen – »El Siglo de los Genoveses« – zu Ende.

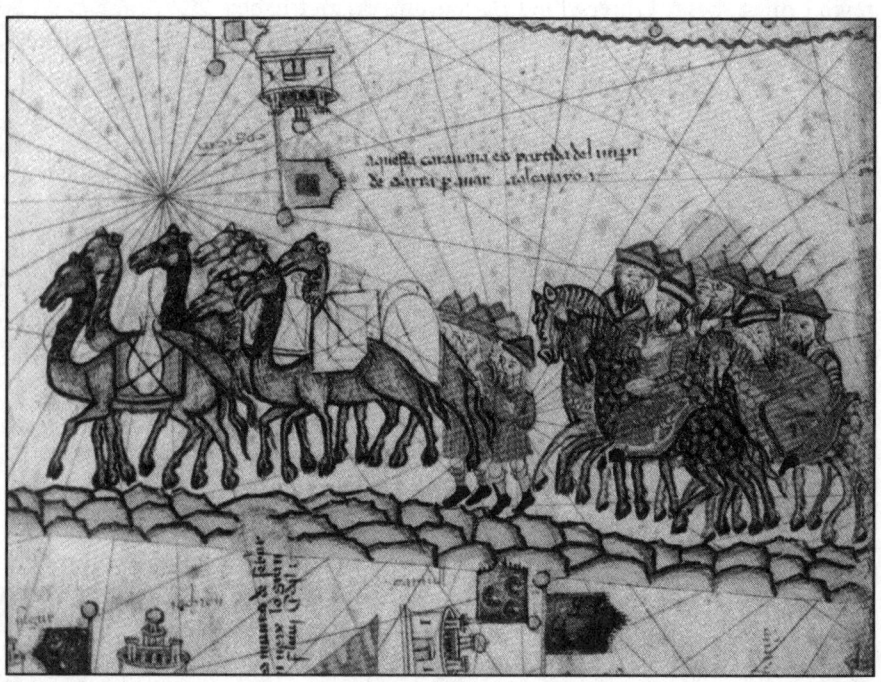

Krisenszenario?

Die 1346 nach Europa eingeschleppte Pest löste nachhaltige Erschütterungen aller Lebensbereiche aus, der Schwarze Tod sollte ganze Regionen jahrelang lähmen. Allerdings traf die Seuche auf einen Kontinent, der bereits von sozialen und wirtschaftlichen Krisen gezeichnet war: Seit etwa 1310 immer wiederkehrende Hungersnöte, Landflucht, Verödung der Felder, galoppierende Preissteigerungen.[1] Die Rezession traf auch Italien mit voller Härte, selbst die auf den ersten Blick so florierenden Stadtstaaten. Dem Sog der Krise des Feudalismus entging – vielleicht mit Ausnahme Osteuropas – niemand.

Die Kommunen litten an gewaltigen Schuldenlasten, zwischen 1300 und 1346 krachten zahlreiche Banken. Besonders spektakulär der Zusammenbruch des florentinischen Bankhauses Bardi & Peruzzi, bei denen der englische König »mit der ungeheuren Summe von über 125.000 Pfund in der Kreide« stand.[2] Italien stöhnte unter einer lang anhaltenden Teuerungswelle: In Venedig stiegen von 1320 bis 1344 die Preise um mehr als 100 Prozent. Um 1325 stellten genuesische und venezianische Behörden erstmals die Erweiterungsarbeiten an den Hafenanlagen ein, immer weniger Schiffe liefen Richtung Übersee aus. Bei der Versteigerung staatlicher Galeeren an Privatunternehmer – eine Säule venezianischer Wirtschaftspolitik – wurden mangels Nachfrage rekordverdächtige Niedrigstmieten erzielt, die nichts mehr mit wohlkalkuliertem Dumping zu tun hatten. Brachte eine nach Zypern auslaufende Galeere bei der Mietauktion 1334 einen Erlös von 1100 Golddukaten, so waren es drei Jahre später nur noch 300. Das galt auch für die anderen Routen, wobei die Flanderngaleeren Preisverfall und Flottenreduktion am schärfsten zu spüren bekamen.[3] Den enormen Bevölkerungsverlusten der Pestjahre 1346 bis 1349 – die Anzahl der Stadtbewohner wurde auf weniger als die Hälfte reduziert – folgte eine Kette wenig erfolgreicher, aber kostspieliger kriegerischer Auseinandersetzungen mit Ungarn und Genua, eine langwierige Revolte auf der Inselkolonie Kreta wegen krisenbedingter Steuererhöhungen sowie verlustreiche Störungen im Asienhandel und auf der Gewürzroute. Die Staatsschuld stieg unaufhaltsam, von 423 000 Dukaten im Jahr 1343 auf etwa 1,5 Millionen im Jahr 1363 und über 3 Millionen im Jahr

1379. Wie in anderen italienischen Handelszentren gab es große Schwierigkeiten im Bank- und Kreditwesen.[4]

Das Ausmaß der Krise wird für Oberitalien von der Forschung sehr
unterschiedlich bewertet. Nur nebenbei sei auf die extrem widersprüch-
lichen Einschätzungen verwiesen, die von »Dekadenz« oder »Verlust der
hochmittelalterlichen Monopolstellung« bis zu »Blütephase des italienischen
Kaufmannskapitals« reichen und einander auch im Falle von Venedig gegen-
überstehen.[5] Eines steht jedoch fest: Oberitalien konnte als die am dichtesten
bevölkerte, meistverstädterte und wirtschaftlich höchstentwickelte Region
Europas die auftretenden Schwierigkeiten – vor allem die von der Pest ver-
ursachten hohen Bevölkerungsverluste – besser bewältigen als die meisten
anderen Länder des Kontinents und seinen Entwicklungsvorsprung mindes-
tens behaupten, regional sogar ausbauen.[6]

> »Selbst Italien wird vom Unwetter erfasst und geschüttelt und kann kaum
> mit Glanzleistungen und großen Erfolgen aufwarten. Doch Beschränkung
> auf die eigenen Möglichkeiten bedeutet in seinem Fall Beschränkung aufs
> Mittelmeer, das nach wie vor die aktivste Zone und das Herzstück des
> einträglichen Welthandels darstellt. Somit aber bleibt Italien im Wind-
> schatten der allgemeinen europäischen Rezession: Es wickelt den lukra-
> tivsten Handel ab, kann sich durch seine Spekulationen mit dem Gold und
> seine Erfahrung im Geld- und Kreditwesen absichern, und seine im Ver-
> gleich zu den schwerfälligen Territorialstaaten wesentlich manövrierfähi-
> geren Stadtstaaten blühen und gedeihen trotz rückläufiger Konjunktur.«[7]

In der Mitte des 15. Jahrhunderts befand sich Norditalien bereits in einer
neuen Aufschwungsphase, Handel und Gewerbe blühten, vor allem der Tex-
tilbereich. Die landwirtschaftliche Produktion wurde qualitativ und quantitativ enorm gesteigert: Durch Innovationen im Bewässerungssystem, Intensivierung der Tierhaltung sowie den Anbau neuer profitträchtiger Pflanzen,
etwa Reis und Maulbeerbäume. Der Seehandel florierte ebenfalls, nicht
zuletzt durch den Einsatz größerer Schiffe.[8] Die spätmittelalterliche Krise erwies sich als ein »… demographischer Schock, der einen Prozess institutioneller ›kreativer Destruktion‹ auslöste.«[9] Die Wirtschaft wurde massiv stimu-
liert und modernisiert. Große Teile der zum Teil drastisch zurückgegangenen
Bevölkerung verfügten über höheres Einkommen und kurbelten durch
Nachfrage bei Lebensmitteln oder Industriewaren das Wachstum an. Die Be-
schäftigungslage war in den meisten Branchen gut, auch für Frauen, die, wie
neueste Untersuchungen zeigen, auf vielfältige Weise ins Arbeitsleben einge-
bunden waren und im Textilgewerbe sogar gesuchte Spezialistinnen stellten.

Alleine in der Woll- und Seidenproduktion fanden 400.00 bis 500.000 Menschen Arbeit.[10] In vielen Regionen Europas kam es zur Vereinheitlichung der Geldwirtschaft, der florentinische Gulden und der venezianische Dukat wurden zu internationalen Leitwährungen. Die Bankzinsen sanken, was natürlich die Investitionsbereitschaft erhöhte. Neue Konsumgüter brachten nicht nur den Unternehmern guten Gewinn, sondern hatten nicht zu unterschätzende Auswirkungen auf Hygiene, Gesundheit und Lebensstandard: Leinenunterwäsche, Hartkäse, Teigwaren, Salzheringe, Qualitätsweine, Fensterglas. Nicht zu vergessen die technologischen Innovationen: Effizientere Brennöfen für Keramik, Entwässerungsmethoden beim Bergbau, Einsatz der Wasserkraft bei Metallverarbeitung, Schleusen für die Binnenschifffahrt, neue Schiffstypen, präzise Landkarten, mechanische Uhren, Schießpulver und Kanonen.[11]

Nach 1350 kam es in ganz Italien auch zum Aufschwung der Messen, ganz besonders der ländlichen Saisonmärkte: In Sizilien, Kalabrien, Molise, Umbrien, dem Piemont und der Lombardei. Jede Region verfügte über genau aufeinander abgestimmte Netzwerke von Messen, Beispielsweise Lanciano in den Abruzzen, ein von den Venezianern häufig frequentierter Umschlagplatz für heimischen Safran, Leder, Textilien, Metallwaren und orientalische Luxusgüter.[12] »Es gibt ... gute Gründe für die Annahme, dass periodische ländliche Messen auf die wechselnden Strukturen des Handels besser reagierten als die permanenten Märkte in den Städten.«[13]

Der Aufschwung führte zu einem verhältnismäßig raschen Anstieg der Bevölkerungszahlen, ganz besonders in Venedig: Der bereits vor 1346 erreichte Stand der Stadtbevölkerung von etwa 110.000 wurde infolge immer neuer Pestwellen zwar erst nach 1500 überschritten, die bisweilen nur kurzlebige Erholung erfolgte aber immer sehr schnell, wozu hohe Einwanderungsquoten maßgeblich beitrugen. Verantwortlich dafür war hauptsächlich eine tatkräftige Wiederbevölkerungspolitik: Die Kommune erleichterte Einbürgerungen, sie rief sogar Verbannte zurück. Man förderte die Immigration von Griechen, Albanern und Dalmatinern. Und schließlich wurden im großen Stil Sklaven gekauft – nebenbei eine sehr wirksame Maßnahme zur Belebung des Handels. All dies vermochte aber die demographische Krise sowie den akuten Arbeitskräftemangel vorerst nur teilweise zu bannen.[14] Die Probleme im Levantehandel und im Kolonialreich ließen sich innerhalb weniger Jahre, jene im Geldgeschäft und mit dem Staatshaushalt – beide Bereiche erlebten äußerst kritische Situationen und eine Fülle komplexer Veränderungen – unmittelbar nach Beendigung des letzten, entscheidenden Krieges gegen Genua im Jahr 1381 lösen. Und dies, obwohl die venezianischen Kaufleute – wie ihre Kollegen aus Genua – als Folge aller skizzierten Probleme wahrscheinlich weniger risikobereit als bisher agiert haben.[15]

Besonders Salzmonopol und Salzhandel erwiesen sich als krisenfeste, äußerst wirksame Instrumente bei der Bewältigung ökonomischer und insbesondere finanzieller Schwierigkeiten. Man unterband oder behinderte die Produktion im Umkreis von etwa 200 Kilometern, importierte Salz aus entfernten Regionen und belegte es – obwohl oft nur als Ballast der mit Gewürzen, Seide, Baumwolle, Metallwaren oder Tuchen beladenen Schiffe dienend – mit hohen Frachtraten. So konnte der Salzhandel als staatlich kontrollierter Geschäftszweig Einbußen in anderen Sektoren über Preiserhöhungen ausgleichen und eine profitable Auslastung der Handelsflotte sichern. Bezeichnenderweise lagen die vom Großen Rat festgelegten Salzpreise, trotz sinkender Nachfrage, in den Krisenjahrzehnten viel höher als in der ersten Hälfte des 14. Jahrhunderts: Die breite Bevölkerung, die an kein billiges Salz gelangen konnte, subventionierte dadurch sowohl die Patrizier als auch die Staatskasse Venedigs, trug also infolge verstärkter Ausbeutung die Hauptlast der allgemeinen Rezession. Sicherlich nicht zufällig lag der Höhepunkt des venezianischen Salzhandels in der Zeit von 1360 bis 1440.[16]

Die venezianische Handelsoligarchie verstand es offensichtlich ausgezeichnet, einerseits die Kosten der Krise auf die Masse der städtischen Unterschichten und Landbewohner abzuwälzen, andererseits Rückschläge in Handel und Gewerbe rasch zu überwinden. Vereinzelt wandte sich Kaufmannskapital auch Landerwerb und kommerzieller Agrarwirtschaft zu: Von einer Flucht des städtischen Kapitals aufs Land, einem breiten Prozess der Refeudalisierung und einer Verwandlung des Handelsbürgertums in eine neue Aristokratie von Grundeigentümern war aber im spätmittelalterlichen Venedig nichts zu bemerken. Dies bedeutet allerdings nicht, dass es auf den venezianischen Festlandterritorien nicht auch – wie in anderen Regionen Norditaliens – Transformationsprozesse in der Landwirtschaft zugunsten der großen Grundbesitzer, auf Kosten der Bauern, gegeben hätte. Sie trugen ebenfalls zur Überwindung der Krise im Sinne der patrizisch-adeligen Oberschicht bei.[17]

Generell gelang die Überwindung der Schwierigkeiten nach 1350 so gut, dass die immer wieder vorgebrachte Meinung, Venedig hätte die frühere Prosperität nie wieder erreicht, wenig überzeugt. Ganz im Gegenteil: Wie einige andere oberitalienische Wirtschaftszentren konnte Venedig offenbar auf Kosten anderer von der Krise profitieren.

»Unter diesen Voraussetzungen erstaunt es nicht weiter, dass das neue Zentrum der europäischen Wirtschaft nur auf eine der konkurrierenden Städte Italiens fallen kann. Vornehmlich Venedig und Genua machen sich, von ihren Leidenschaften und ihren Geschäftsinteressen getrieben, die Führungsrolle streitig. Beide liegen gleich gut im Rennen.«[18]

Gegen Ende des Jahrhunderts stand, wie im vorangehenden Kapitel beschrieben, der Sieger fest: Venedig. Der Chioggiakrieg – »il duello finale«[19] – endete zwar mit einem Unentschieden, dennoch hatte die Serenissima im Orient- und Asienhandel weitaus bessere Karten. Ironischerweise profitierte sie von den Auswirkungen der Pest auf das Weltsystem: Genua setzte im Osten auf das Schwarze Meer und die Landroute nach Persien beziehungsweise China. Venedig hingegen fuhr doppelgleisig. Einerseits starke Präsenz an der Schwarzmeerküste, andererseits engste Beziehungen zu den Mamluken. Das schnelle Ende der Pax Mongolica – eine Folge der Pest, des politischen Chaos im ehemaligen Il-Khanat sowie des Machtantritts der Mingdynastie in China – traf daher Genua mit voller Härte. »Venedigs Wette auf die südliche Seeroute erwies sich als Glücksgriff.«[20] Ägypten litt ebenfalls an den Folgen der Seuche: Handwerker und Bauern dezimiert, die ausgeklügelten Bewässerungsanlagen im Verfall. Daher hingen die Mamluken mehr denn je vom Fernhandel und damit von ihren italienischen Partnern ab.[21]

> »… Venedig betrieb eine regelmäßig nach Alexandrien verkehrende Galeerenlinie … und, trotz der Unterbrechung durch die Pest und ihre gelegentliche Wiederkehr, erwies sich die Kommunikation zwischen beiden Zentren als unzerstörbar. Im 15. Jahrhundert war die Verbindung zwischen Venedig und Ägypten alles, was vom Weltsystem des 13. Jahrhunderts übriggeblieben war.«[22]

Dank der tendenziellen Monopolisierung des Orienthandels erholte sich die venezianische Wirtschaft rasch, bald nahm Venedig die Position früherer Jahre ein. Und nicht nur im Osten. 1402 machten sich fünf große Galeeren auf den Weg nach Flandern, vollgeladen mit Seide, Gewürzen, Flanell und Wein im Wert von insgesamt 290.000 Golddukaten.[23] Und trotz dauerhafter Unterbrechung der Landroute nach China hatte das Schwarzmeergebiet genug attraktive Ware aus regionaler Produktion anzubieten: Getreide, Fisch, Pelze. Das Reich der Goldenen Horde – hatte sich das Festhalten an nomadischen Traditionen gelohnt? – blieb allen Krisen zum Trotz weiter bestehen und damit war die regelmäßige Versorgung mit Grundnahrungsmitteln gesichert.

Die vom Orienthandel weitgehend abgeschnittenen Genuesen orientierten sich Richtung Westen beziehungsweise verlagerten, wie schon erwähnt, ihre wirtschaftlichen Aktivitäten ins internationale Finanzwesen. Die Idee eines direkten Weges in den Fernen Osten blieb am Leben, wagemutige Pläne wurden geschmiedet. Besonders interessant das Projekt genuesischer Investoren zu Beginn des 16. Jahrhunderts: Ein Kanalsystem, welches den Indus mit dem Amu Daria, dem Kaspischen Meer, der Wolga und der Baltischen See verbinden sollte. 1520 präsentierte Paolo Centurione das Konzept in Moskau – der Zar lehnte ab.[24] Sollten die Venezianer von diesem Plan gewusst haben, dann lachten sie sich nach dessen Scheitern erleichtert ins Fäustchen.

Ein Mittelpunkt des Welthandels

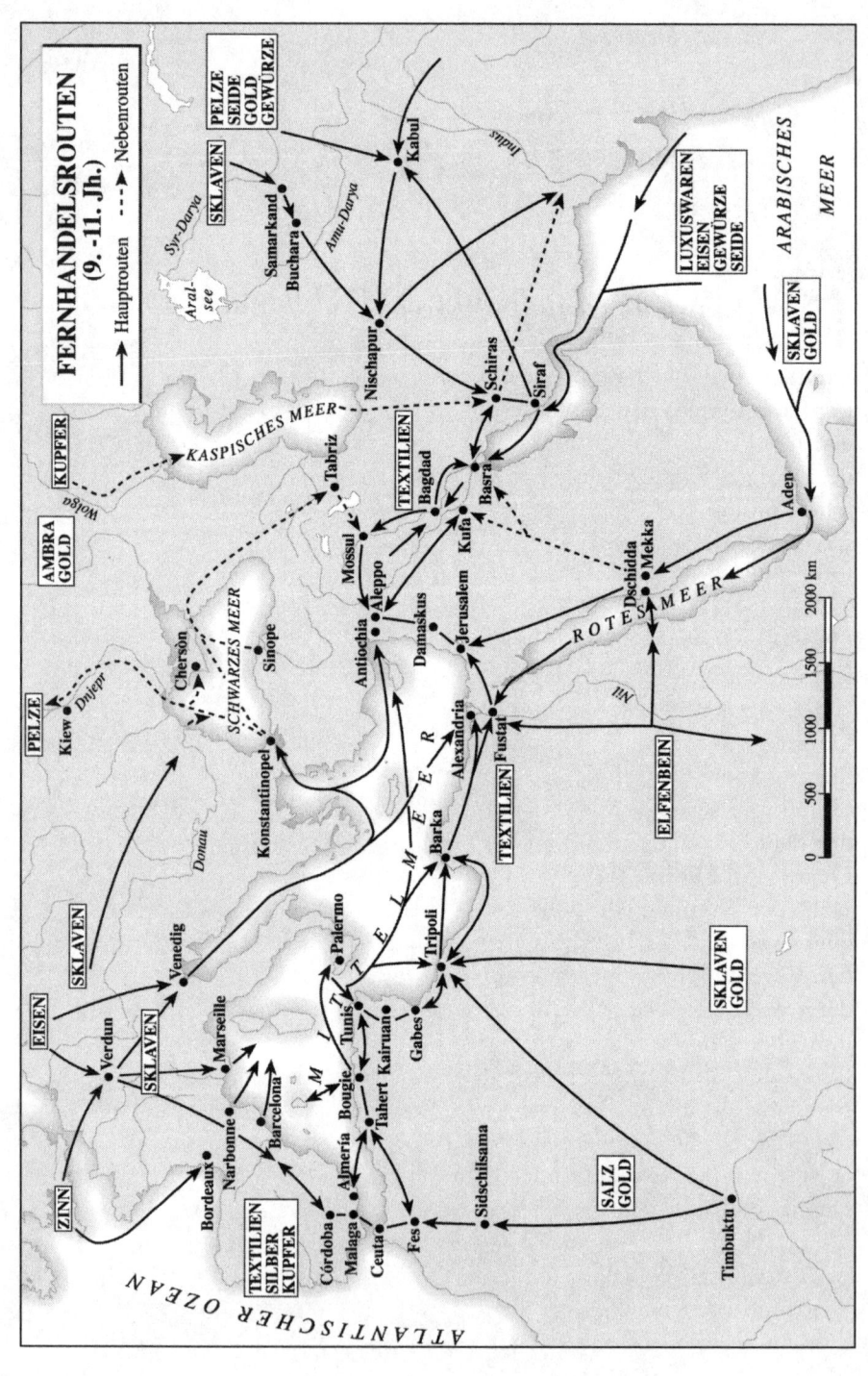

D er schrittweise Aufbau eines umfassenden Handels- und Kolonialreiches sowie die allmähliche Ausschaltung der europäischen Konkurrenz räumte Venedig seit Beginn des 15. Jahrhunderts eine einzigartige Vermittlerrolle im Weltsystem ein. Die Einrichtung regelmäßiger Schiffsverbindungen mit Flandern und England – nachdem der Landweg durch den Hundertjährigen Krieg zu unsicher geworden war – und der steigende europäische Konsum von Waren aus dem Orient festigten die Stellung Venedigs als internationales Handelszentrum, das die Stadt seit den Kreuzzügen geworden war.

Von besonderer Bedeutung waren die Verbindungen nach Mitteleuropa. Über Venedig konnten sich böhmische, österreichische und deutsche Kaufleute in die Weltwirtschaft einklinken. Seit etwa 1230 stand ihnen der großzügig angelegte *fondaco dei tedeschi* zur Verfügung. Aus eigener Erfahrung in Übersee wussten die Venezianer um den Wert funktionierender Infrastruktur für ausländische Kaufleute: Angenehme Arbeitsbedingungen, bequeme Unterkunft sowie aus der Heimat vertraute Einrichtungen. Die Wichtigkeit der deutschsprachigen Geschäftspartner wird auch daran deutlich, dass ihr Quartier in unmittelbarer Nähe zum Rialto angelegt wurde. Den *tedeschi* – wohl der Sammelbegriff für deutsche und mitteleuropäische Kaufleute – blieb zwar der Zugang zur Adria verwehrt, dafür überließ ihnen die Signoria den Warentransport über Etsch, Verona und Brenner nach Norden.[1] Ein anderer wichtiger Weg in die transalpinen Länder führte durch Friaul, Kärnten und über den Brenner nach Wien: Die Bedeutung des Handels zwischen Österreich und Venedig wurde 1244 in einem Privileg zugunsten Wiener Neustadts ausdrücklich betont.[2] Jahrhundertelang strömten auf diesen Routen Gewürze, Seide, Edelsteine und Färbemittel in den Norden. Aus Mitteleuropa wurden Textilien, Leder, Pelze, Kupfer und – besonders begehrt – Silber eingeführt.

»Vergeblich versuchten Kaiser Sigismund und die Visconti die Handelsströme von Venedig über den Brenner nach Deutschland auf die Achse Genua – Mailand umzuleiten. Venedig blieb bis in die Neuzeit, bis zum

Ausbau des Hafens von Triest, das Tor Österreichs und Deutschlands zum Orient.«[3]

Über die Lagunenstadt lief somit der spätmittelalterliche europäisch-asiatische Warentransfer, an dem bis etwa 1400 auch Genua, süditalienische, südfranzösische und katalanische Städte in erheblichem Maß partizipierten. Von etwa 900 europäischen Schiffen über 150 Tonnen, die in den Jahren 1394 bis 1409 den Hafen von Beirut anliefen, waren 278 venezianischer, 262 genuesischer und 224 katalanischer Herkunft. Der Rest kam aus anderen Regionen Italiens und aus Südfrankreich.[4] Im 15. Jahrhundert begann der Anteil der verschiedenen südeuropäischen Händlergruppen aber rasch zu schrumpfen. Genua hatte sich schon im 14. Jahrhundert stärker auf den Massengüterhandel aus dem Bereich des Schwarzen Meeres, auf das westliche Mittelmeer und die nordeuropäischen Atlantikhäfen konzentriert, da es für eine intensive Beteiligung am Levantegeschäft mit Pfeffer, Gewürzen und Baumwolle über zu wenig Silber verfügte und keine großen, sicheren Absatzmärkte besaß.[5] Nach 1400 waren Syrien, Ägypten und sogar das besetzte Zypern nur mehr von zweitrangiger Bedeutung für Genuas Handelskapital. In Alexandria tauschten genuesische Nordafrikaschiffe vereinzelt Getreide, Salz und Öl gegen Gewürze. Auch in Damaskus vollzog sich ein vielfältiger Luxusgüterhandel: alles aber auf geringerer Stufenleiter.[6] Gegenüber dem übermächtigen Venedig fielen auch die übrigen italienischen und kurzfristig sehr erfolgreichen südfranzösischen Städte, wie Marseille, immer mehr zurück. Seit 1420 setzte schließlich der Abstieg des um die Jahrhundertwende noch florierenden katalanischen Handels mit der Levante ein, den selbst der Neuaufschwung des Wirtschaftslebens in Barcelona nach 1445 nicht stoppen konnte.[7]

Die Kaufleute der verschiedenen südeuropäischen Nationen wurden natürlich nicht völlig aus ihren traditionellen Märkten verdrängt. Aber Venedig nahm seit dem frühen 15. Jahrhundert in den einträglichsten Zweigen des Levantehandels eine überragende Stellung ein, welche die Voraussetzung für die Dominanz im internationalen Handel darstellte. Nachdem die Karawanenrouten für jene wertvolle Waren aus veschiednen Teilen Asiens, die Venedig so reich und schließlich zur Weltmetropole machten, im Verlauf der islamischen Geschichte mehrmals verlegt worden waren, kamen die Produkte aus Indien, China und von den Gewürzinseln seit 1400 fast ausschließlich über das Rote Meer. Die Handelsroute durch den Persischen Golf nach Basra, Baghdad und schließlich Damaskus oder Aleppo ebenso wie jene durch Persien nach Trapezunt wurde – nachdem das Il-Khanat zerfallen war – nur mehr unzureichend für den Schutz der Kaufleute überwacht.

Daher führte der sicherste Weg vom indischen Kalikut an Aden vorbei ins Rote Meer, über Mekkas Hafen Dschidda weiter nach Suez, von dort über Land beziehungsweise Fluss nach Kairo und Alexandria. Die regelmäßig verkehrenden staatlichen Galeerenflotten brachten die Luxusgüter nach Venedig, wo sie entweder von ausländischen Kaufleuten erworben oder mit Hilfe des ganz Europa umspannenden venezianischen Verteilungssystems zu den Abnehmern gebracht wurden.[8]

Am dichtesten war das venezianische Handelsnetz natürlich in Italien selbst, das im Gegensatz zur politischen Zersplitterung allmählich wieder zu einer ökonomischen Einheit mit ausgeprägter Arbeitsteilung geworden war. Im Norden der Halbinsel profitierte die Markusrepublik von einem der entwickeltsten Binnenmärkte Europas, ohne den die großen Erfolge im Überseegeschäft kaum zustande gekommen wären. Wie Genua, und in stärkerem Maß als Florenz oder Lucca, versorgte Venedig den Agrarprodukte exportierenden Süden seit dem 13. Jahrhundert zunehmend mit internationalen Waren bzw. den Erzeugnissen des oberitalienischen Gewerbes. Die vitalen Stadtrepubliken wandelten das seit etwa 1150 stagnierende Süditalien schrittweise in eine Art Kolonie um. Der Mezzogiorno wurde nach der Invasion fremder Mächte − Normannen, Anjou, Aragonesen − Opfer einer ökonomischen Binneneroberung. Kaufleute aus dem Norden fassten mit Zustimmung der heimischen Eliten in allen Bereichen der Wirtschaft Fuß. Während Genuesen und Toskaner Sizilien dominierten, zogen Venezianer ihre Fäden hauptsächlich in Apulien, wo sie auch ein eigenes Konsulat einrichteten. Einerseits wurde hier reichlich Öl, Wein, Fleisch, Käse und Safran produziert. Andererseits stellte die strukturschwache Region den idealen Absatzmarkt für Textilien, Metallwaren und orientalische Luxusgüter dar.[9] »Der Norden wuchs auf Kosten des Südens, trieb ihn in die Hände habgieriger ›latifundisti‹ und verwandelte ihn in ein riesiges Landgut oder eine virtuelle Kolonie … .«[10]

Dem ausgedehnten Handelsimperium entsprach ungefähr die auf Venedig zentrierte Wirtschaftswelt des 15. Jahrhunderts, deren Grenzen im Osten auf der Höhe von Polen und Ungarn lagen, am Balkan infolge der türkischen Expansion ständig verschoben wurden, ganz West- und Zentraleuropa sowie den Mittelmeerraum samt Konstantinopel und Schwarzem Meer umschlossen. Die von den Türken noch nicht eroberten islamischen Länder Nordafrikas und des Mamlukenreiches öffneten ihre Küstenplätze den christlichen Kaufleuten, hielten jedoch die Routen nach Schwarzafrika, zum Roten Meer und Persischen Golf islamischen und jüdischen Händlern reserviert. Das Herz dieses eng vernetzten Systems war zweifellos das oberitalienische Städteviereck Genua-Florenz-Mailand-Venedig, aber auch die Handelsstädte nördlich der Alpen entlang der Achse Venedig-Regensburg-Nürnberg-Brügge-London. Schon ab dem 14. Jahrhundert bestand auf dem Landweg zwischen Brügge und Venedig ein täglicher Kurierdienst.[11]

Handelsnetz, Flottenmacht, Kolonialimperium: Zeitgenossen ließen im frühen 15. Jahrhundert keinen Zweifel daran, dass es sich bei den Venezianern um das mächtigste Volk zu Lande und zu Wasser handelte. Grundlage des Erfolgs war neben aufwendiger militärischer Präsenz ein hohes Maß an Organisation. Der Aufbau eines leistungsfähigen Transportsystems im Mittelmeer und am Atlantik erforderte außergewöhnliche Maßnahmen. Am Einsatz der Flotte lässt sich die spezifische, im Vergleich zu Genua geradezu dirigistische Wirtschaftspolitik Venedigs klar erkennen. Seit dem ausgehenden 13. Jahrhundert konzentrierte sich der sowohl für Außenpolitik als auch Überseehandel verantwortliche Senat darauf, regelmäßige und gesicherte Transportmöglichkeiten auf feststehenden Routen zu schaffen. In einem alljährlich revidierten Reiseplan wurden zwingende Vorschriften für Rundschiffe und große Galeeren erlassen. Die normalerweise in Privatbesitz befindlichen Rundschiffe – das Hauptkontingent der Handelsmarine – bestimmten ihren Terminkalender selbst. Sie luden Salz, Getreide, Wein, Wolle, Baumwolle, Alaun oder Sklaven. Große Galeeren – seit dem 14. Jahrhundert in Regierungsbesitz und dem meistbietenden Kaufmann oder Konsortium verpachtet – befuhren fahrplanmäßig im Konvoi fixe Routen. Sie transportierten überwiegend Luxuswaren.[12]

Entscheidend für den außergewöhnlichen Erfolg dieser Fahrten war das hohe Maß an Sicherheit gegenüber organisierter Gewalttätigkeit: Schutz vor Piraten und den Galeerenverbänden rivalisierender Mächte – oft ein und dasselbe. Alle Nationen betrieben mit größter Unverfrorenheit Piraterie, Korsaren ignorierten mit augenzwinkernder Duldung ihrer Regierungen feierlich beschworene Friedens- und Handelsverträge. Piraten waren mehr als simple Seeräuber, die nur in die eigene Tasche arbeiteten. Als hochspezialisierte Kampfeinheiten dienten sie der gezielten Einschüchterung beziehungsweise Plünderung gegnerischer Territorien, der Schädigung konkurrierender Seefahrer; sie hatten hingegen kein Interesse, die Seefahrt oder ganze Küstengebiete plündernd lahm zu legen. Sie hingen ja von einem funktionierenden Wirtschaftsraum ab.

Eine besonders anschauliche zeitgenössische Beschreibung der Piraterie findet sich in Boccaccios »Decamerone«, das sich hervorragend als historische Quelle lesen lässt: Der steinreiche Landolfo Rufolo aus Ravello bei Amalfi wird in Zypern durch übergroße Konkurrenz an den Rand des Ruins getrieben und sucht sein Glück in der Piraterie. Mit dem letzten Geld kaufte er »ein kleines, wendiges Kaperschiff, rüstete es mit allen für dieses Gewerbe notwendigen Dingen auf das Beste aus und begann dann, sich an fremdem Eigentum, und mit besonderer Vorliebe an türkischem, zu bereichern.« Bald ist er reicher als je zuvor. Allerdings währt die Freude nur kurz: Rufolo stößt auf zwei aus Konstantinopel Richtung Heimat segelnde genuesische Handelskoggen, »mit Armbrüsten ausgerüstet und wohlbewaffnet«. Das Kaperschiffchen hat keine Chance, es wird versenkt, sein Besitzer geht in Gefangenschaft. Wenig später erleidet die Kogge mit Rufolo an Bord bei Kefalonia Schiffbruch, der vermeintliche Unglücksrabe rettet sich, eine treibende Kiste umklammernd, an Land. Dort öffnet er die Schatulle: Sie enthält wertvolle Edelsteine. Auf Umwegen erreicht er schließlich seine Heimat. Von der Seefahrt hat er genug.[13]

> »Aber diese Räuber sind auch, im engeren Sinn, Teil des Welthandels. Sie sind nicht nur Parasiten. … Piraterie ist ganz einfach eine andere Form der Umverteilung in einem ökonomischen Umfeld, wo Märkte rar sind. … Piraterie kann ein Mittel zur Kapitalakkumulation sein, ein Vorspiel zu legitimen Unternehmungen. … Sie kann auch ein Zusatzeinkommen in schwierigen Zeiten sein.«[14]

Man betrachtete die Piraten also auch – wenigstens in ihrer Heimat – als seriöse Geschäftspartner, deren Unternehmungen Teilhabern gute Gewinne versprachen, wie ein 1251 in Genua abgeschlossener Vertrag zeigt: Man ging von beträchtlichen Einnahmen räuberischer Aktivitäten des Kapitäns aus.[15] Vor allem Byzanz konnte – und wollte – den Schutz der Seefahrt nicht gewährleisten, dementsprechend eifrig sorgten Piraten für Unruhe in griechischen Gewässern. In den Jahren nach Machtantritt der Paläologos Dynastie wurden venezianische Schiffe reihenweise Opfer von Freibeutern, die nicht selten im Sold des Kaisers standen, darunter auch viele Italiener. 1278 beklagte der Doge in einer Protestnote über 300 Überfälle, trotz bindender Verträge blieb die Forderung nach Wiedergutmachung unbeantwortet. Die tauben Ohren Konstantinopels hatten einen guten Grund: Allerhöchste griechische Beamte, sogar Mitglieder der kaiserlichen Familie, waren an den Raubzügen beteiligt. Die heruntergekommene Seemacht konnte damit den eigentlichen Herren der Ägäis wenigstens empfindliche Nadelstiche versetzen.[16] Venedig reagierte oft nicht mit einer offiziellen Strafexpedition, sondern ließ den Bürgern bei piratesken Unternehmungen freie Hand. So beschwerte sich 1320 der griechische Botschafter in der Markusrepublik, dass Schiffe und Inseln immer wieder von kretischen Venezianern attackiert würden. Die Beute: Öl, Wein, Waffen, Lederwaren, Kupfer, Käse, Pferde und Geiseln. Letztere waren besonders attraktiv, weil sie hohes Lösegeld versprachen.[17]

Die venezianische Regierung forcierte außerdem das System der *muda*: Einsatz der Staatsgaleeren in streng reglementierten Flottenverbänden. Falls große Koggen und einzelne Galeeren, die außerhalb der Hauptrouten ohne Geleitschutz fuhren, Baumwolle und andere so genannte leichte Waren führten, wurden sie ebenfalls auf Ladezeiten festgelegt. Die Muda erleichterte Konvoibildung, verbilligte also den Schutz; ermöglichte infolge bekannter Abfahrts- und Ankunftstermine kurze Ladezeiten, was die Umschlaggeschwindigkeit von Waren und Kapital steigerte; konzentrierte das Tauschgeschäft in Venedig und in den Städten der Levante auf kurze Perioden, wodurch die Qualität und das Ansehen der Märkte stieg; wahrscheinlich erleichterte sie es sogar, Engpässe bzw. Überangebot zu vermeiden. Besonderen Wert legte die Serenissima auf effiziente Bewaffnung: Etwa zwanzig Prozent der Besatzung waren ausgebildete Armbrustschützen, oft junge Männer aus nicht allzu wohlhabenden Adelsfamilien, denen hier eine Aufstiegschance geboten wurde.[18]

Ende des 14. Jahrhunderts gab es vier regelmäßig befahrene Galeerenrouten: Nach Zypern und Beirut, nach Alexandrien, zu den Häfen der Romania und nach Flandern. Im Verlauf des 15. Jahrhunderts kamen noch Linien Richtung Südfrankreich und Barcelona, Alexandrien via Tunis und nordafrikanischer Berberküste dazu. Die Flotte nach Alexandria lief seit 1346, jene nach Beirut seit 1374 regelmäßig aus, ganz selten unterbrochen durch kriegsbedingte Wirren. Die allseits gerühmte Verlässlichkeit des Galeerendienstes, die, im Unterschied zu Genua, infolge einer dirigistischen Festlegung von `Fahrplänen`, Routen und Konvoigrößen durch die venezianischen Hafenbehörden zustande kam, war zweifellos ein Hauptgrund für die enormen Erfolge im Levantehandel, wenn diese auch mit innerislamischen Problemen in Wirtschaft und Gesellschaft zusammenhingen: Zusammenbruch ganzer Gewerbezweige, Abstieg alter Händlerfamilien. Die berühmte Zuckerindustrie Ägyptens war zu Beginn des 15. Jahrhunderts empfindlich geschrumpft und konnte sich – ähnlich erging es den Produzenten von Papier und Glas – nie mehr völlig erholen. Die von Zeitgenossen überlieferte Reduktion der Webstühle in Alexandrien von 14.000 im Jahr 1395 auf gerade 800 Stück im Jahr 1435 ist zwar offensichtlich eine Übertreibung, der Trend wird aber durch die Schließung vieler Werkstätten in Kairo bestätigt. Gegen Ende des 15. Jahrhunderts dürfte das Mamlukenreich alleine von den Venezianern jährlich Wolltuch im Wert von zirka 100.000 Dukaten gekauft haben. Der relative Anteil des Wollwarenexports am Gesamthandel mit Ägypten machte um die 15 Prozent aus.

Die einst so vielfältig strukturierte ägyptische Wirtschaft stand nur noch auf zwei Säulen: hochwertige Rohstoffe und Kontrolle des Zugangs zum Indischen Ozean. Sie war stärker denn je auf die Europäer angewiesen.[19] Im Fünfjahreszyklus liefen 28 bis 34, ja sogar 40 Galeeren Ägypten und Syrien an, wobei anfänglich Beirut quantitativ dominierte, die größeren Schiffe aber immer nach Alexandria gingen. In der zweiten Hälfte des 15. Jahrhunderts fiel Beirut auch zahlenmäßig zurück, das Frachtvolumen wurde aber kaum reduziert, da sich die Größe der eingesetzten Galeeren durchschnittlich verdoppelte.[20] Die großen Anstrengungen, eine ebenso sichere wie pünktliche Schiffsverbindung mit Alexandria beziehungsweise Beirut einzurichten, verbesserten Venedigs Position im Levantehandel im Laufe des 14. Jahrhunderts erheblich. In dieser Phase wurde zwar noch keine Vormachtstellung im Handel mit den islamischen Ländern des Nahen Ostens erlangt, im Unterschied zu den Genuesen und anderen Südeuropäern spezialisierten sich die Venezianer aber bereits erfolgreich auf orientalische Luxusprodukte – vor allem Pfeffer und Gewürze.

Dieser Spezialisierung wurde in den Jahren 1386 und 1407 mit einer weitgehenden Liberalisierung des Geldmarktes Rechnung getragen, die den verstärkten Export großer Silbermengen in die Levante, nach Indien und China erlaubte. Bis etwa 1200 waren für Zahlungen in der Romania, in den Kreuzfahrerstaaten und in Ägypten die Goldmünzen der jeweiligen Region notwendig gewesen, doch seit dem 13. Jahrhundert hatte ein massiver Abfluss von Silber in den östlichen Mittelmeerraum eingesetzt. Das Geld der Markusrepublik hatte sich daher allmählich zur Leitwährung des internationalen Handels in der Levante entwickelt.[21] Trotz erheblicher Produktionsschwankungen war es den Venezianern gelungen, eine relativ hohe Quote des europäischen Silberangebots für die *zecca*, das staatliche Münzamt, zu sichern. Da die Signoria den Export seit 1328 wirtschaftspolitisch förderte und im Orient Silber in Relation zum Gold kaufkräftiger geworden war, dominierten dort um 1400 venezianische Münzen den Geldmarkt.[22]

Da nur etwa 40 Prozent der aus dem Nahen und Fernen Osten bezogenen Waren gegen europäische Handelsgüter eingetauscht werden konnten, war der Export von Silber, das man aus Tirol, Böhmen, Bosnien und Serbien bezog, eine unabdingbare Voraussetzung für Erfolge im Fernhandel. Hatten die Genuesen den steigenden Import orientalischer Luxusgüter von 1150 bis 1250 teilweise aus den Edelmetallzuflüssen in Nordafrika finanziert, so besorgten sich die Venezianer einen erheblichen Teil der für das Levantegeschäft notwendigen Zahlungsmittel aus näher gelegenen Regionen. Mitteleuropa deckte ab dem späten 12. Jahrhundert einen Teil des Metallbedarfs der internationalen Wirtschaft ab. Nördlich der Alpen wurden neue Techniken für den Abbau unter Tag entwickelt, auch bei Schmelzöfen und bei der Weiterverarbeitung ging man durch Innovation beim Einsatz der

Wasserkraft neue Wege. Offensichtlich derart erfolgreich, dass deutschsprachige Fachleute in ganz Europa Anstellung fanden und sich die von ihnen entwickelten Kenntnisse rasch verbreiteten. Als Beispiel sei hier Volterra genannt: Dokumente zum Silberabbau in der toskanischen Stadtrepublik enthalten deutsche Fachbegriffe, wie *coffaro* für Kupfer, *scittus* für Schutt oder *guerchi* für Werker.[23] Die im Metallhandel tätigen mitteleuropäischen Kaufleute konnten es zu ähnlichem Wohlstand und politischem Einfluss bringen wie ihre italienischen Kollegen: Geschäfte mit Pelzen, Kupfer und Silber hatten den aus Regensburg stammenden Bernardus Teotonicus neben Pietro Ziani zum reichsten Mann Venedigs gemacht. Er kontrollierte die Silberströme aus Kärnten und Siebenbürgen, was ihn zum Hauptlieferanten der Zecca machte. Teotonicus wusste seinen Reichtum auch politisch einzusetzen: 1205, bei der Wahl Pietro Zianis zum Dogen – Gegenkandidat war immerhin Marino Zeno, erfolgreicher Admiral im Vierten Kreuzzug – hatte er seine Finger im Spiel.[24]

Der Silberstrom Richtung Markusrepublik versiegte auch im Verlauf des 14. Jahrhunderts nicht, als in vielen zentraleuropäischen Bergbauregionen die Produktion spürbar zurückging. Das erklärt sich einerseits aus dem Aufschwung der Edelmetallgewinnung in Bosnien und Serbien, vor allem aber aus dem zunehmenden Konsum orientalischer Waren in europäischen Adels- und Bürgerkreisen. Die Signoria hatte Notwendigkeit und Chance umfangreicher Edelmetallexporte in die Levante schon früh erkannt – die negative Handelsbilanz fiel gegenüber der Verfügbarkeit großer Silbermengen und den daraus resultierenden kommerziellen Möglichkeiten wenig ins Gewicht – und entsprach ihr mit finanztechnischen Maßnahmen. Die Ausfuhr von Silbergeld durch venezianische Kaufleute wurde nicht nur von fast allen Einschränkungen befreit, sondern durch das Tauschverhältnis zu Gold, das in Oberitalien zwischen 1 zu 10 bis 14 und in Ägypten zwischen 1 zu 8 bis 12 schwankte, sogar gefördert.[25]

Umfang und Wert des gesamten Edelmetall- beziehungsweise Geldexportes sind nicht genau bekannt. Die größten Mengen wurden in der Zeit um 1400 verschifft, wahrscheinlich führte man fast die Hälfte der in Venedig jährlich geprägten Dukaten in die Levante aus. Nach dem Auslaufen der Galeeren soll es des Öfteren überhaupt kein Silbergeld mehr gegeben haben. Da das Angebot in Europa bis zu Beginn des 16. Jahrhunderts immer weniger mit der Nachfrage Schritt hielt, versuchten die Venezianer den Edelmetallexport sukzessive einzuschränken: Das bedeutete verstärkten Tauschhandel, was infolge konsequenter wirtschaftspolitischer Maßnahmen und der ökonomischen Rezession im Mamlukenreich tatsächlich gelang. Da die Edelmetallausfuhrquote anderer südeuropäischer Händler aber relativ hoch blieb, litten große Teile Westeuropas, trotz der steigenden Produktion der zentraleuropäischen Minen, seit der zweiten Hälfte des 15. Jahrhunderts unter einem empfindlichen Silbermangel. Auch Venedig hatte den Edelmetallexport ja lediglich auf ein kaufmännisch sinnvolles Maß reduziert, benötigte aber weiterhin große Silbermengen für das Funktionieren des Fernhandels. Dem entspricht, dass die Ladung der Staatsgaleeren auf der Ägypten- und Syrienroute noch gegen Ende des 15. Jahrhunderts zu 40 bis 60 Prozent aus Münzen bestand.[26] In einem geringeren, aber nicht zu unterschätzenden Ausmaß exportierte die Serenissima Kupfer, das aus Mitteleuropa und ab dem 16. Jahrhundert aus Anatolien bezogen wurde. Als unentbehrlicher Grundstoff für die überall rasch wachsende Kanonenproduktion war das Metall bald so begehrt, dass es gerne zur Bezahlung von Gewürzen und Seide akzeptiert wurde.[27]

Strenge dirigistische Maßnahmen waren ein Spezifikum der Adriametropole: Sie trugen wesentlich zur Erringung einer dominanten Position im Gewürzhandel des 15. Jahrhunderts bei. Einfuhr und Vertrieb orientalischer Luxusgüter – für Genua, Barcelona, Marseille und die anderen südeuropäischen Küstenstädte lediglich von zweitrangiger ökonomischer Bedeutung – wurden dadurch ein Kernstück der venezianischen Wirtschaft. Weil der Bedarf in Europa rasch anstieg und nach 1400 alle potenziellen Konkurrenten ausgeschaltet waren, blieben die Preise hoch genug, um Durchschnittsgewinne von etwa 40 Prozent zu ermöglichen.[28] Die Pfefferpreise fielen zwar auf dem venezianischen Großhandelsmarkt von 1420 bis 1450 um nahezu die Hälfte, sie stiegen bis zum Ende des Jahrhunderts nur mehr unwesentlich: Eine Folge des reichlichen und billigen Angebots auf den levantinischen Märkten sowie der sinkenden Fracht- und Schutzkosten. Das Volumen der Gewürzimporte wuchs aber in solchem Maße, dass sich ihr Gesamtwert trotz fallender Preise etwa verdoppelte.[29] Daraus erklärt sich, wieso Venedigs Wirtschaftsleben in einem sogar für das Spätmittelalter eher untypischen Ausmaß vom Fernhandel mit leichten, äußerst wertvollen Gütern geprägt wurde.

»Im 14. Jahrhundert konnte die Ladung einer einzigen venezianischen Galeere dem Wert eines königlichen Lösegeldes entsprechen. Gewürze gingen durch die Hände einer kleinen Gruppe einflussreicher Plutokraten, die im Durchschnitt 40 Prozent Gewinn machten. Ihre Spekulationen und finanziellen Transaktionen beeinflussten nachhaltig die mittelalterliche Ökonomie. Der Grundstein des venezianischen Imports, »die wahre Milch und die Nahrung« der Stadt, war Pfeffer aus Indien und Indonesien ... .«[30]

Der hohe Stellenwert des Gewürzhandels rechtfertigt aber selbst im Fall von Venedig keinen »Mythos der Gewürze«. Auch andere Branchen, deren Volumen meist viel größer war, ermöglichten hohe Profite und ergänzten die Warenpalette vorteilhaft. Dies galt für das Geschäft mit Seide, Juwelen, Alaun und Baumwolle und die als Drogen bezeichneten Medikamente, aber auch für Massengüter, die man zum Teil von den eigenen Kolonien oder Festlandbesitzungen bezog und sowohl zur Deckung des Eigenbedarfs als auch zur Belieferung italienischer Märkte benötigte. Im 15. Jahrhundert gewannen Massenprodukte wie Wolle, Salz, Weizen, Zucker, Baumwolle und Holz, deren Wert in Relation zum Gewicht eher niedrig war, an Bedeutung. Diese Entwicklung wurde durch kontinuierliche Verbesserungen im mediterranen Schiffsbau gefördert: Die technischen Fortschritte waren zwar weniger spektakulär als im Falle der portugiesischen Karavelle, dürften aber doch die Kosten für den Transport von Massengütern um etwa 25 Prozent reduziert haben.[31]

In diesem Zusammenhang stellt sich die Frage, in welcher Relation der Fernhandel zum Regional- und Binnenhandel stand. Hat möglicherweise die Aura des Spektakulären – wagemutige Seefahrer, fremde Kulturen, wohlriechende Substanzen, edle Stoffe – den Blick Forschender auf das Alltägliche, das Naheliegende, etwas verstellt? Für Venedig dürfte die überragende Rolle des Fernhandels zutreffen, für den gesamten Mittelmeerraum könnte der Stellenwert jedoch geringer sein. Überstrahlt die Vitalität der mediterranen Thalassokratien, aber auch der urbanen merkantilen Zentren im Landesinneren, die Wichtigkeit des »kleinen« Warenaustausches? Der Binnenhandel – und da ging es um die Versorgung des überwiegenden Teils der Bevölkerung – hatte zweifellos größere Bedeutung als bisher angenommen wurde.[32]

Salz-, Getreide- und Weinimporte waren seit dem 12. Jahrhundert unabdingbar für die Versorgung Venedigs, da sie durch Wiederverkauf zum Reichtum der Stadt beisteuerten. Im Getreidehandel hatte die Dogenrepublik schon früh eine beherrschende Stellung gegenüber den Nachbarn erreicht. Der Vertrieb von Salz war für den kommerziellen Aufstieg Venedigs entscheidend gewesen: Das hart erkämpfte Monopol im Bereich der Adria und im oberitalienischen Hinterland garantierte regelmäßig hohe Staatseinkünfte. Der Salzhandel, auf dessen krisendämpfende Funktion bereits verwiesen wurde, stellte für das Handelskapital eine ideale Ergänzung zu den aufwendigen Aktivitäten in der Levante dar. Er ermöglichte eine bessere Nutzung der Ladekapazitäten, trug durch monopolistische Preisbildung und geringe Nachfrageelastizität zur Verminderung des Risikos bei.[33] Dadurch bot sich auch die Möglichkeit, die mit dem Ankauf von Luxusgütern verbundenen

Kosten wenigstens teilweise auf die bäuerlichen und städtischen Bevölkerungsmassen abzuwälzen. Jene mussten ihren Salzbedarf zu überhöhten Preisen decken, gleichsam anstelle von Feudalabgaben eine Konsumsteuer entrichten. Die große Zeit des Salzes aus dem östlichen Mittelmeerraum deckt sich daher mit der Blüte des Gewürzhandels. Im Verlauf des 16. Jahrhunderts kam es infolge der Verschiebungen im Welthandel zu einer gänzlichen Neuorientierung der Salzpolitik durch die Verwertung der Salinen in Istrien, Dalmatien und auf Kreta, deren Ausbeutung man zuvor zwei Jahrhunderte lang verboten oder behindert hatte.[34]

Der vergleichsweise junge Handel mit Baumwolle nahm im 15. Jahrhundert einen gewaltigen, vermutlich sogar den spektakulärsten Aufschwung. Starke Nachfrage veranlasste die italienischen Kaufleute seit der Mitte des 14. Jahrhunderts, keine Kosten und Mühen bei der Beschaffung des begehrten Rohstoffes im Nahen Osten zu scheuen. Das Interesse venezianischer Kaufleute an palästinensischer Baumwolle war so groß, dass sie selbst während des Krieges mit Genua 1378 ihre Geschäfte in Akkon fortsetzten. Die Investitionen für den Import von Baumwolle standen in manchen Jahren denen für Gewürze kaum nach. Die Venezianer verfügten zwar über kein Monopol, belieferten aber die europäischen Textilzentren mit dem Großteil des benötigten Rohmaterials aus Syrien, Griechenland und Kleinasien, ergänzt durch die eigene Produktion auf Zypern. In der Lombardei, Süddeutschland, Flandern und England fand es reißende Abnahme.[35]

Erhebliche Bedeutung erlangte auch die Einfuhr von Alkaliasche, einem unentbehrlichen Grundstoff für die expandierende Seifen- und Glasindustrie. Die Anfänge dieses Handels reichen bis in die Ära der Kreuzzüge zurück, ein profitabler Geschäftszweig wurde der Alkaliimport aber erst seit dem 15. Jahrhundert. Die Venezianer erlangten in dieser Branche zwar nie eine Vorrang- oder gar Monopolstellung, das Funktionieren des Alkalinachschubs war aber die Voraussetzung für den Aufstieg wichtiger Gewerbezweige und die profitable Ausfuhr von Glas oder Seife. Die wegen Brandgefahr, aber auch wegen besserer Kontrolle der hochspezialisierten Handwerker nach Murano ausgelagerte Glasindustrie produzierte nicht nur Gefäße jeder Art: Durch Experimentieren bei Technologie und Rohstoffen gelang die Herstellung von großflächigem Fensterglas sowie – seit 1302 – von Brillen, welche bis zu diesem Zeitpunkt aus teurem Kristall geschliffen waren. Sand kam aus den Flüssen der Terraferma, vor allem Etsch und Ticino. Soda-Asche gewann man aus verbranntem, syrischem Seetang. Eine ähnliche Reise hatten die Rohstoffe der hochwertigen venezianischen Seife hinter sich: Sie bestand meist aus apulischem Olivenöl und syrischer Asche, in diesem Fall ein Produkt der Verbrennung spezieller Pflanzen, die von Beduinen an den Rändern der Wüste gesammelt wurden. Schon 1285 verbot die Signoria den Re-Export von Grundstoffen der Glasindustrie. Denn Glaswaren brachten nicht zuletzt deswegen so großen Gewinn, weil die Rohmaterialien extrem billig waren. Das Endprodukt hingegen ließ sich aufgrund seines Designs und Nutzwertes teuer verkaufen.[36]

Holz, Eisenwaren – darunter trotz kirchlicher Verbote auch Waffen – und Sklaven waren traditionelle Exportgüter in den Nahen Osten. Sklaven bezogen die Venezianer bis ins frühe 15. Jahrhundert insbesondere vom Balkan und aus dem Schwarzmeerraum. Weniger aus Respekt vor kirchlichen Verboten als wegen der »Verderblichkeit der Ware« wurden diese ohne Umweg über den heimischen Markt entweder nach Kreta, der wichtigsten Drehscheibe des Sklavenhandels, oder unmittelbar an die orientalischen beziehungsweise europäischen Abnehmer geliefert. Ob Christen oder Nichtchristen – das spielte üblicherweise kaum eine Rolle. In Venedig selbst arbeiteten zahlreiche Sklavinnen, in erster Linie als Haushaltshilfen. Männer wurden üblicherweise nach Ägypten verkauft, wo sie vor allem im Heer eingesetzt wurden. Nach 1450 verlor der venezianische Sklavenhandel, jahrhundertelang eine der lukrativsten internationalen Geschäftszweige, allmählich an Bedeutung: Die Eroberung Konstantinopels versperrte endgültig die traditionellen Nachschubwege, die Nachfrage stellte sich auf Schwarzafrikaner um, die in großer Zahl von Portugiesen und Genuesen aus Westafrika verschleppt wurden. Aber noch immer verkauften venezianische Kaufleute jährlich mehrere tausend Menschen als Sklaven.[37]

Verglichen mit Florenz oder Mailand war Venedig im Spätmittelalter kein herausragendes Gewerbe- und Manufakturzentrum. Kapital und Arbeitskraft wurden zu stark vom Handel angezogen. Die Wirtschaftsentwicklung wäre aber ohne Fortschritte im Produktionsbereich sicherlich nicht so positiv verlaufen. Neben dem Schiffsbau, dessen Leistungskraft und Qualität seit jeher eine unabdingbare Voraussetzung venezianischer Größe war, florierte dank protektionistischer Maßnahmen die gewerbliche Produktion. Papier, Seife, Glaswaren und insbesondere Textilien rückten als Exportgüter in den Vordergrund. Eine Entwicklung, die durch den bereits erwähnten Verfall syrischer und ägyptischer Gewerbezweige beschleunigt wurde. Weitreichendste ökonomische Bedeutung erlangte die Ausfuhr von in Venedig hergestellten Stoffen aus Seide, Baumwolle und Wolle. Nach Angaben des Dogen Mocenigo soll es um 1420 in dieser Branche etwa 16.000 Beschäftigte gegeben haben. Die Textilindustrie profitierte natürlich von Venedigs Position als führendem Baumwollimporteur, der die heimischen Betriebe bevorzugt belieferte. Darüber hinaus verfolgte die Markusrepublik eine äußerst erfolgreiche Schutzzollpolitik.[38]

Im letzten Drittel des 15. Jahrhunderts begannen die Mamluken sogar ihre traditionellen Ausfuhrgüter wie Zucker, Olivenöl und Weizen einzuführen, was südeuropäischen Händlern neue Betätigungsfelder eröffnete. Venezianische Galeeren und Rundschiffe transportierten praktisch alles, was von islamischen Ländern nachgefragt wurde, darunter immer mehr Güter, die vormals Konkurrenten angeboten hatten, ja teilweise in deren Heimat produziert wurden. Beispielsweise das früher hauptsächlich von Genuesen und Katalanen verkaufte Olivenöl oder Textilien – hergestellt in Florenz, Barcelona und Genua. Die Vormachtstellung zeigt sich auch in der wachsenden geldpolitischen Abhängigkeit des Mamlukenreiches, wo Venedigs Dukaten zur geläufigsten Handelswährung geworden waren. Die Sultane gerieten gegenüber der Adriametropole ökonomisch immer stärker ins Hintertreffen.[39] Doch selbst der Wirtschafts- und Sozialhistoriker Eliyahu Ashtor, ein Kronzeuge des Niedergangs der islamischen Welt im 14. und 15. Jahrhundert, warnt davor, sich vor Übertreibungen zu hüten und die Dimensionen des wirtschaftlichen sowie politischen Abstiegs des Mamlukenreiches zu überschätzen.[40] Wahrscheinlich gab es bis 1500 weniger Monopol oder Abhängigkeit, eher schon komplementäre Bedürfnisse, die akzeptable Kompromisse erforderten. Keiner der aufeinander angewiesenen Partner konnte mit politisch-militärischem oder ökonomischem Druck allzu viel erreichen. Der Sultan honorierte die Verlässlichkeit der Venezianer, welche er bald gegen Portugal zu Hilfe rufen würde. Die Serenissima war ihrerseits peinlich darauf bedacht, ihren Verpflichtungen – beispielsweise dem Schutz muslimischer Kaufleute – immer nachzukommen. Und die Wirtschaftskrise der späten 90er-Jahre erfasste Venezianer und Mamluken synchron.

Trotz des Aufstiegs der Osmanen erreichte Venedig in der zweiten Hälfte des 15. Jahrhunderts zweifellos den Gipfel seiner Vormachtstellung im Welthandel. Die Annexion Zyperns markierte in verschiedener Hinsicht den Höhepunkt des venezianischen Kolonialimperiums. Die Insel war militärisch äußerst wertvoll, der Besitz des bedeutendsten Knotenpunktes im gesamten Levantehandel musste als letzter Schritt zum völligen Monopol darin erscheinen. Nichts schien in absehbarer Zeit diese Position zu gefährden. Nichts hatte zu einer Beteiligung an der atlantischen Expansion motiviert, ganz im Unterschied zum Engagement der Genuesen bei den portugiesischen und spanischen Kolonialaktivitäten. Alles sprach dafür, die einträglichen Handelsbeziehungen im östlichen Mittelmeer, mit Nordafrika, mit Flandern, England und Mitteleuropa zu pflegen, sowie die Ausbeutung der Inselkolonien und des Festlandbesitzes voranzutreiben.

MER-   CANTE.

MERCANTE GRECO.

MERCANTI.

MER-   CANTE.

»Buon governo«? —
Innenpolitik und Weltmachtstatus

Innenpolitische Stabilität galt schon Zeitgenossen als Vorzug der Markus-republik gegenüber anderen italienischen Stadtstaaten: Voraussetzung und zugleich Ergebnis ökonomischer Prosperität, Ausdruck militärischer und diplomatischer Stärke. Zahllose Geschichtsanalysen haben die relativ konfliktarme Gesellschaftsentwicklung im spätmittelalterlichen Venedig zu einem regelrechten Mythos ausgebaut. Politische Weisheit und moralische Stärke der Regierenden – Folge einer ausgeklügelten Verfassung – hätten den Adel pflichtbewusst und die breite Bevölkerung zufrieden gehalten. Thomas von Aquin lobte die Serenissima für ihre ideale Regierungsform, »Poggio Bracciolini feierte Venedig als Vollendung der aristokratischen Prinzipien, die Cicero für Rom gefordert hatte«, Georg von Trapezunt bezeichnete die Markusrepublik als Einheit von »Monarchie, Aristokratie und Demokratie«.[1]

»»Die Stadt ... ist solid aus Marmor gebaut, aber noch fester ist das Fundament bürgerlicher Eintracht ...‹. Eine schmeichelndere Beschreibung eines italienischen Staates im Trecento als jener so hübsch formulierte Kommentar Petrarcas lässt sich kaum vorstellen. Italien befand sich in einem Jahrhundert endemischer politischer Turbulenzen. Daher war ein Staat, der sich ›ziviler Eintracht‹ erfreute, ein Monument der Weisheit, des Wohlstandes oder unglaublich großen Glücks. Aber Petrarca war wohl nicht der Einzige in seiner Bewunderung Venedigs innerer Ordnung.«[2]

Das romantische Bild einer durch staatsmännische Klugheit, Gerechtigkeit und Klassenharmonie geprägten Gesellschaft trifft wohl für keine Phase der Geschichte voll zu, auch nicht für das am Höhepunkt von Weltgeltung und wirtschaftlicher Macht befindliche Venedig der Renaissance. Dessen ungeachtet besteht noch immer ein breiter Konsens darüber, dass es der venezianischen Regierung jahrhundertelang gelungen ist, in ungewöhnlichem Umfang Ruhe und Sicherheit zu bewahren. Das hohe Maß verfassungsmäßig garantierter Rechte sowie die positive, um sozialen Ausgleich bemühte Innenpolitik waren entscheidende Voraussetzungen für die ökonomischen und politischen Erfolge der Serenissima gewesen.

Der Mythos des »buon governo« bedarf allerdings der Relativierung: Vor allem in der Phase des Aufstiegs zur Weltmacht wurde Venedig von wilden Intrigen und Unruhen erschüttert. Legendenbildung ließ aber »die nachweisliche offene Gewalttätigkeit der ersten Jahrhunderte ... in Vergessenheit geraten.«[3] Im 10. Jahrhundert griff die Familie der Candiano offen nach der alleinigen Macht und versuchte die Republik in ein erbliches Herzogtum umzuwandeln. Pietro IV. Candiano schien seinem Ziel sehr nahe, wo er doch Verbindungen zum toskanischen Markgrafen und dem westlichen Kaiser aufgebaut hatte. Dies widersprach jedoch dem seit dem Widerstand gegen die Karolinger entwickelten Selbstverständnis von Unabhängigkeit, so mancher Patrizier fürchtete wohl auch um die guten Beziehungen zu Byzanz. 976 stürmte das aufgebrachte Volk den Dogenpalast und setzte ihn in Brand. Fast der ganze Bezirk fiel den Flammen zum Opfer, so auch die Markuskirche. Pietro Candiano wurde ermordet.[4] »In Venedig ... waren Klan- und Klientelkonflikte so häufig, dass zwischen 9. und 11. Jahrhundert nur eine handvoll amtierender Dogen eines natürlichen Todes starb.«[5]

Unter Pietro II. Orseolo beruhigte sich die Lage vorübergehend. Brillante militärische Erfolge – im Jahr 1000 Unterwerfung der dalmatinischen Küstenstädte, 1003 Sieg über die Sarazenen bei Bari – festigten Venedigs Position in der Adria und steigerten die Popularität des »Dux Veneticorum et Dalmaticorum«. Die Machtfülle des Dogen blieb vielen Bürgern ein Dorn im Auge, denn nach seiner Wahl erfreute sich das Staatsoberhaupt uneingeschränkter Kompetenzen: Oberbefehlshaber, Außenminister, oberster Richter, höchstes Exekutivorgan. 1032, nach dem Sturz der Orseolos, wurde diese absolute Macht eingeschränkt: Man stellte dem Dogen zwei Berater an die Seite,[6] eine Änderung, die auch der veränderten sozialen Realität Venedigs entsprach. Die Ausweitung des Seehandels hatte vielen Familien, die nicht dem alten Adel angehörten, zu Vermögen und Ansehen verholfen. Ihnen konnte auf Dauer politische Partizipation nicht vorenthalten werden und sie waren immer weniger bereit, die uneingeschränkte Herrschaft der etablierten Patrizierclans, die sich das Amt des Dogen untereinander ausmachten beziehungsweise unter Einbeziehung des Mobs notfalls auskämpften, zu akzeptieren. Die *longhi*, alos die Alteingesessenen, mussten die Ansprüche der *curti*, der Neuaufgestiegenen, akzeptieren.[7]

Dennoch sollte es noch über 100 Jahre dauern, bis der Schritt vom Wahlherzogtum zur republikanischen Kommune vollzogen war. Auslöser war Unmut über den Michielclan, der es trotz des Misstrauens gegen Machtkonzentration in Händen einer Familie geschafft hatte, eine Reihe von Dogen zu stellen. Das Scheitern einer von Vitale II. Michiel geleiteten Strafexpedition gegen Byzanz – Reaktion auf die Lateinerpogrome – brachte das Fass zum

Überlaufen. Er kehrte 1172 ohne Beute, die Mannschaften von einer Seuche dezimiert, heim. Eine Volksversammlung, aber auch seine Räte, warfen ihm Missachtung ihrer Empfehlungen bezüglich des Flottenaufmarsches in der Romania vor. Michiel versuchte, vor der wütenden Menge zu flüchten, er kam jedoch nicht weit. Wie so viele andere Dogen endete er durch Mord.

Der Aufruhr war Anlass einer grundlegenden Verfassungsreform: Das Staatsoberhaupt war nun verpflichtet, sich an den Rat seiner *sapientes* zu halten. Der höchste Repräsentant des Staates musste auf eine *promissio* schwören, die ihn strikter Kontrolle unterwarf. Außerdem sollte in Zukunft ein Nominierungs-Ausschuss für die Dogenwahl entsprechend geeignete Kandidaten finden. Die auf Venedigs Frühgeschichte zurückgehende Volksversammlung wurde vom Großen Rat der Vertreter des Adels abgelöst. Damit hatte sich ein dualistisches Prinzip durchgesetzt: Eine Melange aus republikanischen und monarchischen Elementen, die im Sinne von »check and balance« für Machtausgleich beziehungsweise -kontrolle sorgte.[8]

»… der Doge ist nun der oberste Beamte der Republik. Aus der Nähe überwacht, die Promissio genauestens respektierend, muss er eine lange Liste von Verboten beachten: Das Verbot, ohne Genehmigung Venedig zu verlassen. Das Verbot, ausländische Botschafter privat zu empfangen. Das Verbot, offizielle Briefe zu öffnen oder zu versenden. Das Verbot, ohne Erlaubnis abzudanken.«[9]

Das System erwies sich als erfolgreich, es sorgte tatsächlich für die Auswahl integrer und kompetenter Persönlichkeiten: Sebastiano Ziani, Orio Mastropiero, Enrico Dandolo, Pietro Ziani, Giacomo Tiepolo oder Raniero Zeno. Der endgültige Aufstieg Venedigs zur Weltmacht ist eng mit ihren Namen verbunden und steht somit in engem Zusammenhang mit der Verfassungsreform von 1172. Die neu gewonnene, bis dahin nie gekannte innere Stabilität gab der Serenissima die Möglichkeit, alle Energie auf Außenpolitik und merkantile Expansion zu konzentrieren. Sebastiano Ziani arrangierte geschickt die Versöhnung zwischen Papst und staufischem Kaiser, womit sich der winzige Dogenstaat endgültig in den Kreis der großen Mächte eingereiht hatte. Enrico Dandolo konnte im Bewusstsein uneingeschränkter Unterstützung der venezianischen Eliten ein Kreuzfahrerheer Richtung Konstantinopel umleiten. Unter Pietro Ziani wurde das mediterrane Kolonialreich ausgedehnt und gefestigt. Giacomo Tiepolo ließ zahlreiche für die Innenpolitik aber auch für den Seehandel relevante Gesetze kodifizieren. In Raniero Zenos Regierungszeit kam es um 1270 zu einer entscheidenden Finanzreform: Strikt kontrollierte, vereinheitlichte Staatsanleihen wurden zur Säule venezianischer Fiskalpolitik, abgesichert durch eine Reihe von direkten und indirekten Steuern. Damit lieferte sich Venedig im Gegensatz zu Genua keinen privaten Kreditoren aus, denen man häufig zur Absicherung des geliehenen Geldes Steuereinhebung und Monopole überließ. »Tax-farmers« hatten in der Serenissima weniger Entfaltungsmöglichkeiten als in anderen Staaten.[10]

Trotz, oder vielleicht gerade wegen der erfolgreichen Herrschaft jener Dogen achteten die Venezianer genau, dass keine Familie das gewonnene Prestige zur Machtakkumulation nutzte. Als sich zum Beispiel die Ziani, Tiepolo oder Morosini durch Heiratspolitik mit der Hocharistokratie Siziliens, des Balkans und Ungarns verbanden, schob man solchen Bündnissen schleunigst einen Riegel vor: Bei Amtsantritt mussten die Dogen schwören, auf diese Art von Ehebündnis zu verzichten. Am Ende des 13. Jahrhunderts war die Machtverschiebung vom Dogen zu Kollektivgremien weitgehend abgeschlossen. Ein kompliziertes, aber effizientes Regierungs- und Verwaltungssystem lenkte die Geschicke des Staates: Rat des Dogen oder *signoria*, Rat der Vierzig oder *quarantia* beziehungsweise Senat, Großer Rat, Generalversammlung. Der Rat des Dogen könnte als die eigentliche Regierung bezeichnet werden. Er bestand aus zehn Mitgliedern, deren Amtszeit zeitlich begrenzt war. Ihre Beschlüsse waren für den Dogen bindend. Der Senat hatte die Funktion eines Berufungsgerichtes und verabschiedete Finanzgesetze. In die Zuständigkeit des Großen Rats fielen alle anderen Gesetze, er wählte in einem hochkomplizierten Verfahren den Dogen und entschied über die Bestellung von Magistratsbeamten. Solche Spitzenfunktionäre waren auf ein Jahr bestellt, verantwortlich für Kernbereiche der Verwaltung: Arsenal, Schifffahrt, Finanzen, Getreideversorgung, Salzmonopol, Hygiene, Lagunenökologie. Die Generalversammlung ratifizierte alle Gesetzesvorlagen.[11]

So ausgeklügelt und fortschrittlich dieses System der Machtkontrolle auch erscheint, es unterscheidet sich in einem wesentlichen Aspekt vom Konzept der Demokratie im Sinne der Aufklärung: Das oft als so vorbildlich modern dargestellte venezianische Modell sah keine Gewaltentrennung vor. Exekutive, Gesetzgebung und Rechtsprechung waren eng verwoben, die Behörden übten in der Regel auch richterliche Gewalt aus.[12]

Jeder Amtsträger konnte bei Missbrauch seiner Stellung belangt werden, dafür sorgten die *avvogadori di comun*, denen auch verfassungsrechtliche Aufgaben zufielen. 1297 wurde der Große Rat – *maggior consiglio* – von etwa 500 Mitgliedern auf 1100 aufgestockt: Eine Konzession an wohlhabende Bürger, denen man die Ausübung öffentlicher Funktionen nicht mehr vorenthalten konnte. Um so weniger, als sich alter Adel und Neureiche in ihren beruflichen Karrieren kaum unterschieden. Der Kommerzialisierung des Adels entsprach die Nobilitierung der Kaufleute[13] Gleichzeitig verfügte man nach dieser Öffnung die *serrata*, also die Abriegelung des Maggior Consiglio. Es sollten ab nun keine neuen Familien Aufnahme finden. Kurioserweise wuchs das Gremium trotz dieser Aussperrung anderer Bürger bis 1500 auf etwa 2500 Mitglieder, scheinbar durch Gebärfreudigkeit innerhalb der Eliten. Womit automatisch der Einfluss einiger Clans zunahm: 1527 saßen 172 Contarini, 102 Morosini und 81 Malipiero im Großen Rat.[14]

Die Verfügung der Serrata stellte die letzte große Verfassungsänderung dar. Das venezianische Regierungssystem sollte sich bis zum Ende der Republik kaum mehr ändern. Seine Feuertaufe bestand es in den Jahren 1300, 1310 und 1355: Verschwörungen von Marino Bocconio, Baiamonte Tiepolo und Marino Falier scheiterten.[15] Selbst in Zeiten schwerer ökonomischer Krise, als sich zahlreiche italienische Kommunen von republikanischen Grundsätzen abwandten, blieb Venedig gegen Rufe nach dem starken Mann immun. Offensichtlich hatte die Identifikation mit dem Staat und seinen Institutionen ein bis dahin noch nie gekanntes Ausmaß erreicht.

Dazu kam eine Rechtsprechung, die vom Großteil der Bevölkerung als ausgewogen empfunden wurde. Bemerkenswert ist in diesem Zusammenhang die Einschränkung adeliger Privilegien: Verbot des Waffentragens in der Öffentlichkeit sowie eine bemerkenswerte Gleichstellung aller Delinquenten, ungeachtet ihres gesellschaftlichen Ranges. Auch Patrizier mussten – statt standesgemäßem Köpfen – mit dem als erniedrigend empfundenen Hängen rechnen. Besonders demütigende ritualisierte Exekutionsformen blieben allerdings Unterschichtsangehörigen, Sklaven und Sklavinnen vorbehalten. Neben der allgemein geschätzten Gerichtsbarkeit sorgte die Kommune durch andere Maßnahmen für öffentliche Ordnung: Straßenbeleuchtung, Feuerwehr und Gendarmerie. Auf etwa 300 Einwohner kam ein Sicherheitsbeamter. Um potenziellen Bösewichten die Arbeit zu erschweren, soll die Kommune sogar das Tragen falscher Bärte verboten haben.[16] Die Rio Terà Assassini – Mörderstraße – im Sestier San Marco erinnert daran, wie unsicher das Leben im mittelalterlichen Venedig sein konnte. Trotz des engmaschigen Systems von Polizeikräften zur Aufrechterhaltung öffentlicher Sicherheit gab es zahlreiche Sexualverbrechen. Anscheinend war sich keine Frau – mit Ausnahme wohlbehüteter Patrizierinnen – auf der Straße und sogar im eigenen Haus vor männlicher Gewalt sicher. Das betraf vor allem Sklavinnen, Arbeiterinnen aber auch Frauen aus den besser gestellten Schichten der *popolari*. Die sonst so konsequente venezianische Rechtsprechung zeigte sich bei Sexualdelikten milde. Außerdem sahen sich Frauen, die eines Verbrechens bezichtigt wurden, generell eher harscher Behandlung seitens der ermittelnden Behörden ausgesetzt.[17]

Man hielt es für eine ehrenvolle Pflicht Ämter anzunehmen, ein solches

Privileg abzulehnen hingegen für eine Schande. Verweigerer hatten mit finanziellen Bußen zu rechnen. Viele Funktionen wurden ohne Bezahlung, bestenfalls gegen Spesenersatz ausgeübt, Botschafter mussten Geschenke der Kommune überlassen. Dem Verwaltungsapparat standen hochspezialisierte Beamte zur Verfügung, für deren Anstellung Universitätsausbildung Voraussetzung war. Venezianische Berufspolitiker erwarben sich einen derart guten Ruf, dass ihnen auf dem italienischen Festland immer wieder der Posten eines Podestà – eines mit weitgehenden Vollmachten ausgestatteten Alleinherrschers – angeboten wurde: In Padua, Treviso, Verona, Bologna, Ferrara, Pisa oder Mailand.[18]

Der Aufbau effizienter administrativer Strukturen hing natürlich eng mit der besonderen ökologischen Situation Venedigs zusammen. Die Stadt war in ihrer Geschichte unentwegt mit Maßnahmen zum Schutz der Lagune beschäftigt. Einerseits galt es die Stadt vor Hochwasser zu bewahren, andererseits die Verlandung der flachen Gewässer durch Flussgeschiebe zu verhindern. Der natürliche Gezeitenunterschied hatte durchaus erwünschte Folgen: Reinigung und Austausch des Meerwassers. Bei starkem Regen und Wind drohten jedoch Überflutungen, die ganze Inselchen und Lidi regelrecht verschlingen konnten, wie es zu Beginn des 12. Jahrhunderts mit dem Lido von Malamocco geschah. Zur Erhaltung der als natürliche Hochwasserbarrieren dienenden Inseln und Sandbänke erließen die *soprastanti ai lidi* eine Reihe von Verordnungen: Befestigung mit Steinen und Pfählen, Anpflanzen von gegen Salz und Wind resistenten Tamarisken, Rodungsverbot für Pinien und Röhricht. Mit besonderer Sorge beobachtete die Kommune das Geschiebe der Brenta, deren Schlamm und Geröll die Stadt bedrohten. Schon 1324 wurde ein Projekt zur Umleitung des Flusses diskutiert, aber erst in der zweiten Hälfte des 15. Jahrhunderts begann man mit der Realisierung.[19] Mit Argwohn beobachteten Venedigs Experten die umfassenden Waldrodungen auf dem Festland. Ein besorgter Kommentar aus dem 14. Jahrhundert zeigt bemerkenswertes Verständnis für ökologische Zusammenhänge: »Das gesamte Abholzen ist eindeutig die Ursache für die Verlandung unserer Lagune, weil Regen und andere Überschwemmungen in den Wäldern weder Halt noch Hindernisse finden und deshalb in die Lagune fließen.«[20]

»Ohne die Bemühungen der venezianischen Räte und Behörden … wäre die Lagune ebenso versandet und verschwunden wie ihre zahlreichen Schwestern. Von Reno und Po im Süden bis zu Tagliamento und Isonzo im Nordosten erstreckte sich in der Spätantike eine Zwischenwelt von Land und See, die vom Meer durch sandige Küstenstreifen (›lidi‹) geschieden waren und deren Öffnungen (›porti‹) den Gezeiten Einlass gewährten. ... Dort, wo der Mensch nicht eingriff, sind heute die Lagunen verschwunden: ... Nur die Lagune von Venedig hat Menschenhand erhalten, getrieben von der Sorge um die Serenissima.«[21]

Der zähe Kampf um die Erhaltung der Lagunenlandschaft wurde nicht nur im Interesse der Schifffahrt geführt, sondern diente auch dem Schutz des Fischbestandes. Der Fischfang wurde durch die 1227 erlassenen »capitulare de piscatoribus« geregelt, als Kontrollinstanz fungierte die *giustizia vecchia*. Ihre Aufgaben: Festlegung der Verkaufsorte wie Rialto oder San Marco, Preisfixierung, Autorisierung der Händler, Normierung der Fischereigeräte, Schutz des Laichs und der Jungfische.[22]

Nicht weniger energisch kümmerte sich die Signoria um die Trinkwasserversorgung. Den Bedarf deckte man hauptsächlich durch Brunnen, in denen Regenwasser gesammelt wurde. Der *pozzo alla veneziana* ermöglichte – durch den gezielten Einsatz von Sand und Schilfrohr als Filter – die effiziente Reinigung des Wassers. Zu den seit Menschengedenken auf Privatgrund angelegten Zisternen, die allerdings von allen Bewohnern der näheren Umgebung benutzt wurden, kamen immer mehr öffentliche *pozzi*. So gut wie jeder *campo*, wie die Plätze Venedigs heißen und wo sich bis heute ein Großteil des Lebens abspielt, bekam seinen Brunnen. Alleine im Jahr 1350 wurden etwa 50 Brunnen gebaut. Trotzdem blieb Trinkwasser knapp. Daher musste eine wahre Flotte kleiner Boote die Versorgung sicherstellen. Im 14. und 15. Jahrhundert erwog die Signoria den Bau mehrerer Aquädukte, das Vorhaben wurde nie in die Tat umgesetzt.[23] Das Scheitern eines solchen Vorhabens erscheint angesichts der Finanzkraft Venedigs sowie der Leistungsfähigkeit venezianischer Ingenieure und Beamter, was ja die gewaltigen Flussumleitungsprojekte auf der Terraferma beweisen, erstaunlich. Vielleicht spielte hier die traditionelle Inselmentalität gepaart mit militärischen Sicherheitsbedenken eine Rolle: Die Wasservögel wollten keinerlei bauliche Verbindung mit dem Festland, selbst wenn es Nachteile im täglichen Leben mit sich brachte.

Die sozialen Rückwirkungen der Seuchenkatastrophen und enormen Kriegsbelastungen des 14. Jahrhunderts hatten Venedigs Klassenstruktur nicht grundlegend verändert, wohl aber modifiziert. Die herrschende Klasse des Kaufmannsadels vermochte zwar ihre Position weiter zu stärken, doch unter den nichtadeligen Venezianern, denen es wirtschaftlich gut ging, schälte sich immer deutlicher die Gruppe der *cittadini* heraus. Aus ihren Reihen stammten Beamte, Notare und Juristen ebenso wie Gewerbetreibende und Kaufleute. Unmittelbaren Einfluss auf die Politik der Serenissima erlangten nur einige alteingesessene Bürgerfamilien, indem sie wichtige Sekretärsposten und das Personal der Kanzlei des Dogen stellten. In Wirtschaftsangelegenheiten konnten die Cittadini zwar fast alles entscheiden, was ihr Geschäft unmittelbar betraf, von so wichtigen Fragen wie Festsetzung der Zolltarife oder Formulierung von Handelsverträgen blieben sie aber praktisch ausgeschlossen, da sie lediglich als Bittsteller vor den regierenden Adeligen erscheinen konnten. [24] Viele von ihnen waren noch immer reisende Kaufleute, regelmäßiges Erscheinen war aber die Voraussetzung für die Ausübung eines wichtigen öffentlichen Amtes. Innerhalb der mächtigsten Familien gab es hingegen genug Männer, die »von Grundbesitz auf dem Land und in der Stadt, ... Seedarlehen ... und Staatsanleihen« lebten und sich die Annahme einer arbeitsintensiven Funktion leisten konnten. [25]

Sowohl an der Reglementierung der Salzproduktion beziehungsweise des Salzhandels, insbesondere aber an der Gewerbepolitik lässt sich erkennen, dass die Interessen der Handwerksunternehmer und kleinen Kaufleute in der Regel jenen des im Fernhandel tätigen Kapitals nachgeordnet wurden. Zünfte und Innungen spielten in Venedig eine weit geringere Rolle als zum Beispiel in Florenz. Die Interessen wichtiger Berufsgruppen wurden ohnehin von der Kommune wahrgenommen. »Es gab keine Kaufmannsgilde, weil der Staat selbst eine Kaufmannsgilde war.« [26] Die Organisationen der Handwerker und Gewerbetreibenden erfreuten sich zwar hoher Mitgliederzahlen – im 14. Jahrhundert sollen es an die 40.000 gewesen sein – sie sahen sich aber genauen Kontrollen unterworfen und waren von politischer Mitbestimmung weitgehend ausgeschlossen. [27] Das Patriziat verstand es aber, ökonomische und gesellschaftliche Entfaltungsmöglichkeiten mit einer umfassenden, ideologisch gut untermauerten Bevormundung zu verbinden. Dadurch blieben der Markusrepublik die für andere europäische Regionen so typischen schweren Auseinandersetzungen um das Stadtregiment größtenteils erspart. In diesem Zusammenhang verdienen die prachtvollen Feste, Prozessionen und Empfänge erwähnt zu werden: Die geschickte Einbindung der Zünfte und Standesvertretungen, die man *arti, scuole, corporazioni, confraternite* nannte, in gemeinsame Zeremonien – an Festtagen, nach militärischen Siegen, bei Staatsbesuchen – vertiefte zweifellos die Solidarität mit der Markusrepublik. Außerdem spielten die Bruderschaften im Sozialwesen der Stadt eine tragende Rolle: Sie widmeten sich engagiert der Unterstützung von Armen, Witwen und Kranken. Der Betrieb vieler Spitäler wäre ohne sie undenkbar gewesen. [28]

In ähnlicher Weise hatten sich die kirchlichen Institutionen den Interessen der Serenissima unterzuordnen. In vielen Bereichen öffentlichen Lebens übernahm der Staat jene Rolle, welche die Kirche in der katholischen Welt zu spielen gewohnt war. Das Amt des Dogen, ja die Republik selbst, wurde ideologisch beziehungsweise religiös überhöht. Venedig präsentierte sich als neues Jerusalem und legitimer Nachfolger Konstantinopels. Besonderes Symbol dieses Anspruchs: Die dem Dogen unterstehende Markuskirche, eine verwegene Mischung aus geistlichen und weltlichen Elementen, voller Reliquien und Trophäen. »Unter dem Banner des hl. Markus wurde der Staat eine säkulare Kirche mit eigenen geheiligten Traditionen, Festtagen und eigener Ikonographie, die Frömmigkeit mit Patriotismus gleichsetzten.«[29]

Das gewöhnliche Volk unterhalb des Ranges der Bürger – die überwältigende Mehrheit der Arbeiter und Arbeiterinnen – genoss Rechte und Möglichkeiten je nach Zunft beziehungsweise Branche, zu der sie gehörten. Wie bei den Handwerksmeistern und kleinen Kaufleuten gab es auch in der Unterschicht viele Zuwanderer, was maßgeblich dazu beitrug, dass die Bevölkerungsverluste durch Krieg oder Pest immer rasch ausgeglichen wurden. Angezogen durch den Ruf der Stadt – es gäbe in ihr genug Lebensmittel sowie günstige Rechtsverhältnisse für alle – zogen nicht nur die Bewohner des Umlandes, sondern auch Kaufleute, Handwerker und Lohnarbeiter aus fernen Regionen kontinuierlich in die Markusrepublik. Den größten Ausländeranteil stellten die Griechen, um 1500 zählte ihre Gemeinde zwischen 3000 und 4000 Personen. Vor allem nach dem Fall Konstantinopels 1453 waren zahlreiche Flüchtlinge nach Italien geströmt, wovon Kulturleben und Wissenschaften profitierten. So auch Venedig. Als Beispiel sei hier Kardinal Bessarion genannt, dessen Büchersammlung die Grundlage der Markusbibliothek war.[30] Emigranten aus der Romania, aber auch Albaner und Slawen könnte man im modernen Sinn als typische Gastarbeiter bezeichnen. Sie waren hauptsächlich dort zu finden, wo es hart zu schuften galt: Ruderer auf den Galeeren, Werftarbeiter im Arsenal, Dienstmägde und Knechte in den Haushalten. Griechen und Albaner bildeten auch das Rückgrat der *stradioti*, der leichten Reiterei, die auf dem Balkan und in Italien zum Einsatz kam. Natürlich gaben sich angesehene Fernhändler aus allen Weltrichtungen ein Stelldichein: Sie verfügten wie die Deutschen oder Türken über eigene Quartiere.[31] Die Spuren der ausländischen Bewohner Venedigs lassen sich heute gut verfolgen: Calle Bergama – Weg der Leute aus Bergamo, Calle delle Furlane – Weg der Friulaner, Ruga Giuffa – Straße der Armenier oder der Zigeuner, Calle dei Mori – Weg der Mohren oder Mauren, Riva degli Schiavoni – Anlegestelle der Slawen oder Sklaven, Calle Toscane, Calle Greca, Fondaco dei Turchi, Calle dei Albanesi.

Im Unterschied zu anderen großen oberitalienischen Städten unterstand die Mehrzahl einfacher Arbeitskräfte keinen mächtigen Unternehmern, sondern war in kleinen Betrieben beschäftigt. Die reichen Händlerfamilien investierten fast nie im Produktionsbereich, da ihr Kapital im ausgedehnten

Auslandshandel sowie in Kolonialunternehmungen höhere Profite abwarf. Sie gerieten dadurch auch relativ selten in harte Arbeitskonflikte mit der einfachen Bevölkerung, die mehrheitlich aus den Erfolgen im Handel zumindest bescheidenen Nutzen zog. Dies trifft in gewisser Weise sogar auf das nicht organisierte Proletariat der Seeleute, Hafen- und Werftarbeiter zu, das ein Drittel der Unterschicht, und zusammen mit den in Zünften zusammengeschlossenen Arbeitern sogar 90 Prozent der Gesamtbevölkerung ausmachte. Obwohl kein Zweifel daran besteht, dass viele venezianische Seeleute in bitterer Armut lebten, steht andererseits fest, dass in Venedig im Allgemeinen bessere Arbeitsbedingungen herrschten. Außerdem wurden höhere Löhne gezahlt als in anderen Regionen. Dazu kommt ein offensichtliches Bemühen der Handelsoligarchie, allfällige Gründe für Unzufriedenheit zu mildern – notfalls sogar auf Kosten der Mittelschicht – und sozialen Zündstoff möglichst zu entschärfen.[32] Lane, der auch die Schwächen des venezianischen Gesellschafts- und Verfassungssystems sehr klar herausarbeitet, ist aufgrund der angeführten Faktoren überzeugt, dass es in der Adriametropole eine bessere Regierung gab, als man sie anderswo fand. Alles deutet darauf hin, dass sie von der gesamten Bevölkerung unterstützt wurde:

»Man brauchte kein Militär in der Stadt, um das Volk einzuschüchtern; die einfachen Leute versuchten nie, die Herrschaft des Adels abzuschütteln. Bei besonderen Gelegenheiten, wie dem Tod eines Dogen, wenn man zusätzlichen Schutz des Dogenpalastes für wünschenswert hielt, wurde aus den Arbeitern des Arsenals vorübergehend eine Ehrenwache gebildet. Einige wenige Dogen waren verhasst, aber das System wurde nicht angegriffen ...«[33]

Dieses Bild einer von gravierenden Klassenauseinandersetzungen oder von Fraktionskämpfen – beispielsweise Guelfen gegen Ghibellinen – weitgehend freien Gesellschaft ist sicherlich kein Mythos, sondern historische Realität. Diese Tatsache zeigt sich auch am Stadtbild: Venedigs Gebäude hatten keinerlei Schutzfunktion gegen eventuelle Angreifer. »Venezianische Adelspaläste lassen in auffallender Weise militärische Charakteristika vermissen.«[34] Man sollte aber bei der Betonung des durch den Reichtum der Handelsmetropole gestützten, von der herrschenden Handelsoligarchie geschickt geförderten sozialen Friedens auch nicht übertreiben. Die venezianischen Unterschichten, insbesondere die Seeleute, verhielten sich nämlich keineswegs immer so ruhig, wie oft unterstellt wird. Es bedurfte massiver Anstrengungen seitens der Regierung, die für das gedeihliche Wirtschaftsleben erwünschte Ordnung innerhalb der Stadt allgemein durchzusetzen. Als wichtiges Instrument dazu erwies sich, wie bereits erwähnt, die Entwicklung und konsequente Durchsetzung eines differenzierten Rechtssystems, das auf alle Bevölkerungsklassen, also auch gegen den Adel, angewendet wurde. Dies wäre in Genua undenkbar gewesen. Um den rigorosen Gesetzen allgemeine Gültigkeit unter adeligen Großkaufleuten, Handwerkern und Arbeitern – ob Einheimische oder Ausländer – zu verschaffen, bedurfte es eines raschen Ausbaus der Bürokratie, die infolge ihrer weitgehenden Unabhängigkeit ebenfalls ausgleichend und stabilisierend wirkte. Dazu gehörten neben den bereits skizzierten Maßnahmen auch Beschränkungen der Aktivitäten ausländischer Investoren oder Kartellgesetze zur Verhinderung von Monopolen mächtiger heimischer Klans. Offenbar entfalteten sich infolge der spezifischen Bedürfnisse Venedigs als Mittelpunkt des mediterranen Welthandels schon seit dem 14. Jahrhundert Anfänge moderner Staatlichkeit, zu deren wichtigsten Zielen die Verantwortung für alle Bewohner, aber auch ihre disziplinierende Kontrolle zählte.[35] Der Kreis schloss sich: Venedigs Wirtschaft – allem voran der Fernhandel – profitierte von der politischen Stabilität, die effiziente Administration hingegen war durch den ökonomischen Erfolg finanzierbar.

Venedigs enorme Finanzkraft lässt sich am Budget der Signoria ablesen. Ende des 15. Jahrhunderts verfügte die Republik über höhere Einnahmen als die meisten flächenmäßig viel größeren europäischen Königreiche. Im Jahr 1423 schätzte Doge Tomaso Mocenigo die Einnahmen der Stadt auf mehr als 770.000 Dukaten, wozu noch die Steuern des Kolonialreiches und der Terraferma kamen, zusammen etwa 840.000 Dukaten.[36] Die Bruttoeinkünfte der gesamten Stadtbevölkerung, die im Bereich des Dogado – Venedig samt näherer Umgebung – etwa 150.000 zählte, dürften sich zwischen 7,5 und 15 Millionen Dukaten bewegt, pro Einwohner also 50 oder gar 100 Dukaten betragen haben. Dem hohen Einkommensniveau entspricht die Tatsache, dass die eigentlichen Stadteinkünfte jene von Mailand, Florenz und Genua weit übertrafen, dem englischen Budget in etwa entsprachen und dem französischen nahe kamen. Das venezianische Gesamtbudget von 1.614.000 Dukaten stellte europäische Spitze dar. Während die englischen, burgundischen, spanischen und französischen Staatseinkünfte zwischen 50 und 73 Prozent geschrumpft waren, hatte sich Venedigs Stadtbudget lediglich um 23 Prozent verringert. Selbst diese Reduktion dürfte durch die wachsenden Steuern der Terraferma – sie brachten immerhin einen Überschuss von einer viertel Million Dukaten – und der Inselkolonien zumindest wettgemacht worden sein. Nach dem vorliegenden Zahlenmaterial sanken die Gesamteinnahmen Venedigs im Verlauf des 15. Jahrhunderts nicht unerheblich, ein Teil der Differenz erklärt sich aber vermutlich aus statistischen Mängeln. Selbst wenn dies nicht der Fall sein sollte, verfügte die Markusrepublik bis 1500 immer über ein eindrucksvolles Budget mit großen Reserven für Außenpolitik und Krieg.[37]

Ausdruck der Finanzstärke war neben dem außergewöhnlichen Volumen der Staatseinkünfte insbesondere die Aktivität der *zecca*, des venezianischen Münzamtes. Alljährlich wurden – nach den Angaben von Mocenigo – etwa eine Million Gold- und 200 000 Silberdukaten geprägt, ergänzt um eine große Zahl minderer Münzen. Dieser Ausstoß vergrößerte sich bis ins späte 16. Jahrhundert immer mehr, bis schließlich ein Geldumlauf von etwa 40 Millionen Dukaten erreicht wurde. Wahrscheinlich prägte man in Venedig jahrzehntelang mehr Münzen als England und Frankreich zusammen.[38] Nur dadurch war die im Dienste ungestörter Handelsbeziehungen erforderliche Verschiffung großer Münzmengen in die Levante möglich, wo der venezianische Silberdukaten zunächst den ägyptischen Golddinar zu ersetzen begann und bald die arabischen Märkte überschwemmte.[39] Voraussetzung war der ständige Zufluss von Edelmetall aus den verschiedenen Bergbauregionen Europas und dem Sudan nach Venedig. Gegen Ende des 15. Jahrhunderts erlebte die zentraleuropäische Silberproduktion einen neuen Aufschwung. Auch das von den Balkanminen nach Ragusa gebrachte Gold und Silber fand – selbst nach dem Ende der politischen Herrschaft Venedigs über die dalmatinische Handelsstadt – größtenteils seinen Weg in die Zecca.[40]

Weitere Zeichen des Reichtums: Eine riesige Handelsflotte und die mächtige Kriegsmarine, deren große Galeeren im staatlichen Arsenal gebaut wurden. Das leistungsfähige, von den internationalen Partnern hochgeschätzte System der Muda. Der prunkvolle Ausbau der Stadt. Das Anwachsen von Prestigeausgaben, die in der Handelskommune aber stets sparsamer eingesetzt wurden als in Königreichen und Fürstentümern. »Auch auf dem politischen Parkett zeichnet sich Venedig besonders aus …. Schon sehr früh lässt es sich im Ausland durch eigene Gesandte, so genannte ›oratori‹, vertreten und stellt Söldnerheere in den Dienst seiner Politik.«[41]

Waren die Söldnertruppen auch nicht immer die zuverlässigsten: Militärische Stärke und gewandte Diplomatie blockierten alle Hegemoniebestrebungen Mailands, pendelten das für Venedig günstige Kräftegleichgewicht in Oberitalien immer wieder aus, sicherten die eben erst gewonnene Terraferma gegen ausländische Aspirationen und ermöglichten sogar erfolgreichen Widerstand gegen die expandierenden Osmanen, deren Schläge Venedig wiederholt trafen.

Osmanen und Portugiesen

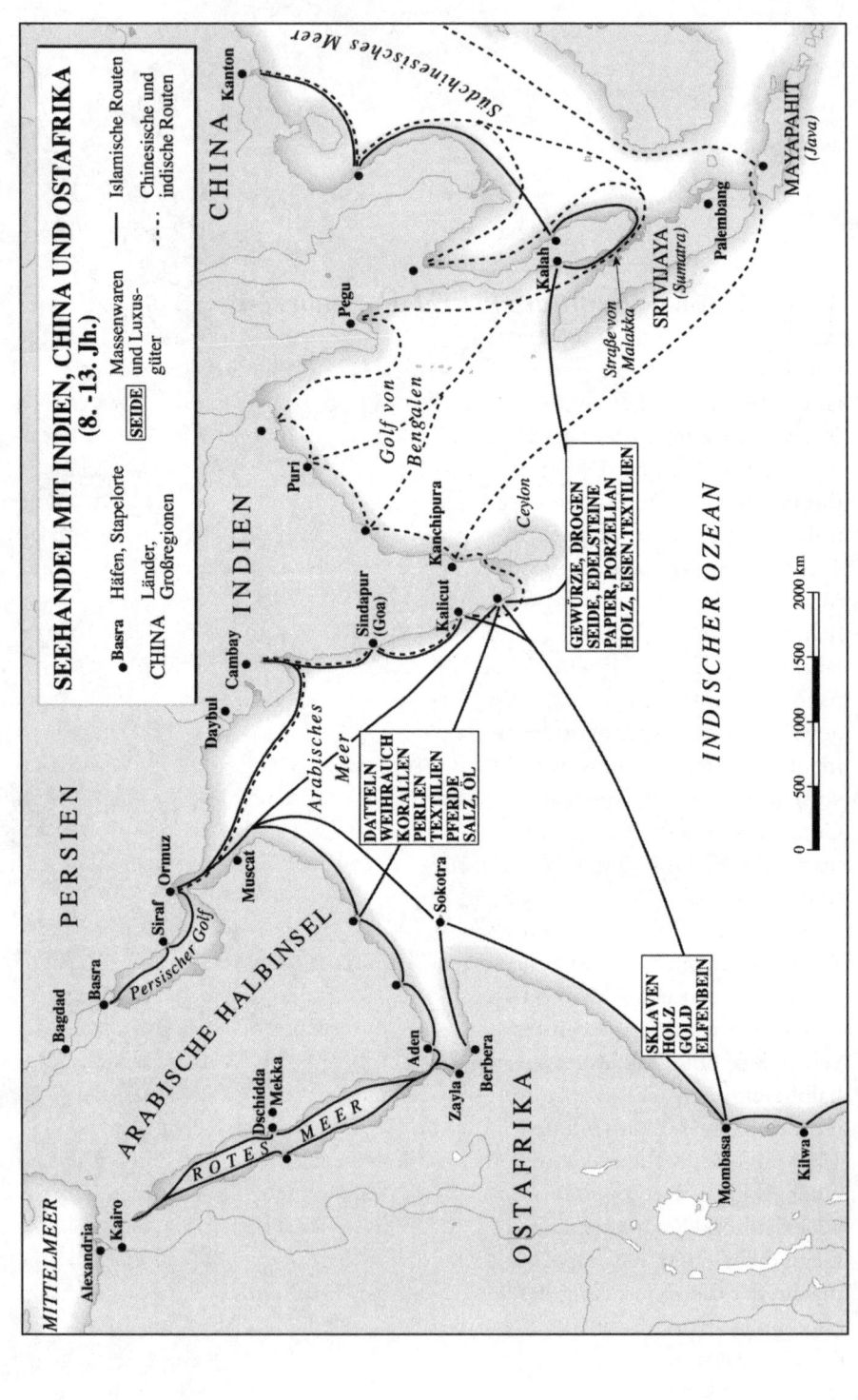

SEEHANDEL MIT INDIEN, CHINA UND OSTAFRIKA
(8.-13. Jh.)

Basra   Häfen, Stapelorte
CHINA   Länder, Großregionen
SEIDE   Massenwaren und Luxusgüter

— Islamische Routen
···· Chinesische und indische Routen

Das 15. Jahrhundert war für Venedig eine Zeit großer Erfolge. Es war aber auch eine Phase expandierender Territorialstaaten und Großreiche wie Frankreich, deren potenzielle Stärke von der Signoria möglicherweise lange Zeit übersehen wurde. Noch bevor man die eventuellen negativen Konsequenzen der spektakulären iberischen Entdeckungsfahrten seit 1492 in der Lagunenstadt zu diskutieren begann, drohten plötzlich Konfrontationen mit den mächtigen Königen von Aragón und Frankreich. Auch Kaiser Maximilian plante, trotz knapper Ressourcen, von Österreich aus Vorstöße nach Oberitalien. Am beunruhigendsten wirkte aber der Aufstieg des Osmanischen Reiches, das sich im östlichen Mittelmeer und am Balkan zu einem nahezu übermächtigen Gegner entwickelte. Die Türken hatten schon im 14. Jahrhundert Teile Griechenlands und Kleinasiens gewonnen, sie drangen nach 1400 unaufhaltsam vor. Zunächst von der selbstbewussten Serenissima gewaltig unterschätzt: Mit der Seefahrt unvertraute Landratten würden doch nicht die maritime Supermacht herausfordern können. Noch im Jahre 1466 versicherte ein in Konstantinopel sesshafter venezianischer Kaufmann dem Generalkapitän der Flotte Venedigs, den Türken wäre bewusst, dass sie vier bis fünf ihrer Kriegsschiffe einsetzen müssten, um nur eine leichte Galeere der Markusrepublik erfolgreich anzugreifen.[1]

Als es zwischen 1416 und 1430 zu ersten kriegerischen Auseinandersetzungen kam, glich die venezianische Flottenstärke das türkische Übergewicht zu Lande aus, der Verlust von Saloniki ließ sich aber dadurch nicht vermeiden. Ob eine energische Intervention Venedigs den Fall von Konstantinopel verhindert oder hinausgezögert hätte, ist unklar. Die Hilfe blieb jedenfalls halbherzig, kam viel zu spät und sollte Handelsverträgen mit den neuen Herren der riesigen Stadt offenbar nicht im Wege stehen. Tatsächlich kam schon 1454 ein entsprechender Ausgleich mit dem Sultan zustande. Gegen Zahlung einer Abgabe von zwei Prozent auf alle geschäftlichen Aktivitäten durften venezianische Kaufleute ungestört im Osmanischen Reich Handel treiben.[2] Gegenüber einer vorrangig an Landgewinn orientierten islamischen Großmacht, der die Zerstörung des venezianischen Handelsnetzes mehr geschadet als genützt hätte – schließlich war der Sultan bei Geschäften mit Westeuropa auf kompetente Vermittler angewiesen –, gab es wenig Anlass, kriegerische Auseinandersetzungen taktierenden Verhandlungen vorzuziehen. Selbst nach fürchterlichen Zusammenstößen, wie sie die Fortsetzung der osmanischen Expansion seit der zweiten Hälfte des 15. Jahrhunderts unvermeidlich machte, kehrte man sehr rasch an den Verhandlungstisch und zur ›friedlichen Koexistenz‹ zurück. Es wäre natürlich Unsinn, die türkische Expansion umstandslos als nebensächlich oder gar vorteilhaft für Venedig zu interpretieren. Man sollte aber nicht übersehen, dass die Osmanen im 15. Jahrhundert an Landeroberungen und Tributen in Form von Geld oder Sklaven, keinesfalls aber an der Zerstörung des venezianischen Handels interessiert waren. Allerdings wurden höhere Hafengebühren und die Förderung südeuropäischer Konkurrenten von Venedig als Provokation empfunden.[3]

Zum ersten großen türkisch-venezianischen Konflikt kam es in den Jahren 1463 bis 1470, nachdem der Sultan die Abgaben für Venedigs Kaufleute auf fünf Prozent erhöht, den Florentinern Privilegien eingeräumt und Argos im Handstreich erobert hatte. Venedig begann den Krieg am Höhepunkt militärischer Macht, mit einer jahrzehntelang meist siegreichen Armee, der stärksten Flotte der Welt, einer gefüllten Staatskasse, verbündet mit den Herrschern Ungarns, Albaniens und Persiens. Es musste aber bald erkennen, dass die überlegene osmanische Landmacht nun durch eine Flotte verstärkt wurde, die zumindest zahlenmäßig mit den eigenen Verbänden gleichgezogen hatte. Die Folge war der Verlust der Kornkammer Negroponte im Jahre 1470, den man neun Jahre später endgültig anerkannte. Trotz größter Anstrengungen und vieler venezianischer Teilerfolge zur See schlossen die Türken 1479 als Sieger Frieden. Venedigs Niederlage wurde allerdings durch die Erwerbung der wertvollen Insel Zypern sowie durch das unverändert große osmanische Interesse an intensiven Handelsbeziehungen gemildert.[4]

Obwohl Venedig den Großteil seiner Kolonien behielt und sein Handelssystem intakt blieb, interpretieren manche Autoren die misslungene Offensive gegen das Osmanische Reich bereits als Ende der Großmachtstellung. Diese Bewertung unterschätzt offensichtlich die Reserven der Markusrepublik, die in den folgenden Jahrzehnten noch mehrmals ein gewaltiges militärisches Potenzial zur Behauptung ihrer Position entfaltete, ehe sie ab 1516 die Überlegenheit der großen Nationalstaaten und Weltreiche, der so genannten »gunpowder empires« zur Kenntnis nehmen musste. Davon war man 1479 aber noch weit entfernt.[5]

Weder der Fall von Konstantinopel noch direkte kriegerische Auseinandersetzungen hatten Venedigs Handel mit dem osmanischen Hoheitsgebiet dauerhaft unterbrochen. Dennoch gefährdete die osmanische Expansion seit dem letzten Viertel des 15. Jahrhunderts zunehmend Venedigs Flottendominanz und Kolonialsystem im östlichen Mittelmeer. Sie leitete auch den allmählichen Niedergang des blühenden Handels mit den Stapelplätzen am Schwarzen Meer ein. Langfristig bewirkte die türkische Kontrolle der Dardanellen sogar den Verlust aller venezianischen und genuesischen Positionen im Gebiet des Schwarzen Meeres.

Zu einer noch gravierenderen Zäsur wurde der neuerliche Krieg von 1499 bis 1503. Die türkische Flotte hatte den venezianischen Vorsprung zur See bereits aufgeholt, verfügte über ähnliche Schiffstypen und setzte überlegene Artillerie ein. Dies fiel umso mehr ins Gewicht, als der Schiffsbau Venedigs eine schwere Krise durchlief, die möglicherweise durch das steigende Engagement auf der Terraferma mitverursacht war.[6] Der Friedensschluss, in dem Venedig mit den Stützpunkten Modon und Koron an der Südspitze des Peloponnes den letzten Besitz am griechischen Festland abtrat, ermöglichte die sofortige Wiederherstellung guter Handelsbeziehungen. Warenstruktur sowie Gewinnaussichten begannen sich aber zu wandeln: Die Venezianer verloren das einträgliche Geschäft mit Sklaven, Wein und Pelzen. Nun tauschten sie westliche Manufakturwaren gegen Produkte des türkischen Gewerbes und Agrargüter. Der Kauf von Getreide blieb mit Speziallizenzen auf den osmanischen Märkten noch jahrzehntelang möglich, bis die wachsenden Bedürfnisse Konstantinopels, aber auch seuchen- und kriegsbedingte Produktionsengpässe diesen traditionellen Handelszweig nach 1564 weitgehend unterbanden.[7]

Die Haltung der Venezianer den Osmanen gegenüber blieb ambivalent. »Das Dilemma bestand darin, eine diplomatische Balance zu finden, welche die osmanische Macht einschränkte, ohne sie lahmzulegen.«[8] Einerseits fürchtete man zu Recht die wachsenden türkischen Ambitionen im Mittelmeer, andererseits galten sie als mögliche Alliierte gegen die Portugiesen. 1503, im Jahr des Friedens zwischen Serenissima und Hoher Pforte, kehrten erstmals portugiesische Schiffe – vollgeladen mit Gewürzen – aus Indien zurück.

»Venedig kann ohne das Osmanische Reich nicht leben wie das Osmanische Reich nicht ohne Venedig, denn über die Lagunenstadt beziehen die Türken die dringend benötigten Artillerie- und Schiffsmodelle, die Fachleute und das Silber aus dem Abendland. Venedig und das Osmanische Reich – eine typische Verkörperung eines in der Geschichte immer wiederkehrenden absurden, fest verheirateten ›komplementären feindlichen Paares‹.«[9]

Bis 1500 hatten die Türken ihre Flotte hauptsächlich zur Unterstützung von Heeresoperationen benötigt. In den nächsten Jahren begannen sie jedoch, ihre Seestreitkräfte weiter auszubauen und regelmäßig im östlichen Mittelmeer einzusetzen. Nach der Eroberung von Syrien, Ägypten, Rhodos und schließlich Algier war bis 1530 eine Seemacht entstanden, der Venedig allein nicht mehr gewachsen war. Lediglich Spanien und die Habsburger waren künftig in der Lage, mit Hilfe Venedigs Flotten aufzustellen, deren Größe und Qualität dem türkischen Aufgebot gleichkam. Dort spielten Venedigs Kriegsschiffe eine wichtige Rolle, insbesondere in den großen Seeschlachten von Prevesa und Lepanto.[10] Im zähen Ringen gegen die Osmanen erzielte die Markusrepublik mit ihrer Marine so manchen Erfolg. An eine Rückgewinnung der Vormacht im Mittelmeer war jedoch nicht zu denken und der prekäre Bündnispartner Spanien verfolgte mit seinen Anstrengungen zur See natürlich andere Ziele, als Venedig wieder zur Flottenhegemonie zu verhelfen. Unter solchen Umständen mussten ungestörter Levantehandel und sichere Getreidelieferungen mehrmals durch Abtretung von altem Kolonialbesitz beziehungsweise durch Tributzahlungen erkauft werden. Sogar der vielbejubelte, politisch aber nahezu folgenlose Sieg der vereinigten christlichen Flotte bei Lepanto 1571 konnte weder den Verlust Zyperns verhindern noch die Position des Sultans, der bereits 1569 Tunis erobert hatte, in Nordafrika erschüttern. Bezeichnend der Kommentar des türkischen Herrschers gegenüber Venedigs Gesandten: »Ihr habt uns mit der Zerstörung unserer Flotte ein Barthaar ausgerissen, wir nehmen euch mit Zypern einen Arm.«[11] Treffender kann nicht deutlich gemacht werden, wie schwierig die Lage im Ensemble der Großmächte geworden war.

Ohne verlässliche, dauerhafte Verbündete führte die Markusrepublik bis ins späte 17. Jahrhundert einen zähen Kampf um politische Autonomie, ökonomische Stärke und die Reste des Kolonialreiches – der erst aussichtslos wurde, als der Höhepunkt türkischer Macht längst überschritten war. Die osmanische Expansion hat Venedigs Großmachtposition untergraben, lukrative Geschäftszweige vernichtet, schließlich auch das Kolonialreich zerstört. Die Hauptursache für den um das Jahr 1500 beginnenden Verlust der venezianischen Vormachtstellung waren aber nicht türkische Kriegserfolge und Handelshindernisse, sondern die von der iberischen Expansion eingeleiteten Verschiebungen in Weltwirtschaft und Weltsystem. Venedigs Kaufleute waren noch im frühen 17. Jahrhundert in Izmir wohlgelitten, gerieten aber gegenüber der westeuropäischen, kommerztechnisch moderneren Konkurrenz allmählich ins Hintertreffen. Das Vordringen der Türken in die Levante hat sogar maßgeblich zum Fortbestand beziehungsweise Wiederaufleben des Gewürzhandels in der Zeit portugiesischer Monopolbestrebungen auf der Kaproute beigetragen. Nicht zuletzt wegen des reibungslosen Zusammenspiels mit den mitteleuropäischen Absatzmärkten.[12] Im Übrigen waren es später weder Istanbul, Sevilla noch Lissabon, die Venedigs Platz in der Weltwirtschaft eroberten, sondern das nordwesteuropäische Handelszentrum Antwerpen. Und ironischerweise Genua, Venedigs politisch längst entmachtete Konkurrentin. Im Unterschied zu Venedig stellten Antwerpen und Genua am Höhepunkt ihrer ökonomischen Bedeutung aber keine machtpolitischen Faktoren dar. Sieht man von den doch wesentlich anders strukturierten Niederlanden im 17. Jahrhundert ab, so war die Markusrepublik der letzte Stadtstaat, der den aufstrebenden Nationalstaaten erfolgreich Widerstand leisten konnte.

Venedigs wirtschaftliche und politische Vormachtstellung hatte im 15. Jahrhundert nicht nur zur jahrzehntelangen Unterschätzung des Aufstiegs der Osmanen geführt. Sie erklärt auch das im Vergleich zu Genua auffällige Desinteresse an der atlantischen Expansion. Als im Juli 1501 jedoch aus den Gerüchten Gewissheit wurde, dass Vasco da Gama den Seeweg nach Indien gefunden hatte, war dies ein schwerer Schlag für die seit zwei Jahren im Krieg mit der Türkei stehende Markusrepublik: Eine billige Pfefferroute schien entdeckt, der Zwischenhandel Venedigs ausgeschaltet. Viele Venezianer dürften damals wie der Chronist Girolami Priuli, ein Anhänger der dem Engagement auf dem oberitalienischen Festland abgeneigten »See-Partei«, das Ende von ökonomischer Prosperität und politischer Macht befürchtet haben:

>»Ob auch viele sich die Sorgen von der Seele reden und nicht sehen wollen, was da kommt, so bedeutet doch diese Nachricht mehr als der ganze Türkenkrieg und ist die schlimmste, die man nach dem Verlust der Freiheit selbst hören kann und aller Krieg und Mühsal sind ein Spiel dagegen. Denn wie ein Kind nicht ohne Milch, so kann unsere Stadt nicht ohne Handel sein«[13]

Priuli vermutete, dass zahlungskräftige Europäer künftig den Pfeffer in Lissabon beziehen würden und prophezeite den Ruin der hinsichtlich der Kaproute ungünstig gelegenen Adriametropole. Tatsächlich begannen im Herbst 1501 die Pfefferpreise auf dem venezianischen Markt zu steigen, in den folgenden Jahren kamen immer weniger Schiffe von Indien zum Roten Meer. Als seit 1503 größere Gewürzmengen Portugal erreichten, schrumpfte Venedigs Gewürzhandel auf weniger als ein Drittel. Im Jahre 1504 fanden die Galeeren in Alexandria und Beirut überhaupt keinen Pfeffer mehr vor.[14] Um die traditionellen Märkte nicht völlig zu verlieren, verkauften venezianische Kaufleute bisweilen ohne jeden Gewinn. Dies war aber noch nicht alles: Während Venezianer und Mamluken infolge der portugiesischen Konkurrenz über die Pfefferpreise in Streit gerieten, konnten Kaufleute aus Dalmatien, Südfrankreich und Katalonien ihren Anteil am Levantehandel vergrößern. Gleichzeitig ermöglichte die türkische Kontrolle des Schwarzen Meeres osmanischen, polnischen und russischen Kaufleuten orientalische Produkte direkt zu importieren.[15]

Um 1505 schien Venedigs Pfefferhandel mit Asien ernsthaft bedroht. Allerdings versiegte das Angebot auf den Märkten Ägyptens und Syriens keineswegs völlig. Im Unterschied zu früher wechselten aber nun gute und schlechte Jahre in rascher Folge. Nur in den guten Jahren gelangten auf der Karawanenroute so große Pfeffermengen in den Nahen Osten, dass nicht nur die Eigenversorgung der islamischen Länder gesichert, sondern auch die Nachfrage der südeuropäischen Kaufleute befriedigt wurde.[16] Die meisten anderen asiatischen Gewürze und Drogen sollen auch weiterhin, trotz des portugiesischen Vorstoßes in Richtung des Indischen Ozeans, in ausreichender Quantität in die Levante und weiter nach Venedig gekommen sein. Möglicherweise traf die Eröffnung der Kaproute vorrangig das venezianische Pfeffergeschäft, während der Handel mit anderen Gewürzen lediglich etwas eingeschränkt wurde oder überhaupt ungebrochen florierte. Die Levantekarawanen und die »Carreira da India« – Portugals Kapflotte – verfrachteten zusammen maximal ein Viertel der Gewürze der südostasieatischen Inselwelt, während der Löwenanteil aber immer noch nach China und Indien, die wirklich bedeutenden Absatzmärkte, ging.[17] Die unbestrittene Vorherrschaft der Serenissima auf Europas Märkten war aufgrund der portugiesischen Erfolge innerhalb weniger Jahre zusammengebrochen. Das Ende des profitablen venezianischen Gewürzhandels war dies aber noch lange nicht.

Für Zeitgenossen waren die anfänglich stark überschätzten Probleme Venedigs das direkte Resultat der portugiesischen Erfolge auf der Kaproute. In Wahrheit lagen die Gründe der Krise tiefer und waren vielfältiger Natur. »Die Krise wurde nicht durch die Fahrten der Portugiesen ausgelöst – sie ging diesen voran.«[18] Schon vor der Jahrhundertwende hatten mehrere Bankzusammenbrüche erkennen lassen, dass Venedig parallel zum Mamlukenreich in finanzielle Probleme geraten war. Die Ursachen: Der vorübergehend unzureichende Goldnachschub durch die Saharakarawanen, das bereits vor der Fahrt Vasco da Gamas sinkende Pfefferangebot auf Ägyptens und Syriens Märkten – ein Ergebnis des Machtverfalls der Mamlukensultane und der daraus erwachsenden gesellschaftlichen Instabilität ihres Reiches – sowie die damit zusammenhängende Reduktion des Silberzuflusses aus dem deutschen Raum. Dazu kamen seit 1499 die Belastungen des türkischen Krieges. Bezeichnenderweise transportierten Venedigs Galeeren bereits weniger Gewürze nach Flandern, bevor Portugals Karavellen die Belieferung Antwerpens überhaupt aufgenommen hatten. Die Etablierung der Kaproute und das portugiesische Vorgehen gegen den arabischen Handel im Roten Meer erfolgten somit zu einem Zeitpunkt großer Schwierigkeiten der Markusrepublik und trafen dadurch das Levantegeschäft besonders hart: Aus der Krise wurde eine längere Depression.[19]

Wie ernst die portugiesische Konkurrenz nun in Venedig genommen wurde, zeigt sich an der Fülle von Gegenmaßnahmen: Die Signoria richtete einen eigenen Rat für Fragen des Pfefferhandels ein, der zunächst vergeblich einen Ausgleich mit Lissabon suchte, in weiterer Folge auf verstärkte Zusammenarbeit mit dem Mamlukensultan drängte, sogar die Erbauung eines Kanals zwischen Rotem Meer und Mittelmeer bei Suez erwog.[20] Vermutlich mit heimlicher venezianischer Unterstützung griff der Sultan tatsächlich Portugal im Indischen Ozean an. Sein Engagement endete 1509 nach Anfangserfolgen in einer Niederlage.21 Um die Position im Machtspiel mit Mamluken, Osmanen und Portugiesen zu stärken, knüpften Venedigs Diplomaten auch Kontakte zu Persien. Dessen Herrscher Ismail galt nach fulminanten Siegen gegen die Osmanen als potenzieller Alliierter Europas, ja sogar als heldenhafter Freund des Christentums hochgejubelt. Er ging bereitwillig auf Verhandlungen ein: Venedig wollte Unterstützung bei der Sicherung von Handelsrouten, Ismail erwartete sich Hilfe beim Aufbau seiner Artillerie. In einem Brief an den Dogen schlug er gemeinsame militärische Aktionen gegen die Osmanen vor und bat, »einen exzellenten Bombardier, einen meisterlichen Handwerker«[22] zu entsenden. Der Markusrepublik wurde jedoch die Sache zu heiß, hätte man mit solch einem Bündnis Mamluken und Osmanen gleichermaßen vor den Kopf gestoßen. Mit Hinweis auf den Krieg gegen die Liga von Cambrai, von der später noch die Rede sein soll, winkte die Serenissima ab. Kairo erfuhr durch Abfangen der diplomatischen Post von den Geheimverhandlungen und reagierte mit Repressalien. Die venezianischen Konsuln von Damaskus und Alexandrien wurden wegen Verschwörung sogar ins Gefängnis geworfen. Erst 1511 sollte sich das Verhältnis wieder entkrampfen.[23]

Venedig war trotz aller Probleme bald wieder zur führenden westlichen Handelsnation in der Levante geworden, die Gewürzimporte betrugen aber vorübergehend nur mehr ein Viertel des alten Volumens, vor allem weil Pfeffer eine Rarität geworden war. Als auch eine weitgehende Liberalisierung und Steuerbegünstigung des bisher streng reglementierten Gewürzhandels keine Besserung der Situation bewirkte, schickte der Senat 1521 sogar Galeeren nach Lissabon, um dort mit Erlaubnis des portugiesischen Königs den für den mitteleuropäischen Markt notwendigen Pfeffer einzukaufen. Die Kaufleute empfanden aber die Großhandelspreise als zu hoch:

Der Senat setzte weiterhin auf die traditionellen Geschäftsverbindungen zur Levante.[24]

Die langfristigen Folgen des portugiesischen Vorstoßes nach Indien trugen, parallel zum Erstarken des Osmanischen Reiches und zum allmählich einsetzenden Aufstieg Nordwesteuropas, maßgeblich zum Verlust der Vormachtposition Venedigs im Weltsystem bei. Sie lösten vorübergehend auch tiefe Betroffenheit bei der Handelsoligarchie der Adriametropole aus, die zum Teil auf die portugiesische Herausforderung lediglich durch Verdrängung der Realität reagiert hatte.[25] Das Ende politischer und ökonomischer Stärke der Markusrepublik stand aber, entgegen der Meinung vieler zeitgenössischer Beobachter, keineswegs unmittelbar bevor. Die militärische Behauptung gegen die Liga von Cambrai, der fortgesetzte Widerstand gegen die Türken, der Aufstieg neuer Wirtschaftszweige seit Beginn des 16. Jahrhunderts und schließlich die Rückgewinnung verlorenen Terrains im Gewürzhandel belegen eindrucksvoll das Fortleben ökonomischer Vitalität und politischer Abwehrkraft. Für manche Geschäftsbereiche, beispielsweise für den privaten Schiffsbau und den Handel mit Massengütern, brachten die Jahre nach 1500 sogar eine ausgesprochene Hochkonjunktur, die mit den Einkünften aus der Terraferma die Verluste in traditionellen Sektoren wenigstens teilweise ausglich.

>>Die Jahre der Blüte privater Schiffsbauer ... waren genau jene Jahre, in denen sich die Entdeckung der Route nach Indien um das Kap der Guten Hoffnung auf den venezianischen Levantehandel auswirkte. Aber die Entdeckung betraf nur die Fracht der Galeeren, nicht jene der Rundschiffe. Möglicherweise bedeutete die Erschließung neuer Wege nach Ost- und Westindien eine entscheidende Hilfe für Venedigs private Schiffsbauer. Portugiesische und spanische Schiffe waren ja in das Mittelmeer eingedrungen und hatten den Venezianern Fracht streitig gemacht. Daher, aus der Sicht eines Großteils der Handelsmarine Venedigs, waren die Jahre nach den großen Entdeckungen Jahre der Expansion.<< [26]

Im Unterschied zum portugiesischen Ostindienhandel, dessen Hauptaufgabe es war, die europäische Nachfrage durch den Import von Luxusgütern zu befriedigen, basierten Venedigs Geschäfte in der Levante auf einer etwas größeren Austauschmöglichkeit von Gütern. Die Serenissima hatte viel mehr als Gold und Silber anzubieten: Kupfer, das von Mitteleuropa aus über Venedig ostwärts gesendet wurde und den Reichtum der Fugger begründete, Korallen von der tunesischen Küste, an deren Handel auch Kaufleute aus Marseille zunehmend beteiligt waren. Auch Drogen und vor allem Textilien besaßen im Güterstrom zwischen Südostasien und den Mittelmeerländern seit dem Spätmittelalter erhebliche Bedeutung. Diese spezifische Austauschstruktur trug zweifellos dazu bei, dass der Karawanenhandel nicht zum Erliegen kam, als die Portugiesen, deren Palette von Exportgütern für Asiens Märkte weniger vielfältig war, den Gewürztransport auf die Kaproute umzulenken trachteten.[27]

Im Überlandverkehr konnte Venedig relativ rasch viele Positionen wiedergewinnen. Waren manche nordwesteuropäische Märkte auch unwiederbringlich verloren, so erwiesen sich die Hoffnungen der Signoria auf neuerliche Belebung des levantinischen Gewürzhandels doch als wohl begründet. Der Einfluss der Portugiesen auf den Gewürzhandel war langfristig etwas schwächer, als man im Licht ihrer ersten Erfolge vermutet hatte. Schon in den 30er-Jahren dürfte der Karawanenhandel wieder floriert haben, was vor allem den islamischen Ländern des Nahen Ostens, in eingeschränktem Maß aber auch den venezianischen Einkäufern zugute kam: Lyon bezog 1525 bis 1527 mehr als die Hälfte der Gewürze aus der Levante, die Fugger lieferten mehr Kupfer als je zuvor über Venedig und selbst auf dem Antwerpener Markt erkämpfte Levantepfeffer eine wichtige Position.[28]

Portugals Anstrengungen für ein weitgehendes Monopol im Indienhandel waren zu diesem Zeitpunkt bereits aussichtslos. Überdies hatten asiatische Seeleute längst eine direkte Verbindung von Indonesien zum Roten Meer unter Umgehung der portugiesischen Stützpunkte etabliert. Spätestens ab der Jahrhundertmitte hatte der Levantehandel seine Position gegenüber Portugals Kaproute wieder gefestigt, wovon neben Venedig insbesondere Ragusa/Dubrovnik sowie Marseille und – in letzter Instanz – sogar die portugiesischen Mauteinheber in Ormuz profitierten.[29] In den 60er-Jahren erreichten die Sendungen über die Levante einen ähnlichen, vielleicht sogar größeren Umfang als vor Entdeckung des Seeweges. Freilich bleibt ungeklärt, wie viele Lieferungen ins christliche Europa gelangten und welchen Anteil die islamischen Märkte Westasiens absorbierten. Im Jahr 1566 übertrafen sie nach portugiesischen Berechnungen jene der Kaproute um das Doppelte. Bei einer gesamteuropäischen Nachfrage von maximal 2000 t Pfeffer, soll Venedig allein über das Rote Meer jährlich bis zu 600 t Gewürze mit einem hohen Anteil an Pfeffer importiert haben. Unter solchen Umständen gab Portugal schließlich alle Versuche auf, das Rote Meer zu blockieren.[30]

Die Jahrzehnte nach 1570 brachten für Venedig wiederholt Rückschläge im Levantegeschäft. Es konnte auch nicht überall dort profitieren, wo Lissabon Verluste erlitt. Von einem bis zur Gründung der nordwesteuropäischen Ostindienkompanien anhaltenden, ungebrochenen Aufschwung des venezianischen Gewürzhandels auf Kosten Lissabons kann daher ebenso wenig die

Rede sein, wie von einer ungefährdeten Dominanz der portugiesischen Kaproute.[31] Zweifellos war aber einer der wichtigsten Erwerbszweige der venezianischen Fernhändler zumindest teilweise behauptet und die portugiesische Herausforderung mit großen Anstrengungen abgewehrt worden. Daran sollte sich auch nach der Angliederung Portugals an das Spanische Weltreich nichts Wesentliches ändern. Philipp II. bot 1584 sogar den Venezianern an, ihnen alljährlich den gesamten durch Lissabon eingeführten Pfeffer zu verkaufen. Die Probleme der portugiesischen Indienroute waren unübersehbar und bewirkten nach 1590 ein rasches Absinken der Pfefferimporte nach Lissabon, während Venedigs Einfuhren aus Asien ein letztes Mal anstiegen. Und das, obwohl viele Waren, die durch das Rote Meer oder den Persischen Golf transportiert wurden, nicht bis ins Mittelmeer gelangten. Als wenig später die Holländer zu Asiens Gewürzmärkten vorstießen, brach auch der jahrhundertelang gut funktionierende Karawanenhandel zwischen Asien und Europa, und damit Venedigs einträgliche Mittlerfunktion, allmählich zusammen.[32]

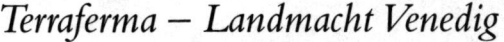

Terraferma – Landmacht Venedig

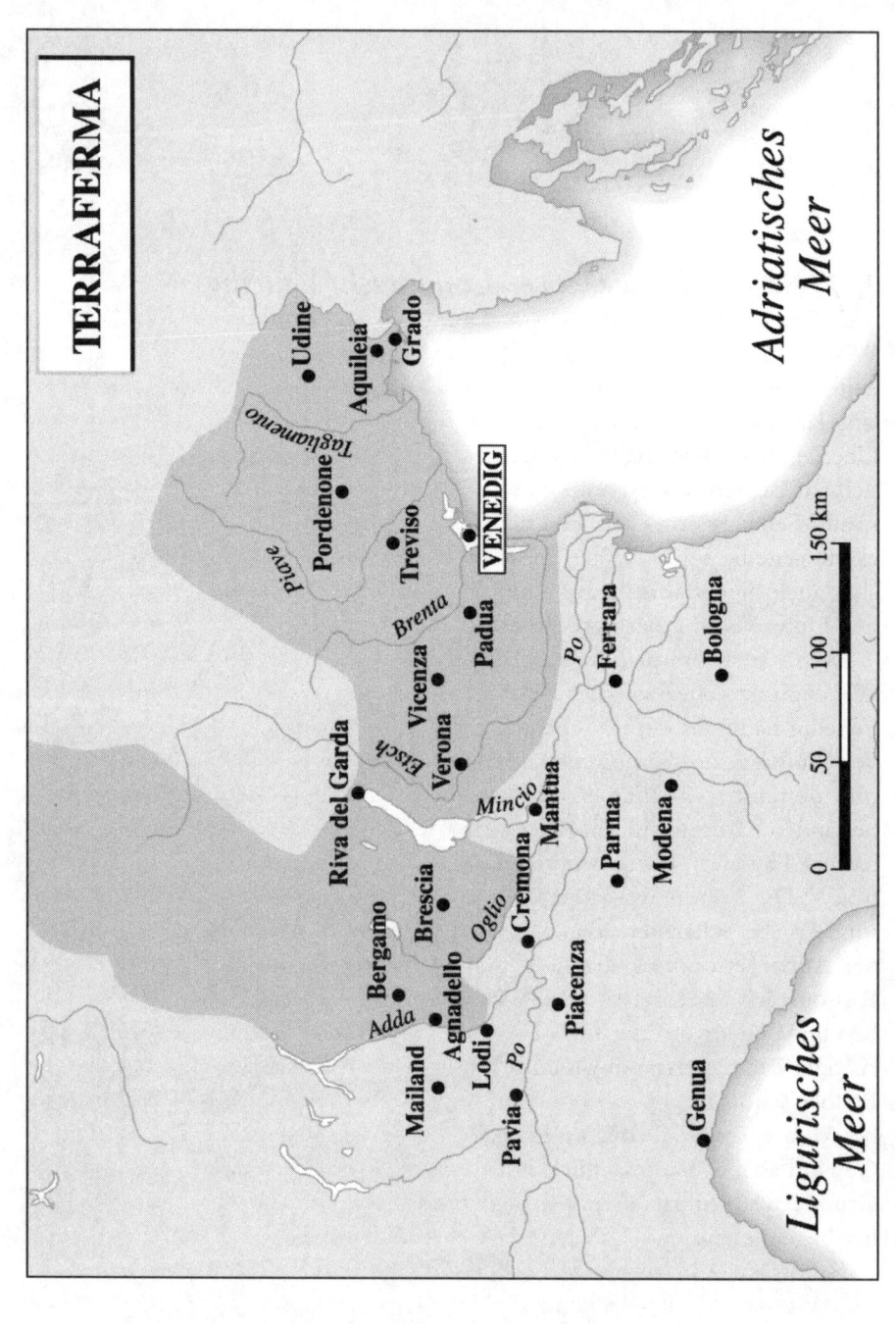

V enedigs Aufstieg hatte sich ohne große italienische Landbasis vollzogen. Erst nach 1400 wurde das Kolonialreich im Osten durch Territorien im Westen, auf dem nahe gelegenen Festland, ergänzt. Angesichts der Fruchtbarkeit des Veneto und der Romagna eine erstaunliche Tatsache: Jahrhundertelang lagen die Levante, das Nildelta oder die Ägäis der Serenissima in ichren Überlegungen weit näher als die Po-Ebene. Venedigs Energie konzentrierte sich auf Gebiete, die man im günstigsten Fall nach drei oder vier Wochen riskanter Seefahrt erreichte. In einer Kolonie und nicht im Hinterland entwickelte Venedig seine eigene, gezähmte Form des Feudalismus. Vielleicht war aber auch die Erfahrung auf Kreta bei der genau 200 Jahre später begonnenen Unterwerfung des nordostitalienischen Festlandes durchaus hilfreich.

Wenn auch die planmäßige Eroberung der Terraferma tatsächlich einen Wendepunkt venezianischer Geschichte darstellt, wäre die Annahme verfehlt, Venedig hätte aus dem Nichts das nahe gelegene Festland unterworfen und den Aufstieg zur Kontinentalmacht geschafft. Trotz der handelspolitischen und flottenstrategischen Konzentration auf den östlichen Mittelmeerraum bestanden naturgemäß seit jeher auch vielfältige Verbindungen zum benachbarten Festland: Eine »unverzichtbare Ergänzung zur maritimen Berufung.«[1] Die Lagune war keine Grenze zwischen zwei gegensätzlichen Welten, sondern ihr Scharnier. Man könnte sie als das traditionelle *contado aquatico* der Adriametropole betrachten, die nicht nur Schutz bot, sondern auch Ressourcen – Menschen und Nahrungsmittel – lieferte.[2] Häufig waren die Klöster Venedigs auf der Terraferma aktiv: San Giorgio Maggiore, San Zaccaria oder San Cipriano di Murano. Und natürlich die Patrizier: So besaßen die Badoer schon im 13. Jahrhundert Weingärten, Wiesen, Mühlen und Häuser bei Mestre, Treviso, Padua und Ferrara. Die Landgüter warfen durchaus guten Gewinn ab, der hauptsächlich in den Handel investiert wurde. Der forcierte Grunderwerb führte allerdings bald zu heftigen Diskussionen. Viele Venezianer begegneten dem »Urbarmachungs- und Baufieber« mit Skepsis.[3]

Schon im 14. Jahrhundert gab es Bemühungen, Friaul und Veneto als Einflusszone zu sichern, und die Handelswege nach Mitteleuropa durch Territorialerwerb zu schützen. Um 1340 wurden Treviso und Conegliano annektiert: Venedig reagierte damit auf die Expansion der Scaligeri, die ihren Machtbereich von Lucca bis an die Alpen ausgedehnt hatten. Aber erst 1404 begann die planmäßige Eroberung kompakten und ausgedehnten Landbesitzes. In Allianz mit den mailändischen Visconti ging Venedig mit äußerster Härte gegen die Familie der Carrara vor. Anders als bei den Scaligeri, deren Andenken Venedig zur Legitimation eigener Herrschaft pflegte, wurden die Carrara im wahrsten Sinn des Wortes vernichtet: Nicht nur physisch – auch alle Spuren ihres Wirkens wurden getilgt.[4] Wohl nicht zuletzt wegen dieser Demonstration radikaler Brutalität unterstellten sich bis 1406 Vicenza, Feltre, Verona, Padua und Rovigo der Serenissima. Einer *città suddita*5 wurden traditionelle Rechte bei Steuereinhebung und Verwaltung gelassen, sie hatte allerdings die Herrschaft eines dem venezianischen Patriziat entstammenden Podestà, eventuell auch eines Capitano, zu akzeptieren. Die Terraferma-Städte wurden also differenziert behandelt, daraus ergab sich »ein Mosaik verschiedener Rechtssysteme.«[6] Davon profitierte auch das 1419 unterworfene Friaul, dessen Adel sich weiterhin feudaler Privilegien erfreuen durfte.

Nach der Ausschaltung der Scaligeri und Carrara blieb noch ein ernst zu nehmender Rivale: Mailand. Das venezianische Patriziat war gespalten. Wie sollte man gegen die begehrlich Richtung Toskana, Ligurien und Romagna blickenden Visconti vorgehen? Die Uneinigkeit der Entscheidungsträger zeigt sich am Beispiel des Dogen Tommaso Mocenigo und dessen potenziellem Nachfolger Francesco Foscari. In seiner berühmten Rede des Jahres 1423 pries das Staatsoberhaupt den durch kluge Politik und Fernhandel erworbenen Reichtum Venedigs, er warnte eindringlich vor einer Umorientierung der Markusrepublik. Noch mehr warnte er vor Foscari, einem vehementen Befürworter des Krieges mit Mailand. Vergeblich. Der Hardliner wurde zum Dogen gewählt, verbündete sich mit Florenz und stürzte sich in die offene Konfrontation. Der Konflikt, in dessen Strudel auch der Kirchenstaat auf Seiten Venedigs und das unter aragonesischer Herrschaft stehende Königreich Neapel auf Seiten Mailands hineingezogen wurden, sollte 30 Jahre dauern. Obwohl die Serenissima zur Verteidigung ihrer Kolonien im Osten jedes Schiff gebraucht hätte, setzte sie einen Teil der Flotte auf dem Po ein, das Arsenal baute spezielle artilleriebestückte Galeonen für den Kampf auf Flüssen. Mit besonderer Vehemenz tobte der Krieg auf dem Gardasee: Die Venezianer transportierten mit gigantischen Ochsenzügen mehr als 30 Schiffe von Rovereto an das Nordufer – auf einer über Gebirgsland führenden Strecke von 27 Kilometern. Dort erlitten sie zunächst eine Niederlage, ehe sie sich nach Heranführen von Verstärkung durchsetzten.[7]

»Fünfhundert Jahre früher hatten die Flüsse des italienischen Festlands die venezianischen Kaufleute angezogen. Dann hatten sie sich dem Meer und dem Osten zugewandt. Jetzt, im fünfzehnten Jahrhundert, kehrten sie zum Festland zurück, aber nicht als Flussschiffer, die Salz und Stoffe aus dem Osten verhökerten, sondern als Herren über Flotten und Armeen.«[8]

Venedigs Landtruppen bestanden hauptsächlich aus angemieteten Söldnern, geführt von *condottieri*.[9] Spezialisten, deren Kampfkraft und Professionalität außer Frage stand, was man von ihrer Loyalität nicht immer behaupten konnte. Gut gefüllte gegnerische Kriegskassen ließen so manchen Söldnerführer rasch die Seiten wechseln. Venedig schien jedoch mit den Condottieri meistens gute Erfahrungen gemacht zu haben. Vielleicht, weil die auf Machtkontrolle geradezu konditionierten Institutionen für genaue Beobachtung ihrer Mietkrieger sorgten. So konnte man beispielsweise dem äußerst fähigen Kommandanten Carmagnola, der Brescia und Bergamo erobert hatte, Geheimverhandlungen mit den Visconti nachweisen: Er wurde vor dem Dogenpalast hingerichtet. Machiavelli allerdings fällte gerade am Beispiel Venedigs – Bezug nehmend auf das Schicksal Carmagnolas – ein vernichtendes Urteil über den Wert angemieteter Truppen, wobei offensichtlich nur die Nachteile, nicht aber die bei guter Bezahlung und straffer Führung meist stärker ins Gewicht fallenden Vorteile dieses Armeetyps angesprochen sind:

> »Wenn man die Erfolge der Venezianer betrachtet, so bemerkt man, dass ihr Vorgehen sicher und glorreich war, solange sie selbst im Krieg gekämpft haben (dies war der Fall, bevor sie ihre Unternehmungen gegen das Festland richteten); damals schlugen sich ihre Edelleute und das bewaffnete Volk mit außergewöhnlicher Tapferkeit. Als sie aber begannen, auf dem Festland Krieg zu führen, gaben sie diese Tugend auf und folgten den italienischen Kriegsgewohnheiten.«[10]

Das Ende des Konfliktes dürfte einerseits auf die Erschöpfung aller Ressourcen – Geld, Ausrüstung und Menschen – zurückzuführen sein. Andererseits saß auch der Schock über den Fall Konstantinopels tief. Der 1454 unterzeichnete Vertrag von Lodi sollte nicht nur Ruhe ins Land bringen, sondern auch eine christliche Allianz gegen die Osmanen initiieren. Der innere Friede wurde zwar hergestellt, von Einigkeit gegen die Osmanen konnte aber keine Rede sein. Das kostspielige Engagement Venedigs hatte sich aber ausgezahlt: Trotz wachsender Probleme im östlichen Kolonialreich gelang es, die Terraferma bis zum Gardasee auszudehnen und eine dauerhafte Machtbasis in Oberitalien zu sichern. Innerhalb weniger Jahrzehnte war die Stadtrepublik zu einem der größten Territorialstaaten Italiens geworden. Als im Jahre 1454 der Friede von Lodi den Status quo sanktionierte, hatte Venedig die eindeutige Vormacht errungen und stellte künftig eine latente Bedrohung für das politische Gleichgewicht auf der Halbinsel dar. Andererseits schien sich die Dogenrepublik mit dem seit 1454 bestätigten Landbesitz zufrieden zu geben. Man dachte nicht an weitere Eroberungen größeren Stils, was aufgrund der militärischen Stärke durchaus möglich gewesen wäre.[11]

Die Motive für die in der venezianischen Oberschicht jahrzehntelang umstrittene Territorialexpansion waren vielschichtig: Sicherung der Fernhandelswege zwischen Rialto und den Alpenpässen; Aussicht auf zusätzliche Steuereinnahmen; Nahrungsmittellieferungen vom oberitalienischen Festland; Rohstoffe und Arbeitskräfte für die wachsende gewerbliche Produktion in der Lagune. Tatsächlich wurden die Steuern der Terraferma bald zu einem wichtigen Budgetposten. Ebenso kamen immer neue Rohmaterialien in die Stadt: Hanf aus dem Marschland am Po, Eisen und Kupfer aus den Voralpen, Nadelholz von den Dolomiten.[12] Durch die Eroberung ausgedehnter und zum Teil sehr fruchtbarer Landstriche in den oberitalienischen Flussebenen verfügte die Handelsmetropole Venedig künftig auch über einen ansehnlichen Agrarsektor, der nicht nur die Versorgungslage der Stadt absicherte, sondern auch neue Investitionsmöglichkeiten bot und unter Umständen eine erhebliche Ausweitung des Binnenmarktes – eine der unabdingbaren Voraussetzungen für Gewerbewachstum – zuließ.[13]

Die Ergänzung der traditionellen Handelsaktivitäten durch territoriale Expansion führte langfristig einen Mentalitätswandel im venezianischen Stadtadel herbei. Dieser vollzog sich aber langsam, er bedeutete bis in die erste Hälfte des 16. Jahrhunderts keine dramatische Abwendung vom Meer zugunsten eines bequemeren, aristokratischen Landlebens. Gerade die Jahrzehnte vor 1500 waren ja die Zeit der größten Erfolge im Fernhandel und des mediterranen Kolonialsystems. Der dort erzielte Gewinn trug im frühen 16. Jahrhundert immer noch mehr zur Prosperität der Markusrepublik bei als Gewerbe und Landwirtschaft. Er bestimmte weiterhin das Denken und die Aktivitäten der venezianischen Eliten.[14] Allerdings weist Lane wiederholt darauf hin, dass Venedigs Terraferma-Politik letztendlich zulasten des merkantilen Imperiums ging. Die Kämpfe auf dem Festland verschlangen Unsummen, die später bei der Verteidigung der Besitzungen im östlichen Mittelmeer und Schwarzmeergebiet fehlen sollten. Die gewaltigen Anstrengungen zur Eroberung sowie Sicherung des neuen Staatsgebietes lenkten Venedig »davon ab, größtmögliche Anstrengungen zur Erhaltung seiner Stellung unter den Seemächten zu machen.«[15]

Die Umschichtung beträchtlicher Kapitalmengen aus Handelsaktivitäten in den Agrarsektor, die im gesamten 16. Jahrhundert anhielt und nach 1570 sicherlich auch Ausdruck der wachsenden Schwierigkeiten im östlichen Mittelmeer war, bewirkte vorerst weder finanzielle Engpässe im Fernhandel noch die abrupte Verwandlung der venezianischen Patrizier in konservative Aristokraten, die von ihren Festlandbesitzungen lediglich ein risikofreies Einkommen sowie die Freuden des Landlebens erwarteten.[16] Natürlich gab es seit dem Spätmittelalter entsprechende Tendenzen, natürlich wurde diese Einstellung durch portugiesische Handelskonkurrenz und Osmanengefahr verstärkt. Zweifellos übernahmen die Cittadini von den Patriziern immer größere Anteile des Fernhandels, was schließlich zum Auseinanderfallen von kommerziellem und patrizischem Denken führen sollte.[17] Ein wirklich einschneidender Rückzug des Patriziats aus dem Handel erfolgte aber erst nach dem Verlust Zyperns im Jahr 1571 sowie nach einer Kette von Bankzusammenbrüchen. Der allgemeine Niedergang Venedigs als Handels- und Hafenstadt setzte im 17. Jahrhundert ein. Erst seit damals kam es bei der Mehrzahl der venezianischen Adeligen zur vollen Ausprägung einer traditionell-feudalen Rentiersmentalität.[18]

Als Landmacht wurde Venedig freilich sogleich in eine Reihe territorialer Konflikte verstrickt, denen es bislang meist auszuweichen vermocht hatte. Einer davon hätte Venedig leicht zum Verhängnis werden können: Der zwischen 1509 und 1517 geführte Krieg gegen die Liga von Cambrai brachte die Adriametropole an den Rand einer totalen Niederlage. Es gelang aber unter Aufbietung aller Reserven, die schier übermächtige Allianz – immerhin eine Koalition von Papst und Kaiser, der Könige von Frankreich, Spanien und Ungarn, sowie der Herrscher von Savoyen, Mantua und Ferrara – abzuwehren und den bereits verlorenen Festlandbesitz zurückzuerobern. Das von Teilen des verzweifelten Patriziats erwogene Bündnis mit den Osmanen musste nicht geschmiedet werden.

Für eine von zeitgenössischen Kritikern der Festlandexpansion aus dem Territorialerwerb abgeleitete »Dekadenz« Venedigs fehlen aber für das 15. und 16. Jahrhundert, trotz der neuen außenpolitischen Probleme, eindeutige Beweise, woran die skeptischen Ausführungen des Bankiers Girolamo Priuli und des aus vornehmer Dogenfamilie stammenden Andrea Mocenigo nichts ändern. Abgesehen davon, dass die vom Vormarsch der Osmanen am Balkan ausgehenden Zwänge und die wachsende politische Instabilität in Oberitalien wahrscheinlich gar keine günstigere Wahl als die Annexion des venezianischen Hinterlandes gelassen hatten, war die Eroberung der Terraferma auch ökonomisch eine sinnvolle Option. Falls man den viel diskutierten Niedergang Venedigs überhaupt so geradlinig aus der »Rückwendung« des Kaufmannskapitals aufs Land ableiten will, wäre dies überdies frühestens ab dem 17. Jahrhundert möglich:

»Man sagt, die Eroberung eines großen Herrschaftsgebiets auf dem Festland hätte viele der reichsten Patrizier veranlasst, die durch Handel akkumulierten Profite in Landbesitz zu investieren. Und sie hätten eine Tätigkeit aufgegeben, die ohnehin Risiko, Entbehrungen und Sorgen bedeutete. In diesem Wandel ... des venezianischen Adels sehen viele die Hauptursache für den Abstieg Venedigs. Die solchermaßen beklagte Transformation hat wirklich stattgefunden – der Fehler dabei ist: Man setzt sie um fast zwei Jahrhunderte zu früh an.«[19]

Der Erwerb von Landeigentum durch das venezianische Patriziat war aber auch schon vor der Eroberung des Festlandes interessant gewesen. Besonders jenseits der Brenta, in der fruchtbaren Ebene von Padua, verfügten reiche Händlerfamilien aus der Markusrepublik, wie bereits erwähnt, schon früh über Grundbesitz. Bis tief ins 15. Jahrhundert blieben allerdings kirchliche Institutionen, insbesondere der Benediktinerorden, die wichtigsten Landkäufer. Ab 1406 setzte verstärkt Landerwerb seitens des venezianischen Patriziats ein. Die konfiszierten Güter besiegter Gegner gelangten zum Verkauf, sie zogen disponibles Vermögen an. Venedigs Kaufmannsadel begann sich für Grundbesitz und Landwirtschaft zu interessieren.[20] Andrea Barbarigo erwarb beispielsweise 1443 erstmals Land in Treviso, nachdem er bis zu diesem Zeitpunkt sein gesamtes Kapital im Handel investiert hatte. In den Jahren 1462, 1483 und 1500 nahmen bewegliche Güter in den Besitzinventaren seiner Erben wertmäßig nur mehr den zweiten Rang ein. Grundeigentum in Treviso, Verona oder auf Kreta stand nun im Vordergrund. In knapp vier Jahrzehnten hatten diese Güter infolge des steigenden Zins- und Rentenertrags eine Vervierfachung ihres Schätzwertes erfahren. Schenkt man den Angaben des Chronisten Priuli Glauben, so war dies kein Einzelfall.[21]

Wenn die Paduaner schon 1446 klagten, die Venezianer hätten ein Drittel des Landes an sich gebracht, so war dies sicherlich eine bewusste Übertreibung. Gut dokumentiert ist aber, dass immer mehr venezianische Kaufmannsfamilien seit den 60er-Jahren des 15. Jahrhunderts ausgedehnten Besitz auf der Terraferma erwarben. Diese Entwicklung verstärkte sich im 16. Jahrhundert.[22]

»Die zweifellos spektakulärste Wende in ganz Italien vollzieht Venedig um 1550: Eine Handelsstadt, aus nichts als Stein und Wasser, erinnert sich ihrer Landbesitzungen, die sie allerdings in ›kapitalistischer‹ Weise bewirtschaftet hat. In diesem Fall eine zutreffende Wortwahl, denn was wie eine pure ›Versteinerung der Kapitalien‹ in, wie wir sagen würden, kostspielige ›Zweitwohnsitze‹ erscheint, ist in Wirklichkeit eine kluge Investition in eine produktive Landwirtschaft.«[23]

Fast immer ging das auf Kosten der traditionellen Eliten eroberter Städte. Hatten diese um Brescia 1442 noch zwei Drittel des Landeigentums kontrolliert, so handelte es sich 1591 nur mehr um ein Viertel. In Padua sank der entsprechende Wert zwischen 1418 und 1548 von 80 Prozent auf ein knappes Drittel.[24] Die Situation Venedigs im Festlandterritorium glich bald der in anderen oberitalienischen Regionen, wo die Bürger der großen Städte oft schon am Beginn des 16. Jahrhunderts zur wichtigsten Grundbesitzergruppe geworden waren. Das Patriziat von Florenz kontrollierte bereits zu diesem Zeitpunkt nicht weniger als 60 Prozent der Agrarfläche seines *contado*, d. h. seines politisch und ökonomisch kontrollierten Umlandes –, im Falle von Cremona lag der entsprechende Wert bei 57 Prozent.[25]

Die profunde Umwälzung der Eigentumsverhältnisse im Bereich der Terraferma, die erst im 17. Jahrhundert an Dynamik verlor, hing nicht bloß von der erfolgreichen Annexionspolitik der Signoria ab. Sie wurde darüber hinaus von mehreren Faktoren, welche fast überall in Nord- und Mittelitalien die spätmittelalterliche Agrarentwicklung kennzeichneten, begünstigt. Im Unterschied zu anderen europäischen Regionen, wo sich ähnliche Prozesse erst Jahrhunderte später vollzogen, waren die letzten Spuren von grundherrlicher Eigenwirtschaft, von Fronarbeit und Leibeigenschaft schon im 14. Jahrhundert verschwunden. Die frühe Enteignung der Bauern, mit der die schrittweise Usurpation alter Gemeinderechte einherging, hatte sich vor dem Hintergrund des Bedeutungsverlusts traditioneller Feudalgewalten gegenüber den aufstrebenden Stadtkommunen vollzogen. Der Abstieg des Landadels hatte aber weder zur Auflösung aller feudalen Bindungen noch zu einer dauerhaften gesellschaftlichen und ökonomischen Besserstellung der Bewohner des flachen Landes geführt. Die Bauerndörfer – infolge einer Vielzahl von Rebellionen gegen die Adelsmacht einstmals wichtige Bündnispartner für die um absolute Autonomie kämpfenden Städte – waren im Spätmittelalter zunehmend unter den doppelten Druck von Aristokratie und Stadtpatriziat gekommen. Dies bewirkte trotz heftigen Widerstandes häufig sogar eine Verschlechterung aller Lebensbereiche der Bauern sowie den Verlust ohnehin nicht besonders ausgeprägter Gemeinderechte. Viele Stadtrepubliken hatten schon recht früh in ihrem *contado* die grundherrschaftliche Rechtsprechung vom Grundeigentum getrennt und möglichst für die freie Veräußerbarkeit des Bodens gesorgt, sodass den Landkäufen des Kaufmannskapitals keine grundsätzlichen Hindernisse entgegenstanden.[26]

Die zunehmende Konzentration von Land in den Händen des venezianischen Patriziats wurde zusätzlich durch die spätmittelalterliche Krise des Feudalismus gefördert: Steigende Verschuldung vieler Landadeliger und Bauern sowie relativer Preisverfall von Grund und Boden waren günstige Voraussetzungen für die umfangreichen Landkäufe erfolgreicher Fernhändler.[27] Wie in Mailand dürften auch im Fall von Venedig die seit dem frühen 15. Jahrhundert gut dokumentierten Investitionen von kommerziellem Kapital in den Agrarsektor zu der in Oberitalien ungewöhnlich raschen Überwindung der allgemeinen Krise des Spätmittelalters beigetragen haben. Sie trieben die Modernisierung der Landwirtschaft voran und ermöglichten die neuerliche Zunahme der Bevölkerung.[28]

Solche Veränderungen der agrarischen Besitzverhältnisse lassen es äußerst fraglich erscheinen, ob das Bild des venezianischen Kaufmanns, der nur einen marginalen Teil seiner Gewinne sicher und prestigefördernd – im Wesentlichen aber unprofitabel – in Landkäufen anlegt, für das 15. und frühe 16. Jahrhundert Gültigkeit beanspruchen kann. Wahrscheinlich erkannten viele Kaufleute sehr rasch die Gewinnaussichten, die sich seit der Eroberung eines ausgedehnten Festlandterritoriums durch Investitionen in Grundeigentum ergaben.[29] Dass es dabei anfangs primär um die Abschöpfung von Feudalrente ging, sollte aber nicht dazu verleiten, den erst nach 1600 sehr ausgeprägten Prozess der »Refeudalisierung« schon im spätmittelalterlichen Venedig beginnen zu lassen. Dadurch würden nicht nur die Komplexität und Widersprüchlichkeit einer zweihundertjährigen Entwicklung in ein vereinfachendes Erklärungsschema gepresst, sondern auch wesentliche Strukturmerkmale des venezianischen Wirtschafts- und Gesellschaftslebens nach 1400 ignoriert: Traditionelle Aktivitäten im Fernhandel und verstärktes finanzielles Engagement im Agrarbereich schlossen einander nicht aus, sondern ergänzten einander – freilich in klarer Hierarchie. »Das Vorgehen auf dem Meer und auf dem Festland stehen zueinander in enger Beziehung.«[30]

Fehlen auch genaue Zahlenangaben, so gilt doch als gesichert, dass einerseits beträchtliche Summen als Feudalrente von der Terraferma in die Markusrepublik flossen. Andererseits dominierten bis tief ins 16. Jahrhundert Kaufmanns- und Kolonialgewinne, eröffnete der Fernhandel noch immer die größten Profitmöglichkeiten. Das klare Primat des Kaufmannskapitals erklärt auch, wieso trotz heftiger Auseinandersetzungen um Sinn und Grenzen territorialer Expansion jahrzehntelang keine umfassende wirtschaftliche und soziale Integration zu einem Staatsgebiet erfolgte. Bis etwa 1500 dürfte die Sicherung der Handelswege nach Deutschland ohnehin alle anderen Erwägungen über sinnvolle Nutzung des Festlandbesitzes in den Hintergrund gerückt haben.[31]

Erst die Kriegsjahre gegen die Liga von Cambrai veränderten die Einstellung der venezianischen Oberschicht in Bezug auf die Terraferma. Ab diesem Zeitpunkt rückten Nahrungsmittelproduktion und Steuerleistung des Festlandbesitzes in den Mittelpunkt des Interesses. Die traditionellen Getreidemärkte im Osten, welche zusammen mit den Exportgebieten Süditaliens in ausreichendem Maß Venedigs Versorgung gesichert hatten, wurden sukzessive von den Türken blockiert, im gesamten Mittelmeerraum geriet der Nachschub ins Stocken. So lag es nahe, eine stabile landwirtschaftliche Selbstversorgung durch intensivere Nutzung der Terraferma anzustreben. Voraussetzung dafür war die Verstärkung des venezianischen Einflusses in den Festlandterritorien: Eine im Vergleich zum Spätmittelalter noch rigorosere Unterordnung des flachen Landes, aber auch vormals autonomer Städte wie Padua und Verona, unter die Bedürfnisse der Handelsmetropole.[32]

Die Venezianer beanspruchten einen großen Teil der Agrarproduktion des Festlands und setzten diesen Anspruch rigide durch: Sie zogen Rechte der alten Feudalherren an sich, verhängten Exportverbote, brachten Bauern in finanzielle Abhängigkeit, konkurrenzierten die dörflichen Kaufleute und Handwerker nieder. Die Signoria schuf einen strikt organisierten, gegenüber benachbarten Territorien abgeschotteten Wirtschaftsraum, dessen wesentlichstes Strukturmerkmal die Auspressung des Landes zugunsten der städtischen, insbesondere der venezianischen Eliten war. Wobei die Verwaltungsstrukturen beachtliche Effizienz entwickelten: Um 1500 sorgten im gesamten *stato di terra* nur 130 Spitzenbeamte für die Umsetzung der wirtschaftspolitischen Interessen des Dogenstaates. Der Hauptanteil administrativer Aufgaben ruhte auf den Schultern einheimischer Funktionäre beziehungsweise Adeliger.[33]

Besonders rigide ging die Markusrepublik beim Schutz der Waldbestände vor. Das Hauptaugenmerk galt der Stieleiche, die man zu Staatsbesitz erklärte. Edelhölzer waren für den Schiffsbau unverzichtbar, sie wurden, »ohne auf die juristischen Eigentumsverhältnisse Rücksicht zu nehmen«[34], einer Sonderverwaltung unterstellt. Die Bodenverbesserungen zur Gewinnung von Agrarflächen gefährdeten den Baumbestand, daher wachten die Forstaufsichtsbeamten mit Argusaugen über Abholzen und Aufforsten: Jede Eiche war registriert. Ihr Wachstum wurde sogar durch gärtnerische Maßnahmen beeinflusst, um – je nach Bauteil – geeignetes Material an die Werften zu liefern.[35]

In der zweiten Hälfte des 16. Jahrhunderts kam Venedig dem Ziel, genug Getreide für den Eigenbedarf im abhängigen Hinterland zu produzieren, im Falle guter Ernten tatsächlich sehr nahe. Auch die Fleischversorgung hatte sich verbessert. Grundlage dieser Erfolge waren einerseits die genannten wirtschaftspolitischen Maßnahmen, andererseits Landverbesserung beziehungsweise -gewinnung durch Trockenlegungs- und Bewässerungsprojekte. Dabei orientierten sich Venedigs Experten am Beispiel Mailands, die übernommenen Methoden wurden aber den unterschiedlichen topographischen Problemstellungen entsprechend variiert. Nach mehreren Vorläuferinstitutionen wurde dafür im Jahr 1556 eine ständige Magistratskommission ins Leben gerufen. Sie kümmerte sich um den Einsatz neuer Getreidesorten wie Mais und Reis, Saatgutspezialisierung und Selektion, Transportverbilligung durch den Ausbau von Kanälen und in weiterer Folge die Ausdehnung des Binnenhandels mit vergleichsweise billigen agrarischen Massenprodukten. Gleichzeitig gelang eine erhebliche Steigerung des Ertrags bei Futterpflanzen, was im Raum um Padua eine leistungsfähige Fleisch- und Milchproduktion ankurbelte.[36]

Mögen einzelne Landkäufe des venezianischen Patriziats auch vom Streben nach Sicherheit oder Bequemlichkeit motiviert gewesen sein, so ändert dies wenig am maßgeblichen Einfluss anderer Faktoren. Deren genaue Gewichtung ist unmöglich, sie lassen sich aber kurz mit den Schlagworten Anlagemöglichkeiten, Ertrags- und Gewinnerwartungen sowie internationales Sozialprestige umreißen. Es gab in Venedig – wie in Genua – trotz finanzieller Engpässe in den Staatskassen fast immer überschüssiges privates Vermögen: Günstige Anlagemöglichkeiten im eigenen Hinterland waren als Ergänzung zu Investitionen in Handel und Gewerbe höchst willkommen. Landkauf und Kommerzialisierung der Agrarproduktion stellten solche Möglichkeiten dar. Von einer Erschöpfung des für Handelsaktivitäten notwendigen Kapitals durch Landerwerb und Luxuskonsum kann in diesem Zusammenhang keine Rede sein.[37] Außerdem sollte man den Stellenwert der gewerblichen Produktion auf dem Festland nicht übersehen: Sie diente in erster Linie den Interessen des venezianischen Fernhandels. Textilien aus Brescia, Bergamo, Verona, Feltre, Vicenza und Padua fanden in der östlichen Méditerranée reißenden Absatz. Ganz gleich, ob es sich um Billigware handelte oder Luxusstoffe, wie das bei hohen Funktionären des Mamlukenreichs besonders beliebte Scharlachtuch.[38]

Ein weiterer maßgeblicher Faktor für das zunehmende Interesse des venezianischen Patriziats an Landeigentum, der die ökonomischen Motive keineswegs relativierte, sondern eher verstärkte, war das Streben nach Sozialprestige – was sich nicht notwendigerweise mit dem Verlust kaufmännischer Risikobereitschaft oder mit unproduktivem Müßiggang verbinden musste. Tenenti misst diesem Aspekt der venezianischen Entwicklung, der nicht frei ist von Ambivalenzen und Widersprüchen, erhebliche Bedeutung bei: Besitz auf der Terraferma versprach nicht nur politische, handelsstrategische und einkommensmäßige Vorteile, sondern sollte auch den Weg zu höherem Ansehen in einem feudalen Europa der Aristokraten ebnen.

»Kein Venezianer war Graf oder Marquis, nicht einmal Baron: Aber alle Patrizier waren Besitzer großer Domänen und damit territorialen Fürsten fast ebenbürtig. Priuli, ein unerschütterlicher Anhänger des Seehandels, stellte dazu anschaulich fest: ›Bevor unsere Vorväter die Terrferma besaßen, hatten sie sich dem Reisen und der Seefahrt gewidmet. Zum großen Vorteil … der Stadt und sie verdienten jedes Jahr viel Geld. Dennoch genossen sie in der Welt keine große Anerkennung, man betrachtete sie als Fischer. Jetzt hingegen, nach der Eroberung des Staates auf dem Festland, erfreuen sie sich guter Reputation …, sie werden von den Herren der Welt geschätzt und geachtet und geehrt und respektiert.«[39]

Die Freude am Prestigegewinn traf sich mit der in Italien grassierenden Modebewegung der *villegiatura*, die auch in Venedig begeisterte Anhängerschaft fand. Schriftsteller wie Boccaccio und Petrarca priesen – in Berufung auf antike Ideale – die Vorzüge des Landlebens: Körperliche Betätigung, ungezwungene Geselligkeit, Zeit für Studien und Muße – ohne dabei Vorteile der Urbanität aufzugeben. Als Symbol der Synthese zwischen Stadt und Land galt die Villa. Und weil die Landwirtschaft noch dazu guten Gewinn versprach, ließ sich das Angenehme mit dem Nützlichen trefflich verbinden. Das zeigt sich deutlich an der Bautätigkeit auf dem Festland: Vor 1400 wurden 22 Landgüter im Villenstil errichtet, im 15. Jahrhundert waren es bereits 84, im 16. Jahrhundert baute man hingegen 257.[40] Wahrscheinlich gelang niemand anderem die architektonische Umsetzung des Konzeptes besser als Andrea Palladio. Davon zeugen Villa Pisani, Villa Cornaro, Villa Badoer, Villa Rotonda oder die auch Malcontenta genannte Villa Foscari.

Insgesamt erscheint es wenig sinnvoll, die gesamte Gesellschafts- und Wirtschaftsentwicklung Venedigs seit dem Spätmittelalter als geradlinigen Refeudalisierungsprozess zu interpretieren. Es ist auch nicht zielführend das Fortbestehen von im Wesentlichen unveränderten Feudalverhältnissen zu betonen, da gerade die komplizierte Mischung Fortschritt-Rückständigkeit das Spezifische der Epoche zwischen den großen Krisen des 14. und frühen 17. Jahrhunderts ausmacht. Auch der Hinweis, die Konzentration auf die Landwirtschaft hätte der Ökonomie Venedigs mehr geschadet als genützt, trifft bis zum 16. Jahrhundert nicht den Kern des Problems. Zweifellos blieb der Durchbruch zu einer kapitalistischen Landwirtschaft aus. Der unbestreitbare Aufschwung des Agrarsektors war nicht Ergebnis einer umfassenden Transformation der Feudalgesellschaft, sondern wies nur einzelne Züge eines entsprechenden Wandels auf.

Die Terraferma-Politik kann jedenfalls – gerade im Vergleich zur maritimen Expansion der vorangegangenen 500 Jahre – als weiterer Beleg für die

Anpassungsfähigkeit der Markusrepublik gesehen werden. Die Festlandbesitzungen bildeten eine »vielgestaltige und polizentrische Peripherie«[41], die Venedigs Bedürfnisse in vielen Hinsichten befriedigte: Versorgung mit Lebensmitteln und Industriegütern, Absatzmärkte für orientalische Luxusprodukte und Fertigwaren aus venezianischen Betrieben, Schutz der lebenswichtigen norditalienischen Handelswege. Das dabei angewandte dualistische System – venezianische Oberhoheit einerseits, lokale Verwaltung andererseits – erwies sich dabei als erfolgreich.[42] Auch hier zeigt sich, wie die so oft streng dirigistisch handelnde Kommune flexibel Möglichkeiten fand, um anscheinend widersprüchliche Strukturen in Balance zu halten oder miteinander in Einklang zu bringen: Kleinstaat und Weltreich, kolonialer Feudalismus und zentralistischer Beamtenapparat, urbane Lebensweise und Attitüden der Landaristokratie, *stato da mar* und *stato da terra* – ein relativ gut funktionierendes Nebeneinander mehrerer Dualismen.

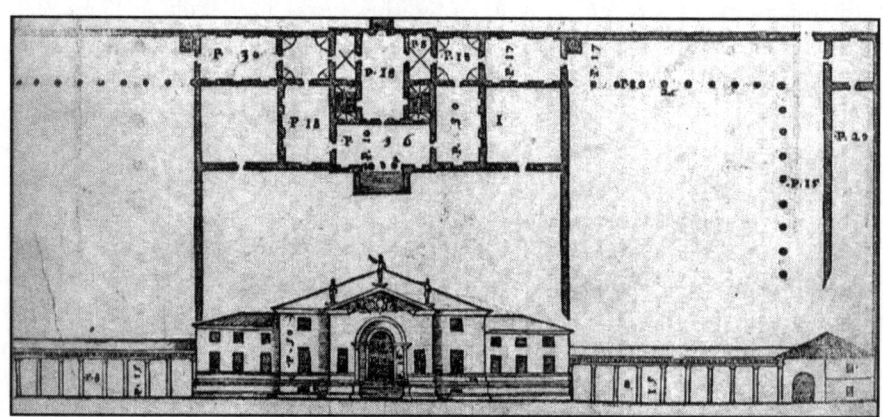

Verlust der Vormacht

Politischer Abstieg

Zu Beginn des 16. Jahrhunderts sah sich Venedig mit schwerwiegenden Problemen konfrontiert: Die ambivalente Beziehung zu den Osmanen, der portugiesische Vorstoß nach Ostasien, die Machtspiele europäischer Herrscher in Italien. Trotz schwerer Einbußen im Handel und empfindlicher Rückschläge im Kolonialsystem, die den Verlust der unbestrittenen Vormachtstellung in der mediterranen Weltwirtschaft nach sich zogen, blieb die ökonomische Position der Markusrepublik relativ stark. Allerdings sollte Venedig bis 1517 endgültig aus dem Kreis der einflussreichsten europäischen Mächte ausscheiden.

Der erfolgreiche Widerstand gegen die Liga von Cambrai, der einen Friedensschluss ohne nennenswerte Territorialverluste ermöglichte, war zweifellos ein enormer Erfolg, ein Beweis des diplomatischen Geschicks sowie der militärischen und finanziellen Stärke Venedigs. Das im Jahr 1508 geschlossene Bündnis der westlichen Christenheit hatte die völlige Vernichtung der Markusrepublik zum Ziel. Diese Allianz war allerdings Konsequenz einer äußerst problematischen Expansionspolitik des venezianischen Senats gewesen. Die Okkupation großer Teile der Romagna nach dem Tode Alexanders VI. im Jahre 1503 war sicherlich nicht Zeichen »unfehlbarer Weisheit«, sondern ein schwerer Fehler, welcher sich nur aus der Überschätzung der eigenen Möglichkeiten erklären lässt.[1] Die geschlossene Front von Feinden versetzte viele Venezianer zwar in Katastrophenstimmung, erreichte aber das Ziel der Aufteilung des venezianischen Festlandbesitzes nicht. Nach der vernichtenden Niederlage der venezianischen Truppen bei Agnadello im Jahr 1509 bot die Serenissima alle Ressourcen auf, um die übermächtige feindliche Allianz abzuwehren.

Noch im Sommer des Krisenjahres war die Rückeroberung von Padua gegen die Truppen Maximilians gelungen und der Zerfall der Liga erleichterte es, alle wichtigen verlorenen Positionen bis zum Jahr 1515 zurückzugewinnen. Kurzfristig hatten, wie erwähnt, Venedigs Eliten sogar erwogen, die Osmanen um Hilfe zu bitten. Schließlich genügten aber Steuer- und Heeresreformen, außergewöhnliche Kreditoperationen, eine erfolgreiche »Schaukeldiplomatie«[2] sowie die bemerkenswerte Loyalität einfacher Bürger und Bauern der Terraferma: Sie stellten sich an die Seite Venedigs, in einigen Regionen griffen sie sogar zu den Waffen. Hauptursache dieser ungewöhnlich anmutenden Parteinahme dürften die Bestrebungen der Patrizier Brescias, Veronas, Paduas oder Udines gewesen sein, den Status freier Reichsstädte nach deutschem Modell zu verwirklichen. Offensichtlich fürchtete das Volk die damit verbundene unmittelbare Herrschaft des lokalen Adels mehr als die Oberhoheit der fernen – vielleicht als zurückhaltender regierend empfundenen – Serenissima. Außerdem war dieser Widerstand eine verständliche Reaktion auf das Verhalten marodierender ausländischer Söldnertruppen.[3] Venedig nutzte jedoch nach erfolgreicher Verteidigung des Festlandbesitzes nicht die Gunst der Stunde, um solche Unterstützung zu belohnen und die problematischen Machtstrukturen auf der Terraferma zu reformieren. Man vergab die Chance »aus dem Konglomerat von Privilegien und Rechten einen modernen absolutistischen Staat zu machen.«[4] Stattdessen kehrte man zum alten partikularistischen System der Festlandverwaltung zurück: Die alten Eliten erfreuten sich ihrer traditionellen Vorrechte, solange sie Venedigs Ansprüche akzeptierten. Keinerlei Gewinn hatten jene Menschen, die im Krieg so massiv für die Adriametropole Stellung bezogen hatten.

Nachdem schon die Türkenkriege Venedigs Flottendominanz im Mittelmeer schwer erschüttert hatten, bedeutete der Krieg gegen die Liga endgültig das Ende aller Ambitionen, als Vormacht Oberitaliens die großen Imperien und aufsteigenden Nationalstaaten militärisch in Schach zu halten. Trotz aller Anstrengungen war die Markusrepublik in politisch-militärischer Hinsicht zu einem Staat zweiten Ranges abgesunken. Die Pläne für weitere Territorialexpansion an den Adriaküsten mussten aufgegeben werden. Im Mittelmeer, am Balkan und in Oberitalien galt es wenigstens die politische Souveränität der Stadtrepublik zwischen den Machtblöcken der Osmanen und Habsburger zu behaupten.

Ambivalenzen der Wirtschaftsentwicklung im 16. Jahrhundert

Die seit der Jahrhundertwende auftretenden ökonomischen Schwierigkeiten ließen sich besser bewältigen als die außenpolitischen Probleme. Es gelang sowohl der Interessenausgleich zwischen Fernhandel und Aktivitäten auf der Terraferma als auch eine erhebliche Diversifizierung wirtschaftlicher Aktivitäten. Die atlantische Expansion und der Aufbau riesiger iberischer Kolonialreiche lösten Strukturveränderungen in der europäischen

Weltwirtschaft aus, beschnitten Venedigs Rolle als Handelszentrum, leiteten aber keine allgemeine Rezession ein. Venedigs Handel überdauerte – daran sei immer erinnert – nicht nur die Eröffnung der Kaproute, sondern erfuhr seit 1530 einen von den meisten Zeitgenossen nicht erwarteten Wiederaufschwung.[5] Was sich besonders am Marktanteil des levantinischen Pfeffers in Antwerpen und Lyon, aber auch am Plan Philipps II., mit der Markusrepublik im Gewürzgeschäft zusammenzuarbeiten, ablesen lässt. Abgesehen von einem relativ kurzen Antwerpener Intermezzo – die Scheldestadt kam einem Monopol im Import und Vertrieb von Pfeffer nahe – blieb der Rialto einer der wichtigsten Pfeffermärkte Europas.

Neben dem wieder auflebenden Gewürzhandel behaupteten sich venezianische Kaufleute in zahlreichen Branchen. Trotz der auch im Mittelmeerraum verschärften Konkurrenz – besonders von Ragusa/Dubrovnik und Marseille – konnten sie fast alle traditionellen kommerziellen Aktivitäten erfolgreich fortsetzen. Im ausgehenden 16. Jahrhundert waren Venezianer in Konstantinopel, Alexandria und Aleppo fest etabliert, sie strebten sogar ihren Aktionsradius bis Indien auszudehnen.[6] Der Waren- und Kapitalumschlag steigerte sich im 16. Jahrhundert beträchtlich, die Bevorzugung technisch überlegener Karacken – leistungsfähige, atlantikerprobte Segelschiffe – kompensierte den Niedergang der Galeerenflotten, Venedigs Hafen verzeichnete die höchste Frequenz seiner Geschichte.[7] Dies war nur möglich, weil man den gewinnbringenden Handel mit Pfeffer, Gewürzen, Salz und Silber behaupten beziehungsweise teilweise zurückerobern konnte. Gravierende Verluste im Handel mit Zucker oder Farbstoffen fing man durch verstärktes Engagement im Baumwollgeschäft auf, was sich am steigenden Trend der Einfuhren aus Süditalien, Syrien, Smyrna und Zypern ablesen lässt. Auch nach dem Verlust der Mittelmeerinsel setzte sich die günstige Konjunktur noch einige Jahrzehnte fort. Außerdem bemühte man sich emsig um die Erschließung neuer Handelszweige. Besonders günstig entwickelte sich der Import persischer Seide, die man größtenteils in Aleppo erwarb und meist nach Deutschland lieferte – nach Nürnberg, Frankfurt oder Köln. Erst ab etwa 1620 kam dieses blühende Geschäft zum Erliegen.[8]

Selbst die schwierige Phase nach den ersten Erfolgen der Portugiesen auf dem Gewürzmarkt hatte nicht Resignation, sondern gesteigerte Aktivitäten zur Adaption an die veränderte Situation bewirkt: Der Galeerendienst nach England wurde nicht eingestellt, weil man künftig anstelle orientalischer Luxusgüter Wein gegen Leinen und Zinn zu tauschen gedachte. Tatsächlich eroberte Wein von Venedigs Mittelmeerkolonien den europäischen Markt. Ebenso erfolgreich gestaltete sich der Kupferhandel, der schon eine lange Tradition aufwies, im 16. Jahrhundert aber noch weiter zunahm. Bis nach

1700 war Venedig der wichtigste Exporthafen für Kupfer aus Tirol und Ungarn, das nach Mallorca, Málaga, in die Levante, sogar nach Indien verschifft wurde.[9]

Natürlich gab es nicht nur Erfolge: Venedigs Zuckertransporte verloren durch den Aufstieg der atlantischen Plantagenökonomien an Bedeutung, die Eroberung Zyperns durch die Türken erwies sich nicht nur hinsichtlich des Verlusts der Zuckerplantagen als Katastrophe:

> »... Zypern, eine sprudelnde Quelle von Salz, Zucker, Baumwolle und Getreide. Und ein wichtiger, wenn nicht unverzichtbarer Stützpunkt für die Schifffahrt nach Syrien. Einige Patrizier mussten nicht nur schwere finanzielle Verluste hinnehmen, sondern auch die erniedrigende Sklaverei nach der Gefangennahme durch die Türken.«[10]

Die osmanische Expansion sorgte auch in anderen Regionen für Versorgungsengpässe. Das wussten Neuaufsteiger zu nutzen: In der Folge transportierten Schiffe aus Ragusa/Dubrovnik und nordwesteuropäischen Häfen den Großteil des Mittelmeersalzes, während das frei gewordene venezianische Kaufmannskapital verstärkt in Agrarunternehmungen floss.[11] Die dalmatinische Hafenstadt erwies sich auch in anderen Handelszweigen als starke und teilweise überlegene Konkurrenz, welche am türkisch besetzten Balkan, ja sogar in der Adria aktiv wurde. Voraussetzung dafür waren dauerhafte Neutralität gegenüber dem Osmanischen Reich, große Liberalität für Kaufleute, jahrhundertalte Handelskontakte mit Serbien und Bosnien sowie das rasche, kreative Reagieren auf geänderte äußere Umstände. Die Serenissima wurde mit ihren eigenen Waffen geschlagen. Venedig hatte die Möglichkeit, den Balkan zu einem Rückzugsgebiet für den Fall ökonomischer Schwierigkeiten zu machen, schon im Spätmittelalter versäumt.[12] Die Markusrepublik blieb zwar noch Herrin der Adria, viele große und kleine Feinde gewannen aber an Boden.

Probleme schuf auch das Auseinanderfallen der Handels- und Kriegsmarine. Die Gesamttonnage der Handelsflotte wuchs zwar bis etwa 1580 durch die forcierte Produktion von Rundschiffen erheblich, Galeeren blieben aber vorerst für militärische Operationen unersetzlich, da sie exakter manövrierbar und von den Windverhältnissen relativ unabhängig waren, was im Mittelmeerraum lange Zeit wichtiger war als die Schnelligkeit der iberisch – nordwesteuropäischen Segelschiffe. Dies bedeutete im Kriegsfall nicht nur erhöhte Belastungen des Staatsbudgets, sondern vor allem ein Ansteigen der Schutzkosten für den Frachttransport und somit verringerte Konkurrenzfähigkeit.[13] Als der private Schiffsbau gegen Ende des 16. Jahrhunderts in eine schwere Krise geriet, wurde diese durch die Konkurrenz des Arsenals um das begrenzte Angebot von Arbeitskräften und Material noch verschärft. Wahrscheinlich profitierte die Kriegsmarine auf Kosten der Handelsflotte, sie garantierte aber dennoch immer weniger Schutz gegen die Überfälle von Piraten.[14]

Generell behauptete sich Venedigs Handel im 16. Jahrhundert aber gut: Der Verlust einiger Märkte in Nordwesteuropa, Nordafrika sowie im osmanischen Hoheitsbereich ließ sich verschmerzen, solange die Levanterouten einigermaßen funktionierten und sich der mitteleuropäische Raum vorrangig auf Venedig als Wirtschaftsmetropole orientierte. Die ungebrochene Konjunktur des internationalen Mittelmeerhandels war im Übrigen nicht bloß der Neubelebung des Gewürzgeschäftes sowie der Tüchtigkeit der Venezianer geschuldet, sondern war auch Ausdruck fortbestehender Vitalität der gesamten italienischen Ökonomie. Diese hatte in der Schwächephase wichtiger Zweige des Fernhandels knapp nach 1500 eine Verstärkung des interregionalen Austausches zwischen den Gewerbestädten des Nordens und der Rohstoffe liefernden süditalienischen Peripherie ermöglicht, was im Fall des Hafens von Venedig sogar eine wert- und mengenmäßige Steigerung des jährlichen Umschlags bewirkte.

Das 16. Jahrhundert war trotz vieler Probleme offensichtlich keine Phase allgemeinen Abstiegs des Handels der Markusrepublik. Spektakuläre Schrumpfungsprozesse und Zusammenbrüche in traditionellen Sektoren entpuppten sich häufig als vorübergehende Störung oder konnten durch Erfolge anderer Sparten wettgemacht werden. Ungeachtet vieler Krisen wies Venedigs Gesamtwirtschaft mehr Zeichen von Prosperität als von Stagnation und Rezession auf.[15] Wie lässt sich sonst erklären, dass nach 1570 ausländische Kaufleute in bemerkenswerter Zahl – Griechen, Juden, Deutsche, Mailänder, Florentiner – in die Markusrepublik zogen? Die jüdische Kolonie wuchs besonders rasch: 1552 lebten in Venedig etwa 900 Juden, 1600 waren es bereits 2500 – Emigranten aus dem Osten oder von der Iberischen Halbinsel vertriebene Marranos.[16] Sie spielten beim Aufbau einer alternativen Landroute vom adriatischen Meer an den Bosporus eine gewichtige Rolle, wovon allerdings auch Ferrara, Ancona und Ragusa/Dubrovnik profitierten. Viele Venezianer empfanden die Neuankömmlinge daher als Konkurrenten beziehungsweise auch als Kollaborateure mit den Osmanen. Die Folge: Zunehmender Antisemitismus, den die Kommune jedoch durch vertragliche Bindung der jüdischen Gemeinde an die Interessen der Republik zu unterbinden trachtete.[17]

Allerdings hatte sich mittlerweile die soziale Zusammensetzung der im Zentrum venezianischen Wirtschaftslebens agierenden Kaufleute verändert:

Zu Beginn des Jahrhunderts hatten Venedigs Adelige den einträglichen Fern-handel völlig dominiert, wenngleich sie schon seit dem Spätmittelalter häufig mit den politisch relativ einflusslosen, finanzschwächeren Cittadini koope-rierten. Seit etwa 1550 verlagerten sich die ökonomischen Aktivitäten vieler Patrizier aber zunehmend in andere gewinnträchtige Wirtschaftsbereiche. Bald stellten Cittadini die Mehrheit unter den Kaufleuten, zu denen auch weiterhin angesehene Adelsfamilien sowie eine steigende Zahl eingebürger-ter Ausländer gehörten. Diese Entwicklung stellte keine unmittelbare Ge-fährdung für die Prosperität Venedigs dar, da die Handelsgeschäfte weiterhin in den Händen erfahrener Kaufleute lagen. Außerdem verlieh das wachsende Interesse des Patriziats für Landwirtschaft und Manufakturwesen der Ge-samtökonomie neue Impulse – es gab genug anlagesuchendes Kapital für alle Wirtschaftszweige. Nicht selten steckten Patrizier, obwohl selbst nicht mehr als Kaufleute tätig, weiterhin hohe Summen in den Fernhandel. [18]

Langfristig leitete der Rückzug der reichsten Bevölkerungsgruppe aus Handels- und auch Finanzgeschäften aber Veränderungen ein, die im 17. Jahrhundert zum relativen Niedergang Venedigs beigetragen haben mögen. Dies gilt für das allmähliche Auseinanderbrechen von kaufmännischer und patrizischer Denkweise ebenso wie für die sinkende Sorge des Staates um Handelsfragen – früher geradezu ein kollektives Anliegen. Es gilt auch für die steigende Neigung des Adels, das erworbene Landeigentum nur mehr als Quelle sicherer Feudalrenten, als Basis für ein luxuriöses Leben ohne Ge-schäftsrisiken zu betrachten. Der entsprechende Wandel dauerte aber Jahr-zehnte, setzte sich nie lückenlos durch und kam erst nach 1620 zu voller Wirkung.

Zur Bewältigung der nach 1500 anstehenden ökonomischen Probleme – deren Wirksamkeit nicht bestritten, sondern lediglich relativiert und in eine angemessene Chronologie beziehungsweise Perspektive gebracht werden sollte – hätte die recht günstige Handelsentwicklung allein nicht ausgereicht. Neben der relativ erfolgreichen Kolonialpolitik, den Anfängen einer Agrar-kommerzialisierung auf dem Festland und einem beschleunigten Bevölke-rungswachstum bis 1575 war es insbesondere der Aufschwung des Gewerbes, welcher die Wirtschaftsblüte verlängerte.

Während der Großteil Norditaliens zu Beginn des 16. Jahrhunderts schwer unter den Kriegen mit Frankreich sowie den spanisch-französischen Auseinandersetzungen litt, wurde Venedigs Staatsgebiet weniger von den Problemen des Habsburgerreiches in Mitleidenschaft gezogen. Daher konnte nach 1500 ein massiver gewerblich-manufktureller Aufschwung einsetzen, der die Markusrepublik zur höchstentwickelten Industriestadt Europas machte. In der frühen Neuzeit wurden selbst in Oberitalien und Flandern nur wenige gewerbliche Produkte im modernen Sinn »industriell« – mit hohem Kapitaleinsatz in Protofabriken, mit ausgeprägter Arbeitsteilung und fortgeschrittener Mechanisierung – gefertigt: Schiffe, Textilien, Glaswaren, metallurgische und chemische Erzeugnisse. In all diesen Sparten erlangte Venedig eine Spitzenposition.[19]

Am meisten Dynamik entwickelte die Textilbranche. Lange Zeit war Venedig in erster Linie ein Zentrum des Wollhandels, weniger der Herstellung von Wollerzeugnissen gewesen. Dies änderte sich nun schlagartig, nicht zuletzt infolge der Häufung von Kriegen sowie schweren Sozialkonflikten in den etablierten niederländischen, oberitalienischen und deutschen Textilzentren.[20] Während dort die Produktion von Wollstoffen sank und viele qualifizierte Handwerker wegen der politischen Instabilität abwanderten, kamen von Venedigs Webstühlen immer größere Mengen feiner Stoffe. Die Zölle wurden etwas gesenkt, die Schifffahrtsgesetze liberalisiert: Dadurch erleichterte man den Import von Rohwolle aus Spanien und England. Dem Kapital verschaffte man Anlagemöglichkeiten, den Besitzlosen Arbeit in den Manufakturen. Von 1516 bis 1565 stieg die Produktion von weniger als 2000 auf mehr als 20.000 Ballen pro Jahr. Das Wachstum verlangsamte sich dann, die Konjunktur hielt aber abgesehen von einer kurzen Rezession bis ins 17. Jahrhundert an.[21] Parallel zum Boom in der Wollfabrikation vollzog sich der Aufstieg des Seidengewerbes. Die Anzahl der Beschäftigten dieser Branche verdreifachte sich bis zum Jahr 1600 auf mehr als 2000, was eine rasche Ausweitung des Exportvolumens ermöglichte. Besonders golddurchwirkte Seidenstoffe fanden in der Levante reißende Abnahme. Am Ende des Jahrhunderts gab es mehr Seidenweber als Schiffsbauer. Leinen-, Barchent- und Segeltucherzeugung entwickelten sich ebenfalls zufriedenstellend, wenngleich in diesen Bereichen deutsche und auch italienische Konkurrenz dominierte.[22]

Ähnliche Erfolge wie die Textilmanufakturen erzielten die weltberühmte Glaserzeugung, die Seifenproduktion sowie die Pelz- und Lederverarbeitung. Positiv verlief auch die Entwicklung der Metallindustrie, wobei Venedig von regelmäßigen Lieferungen des reichlich benötigten Rohmaterials aus Mitteleuropa profitierte. Besteck, Geschirr oder Waschbecken erwiesen sich als attraktive Ergänzung des Warenangebotes für den Export. Unter den neuen Gewerbezweigen erlangte die Buchproduktion besondere Bedeutung. 1469 erschienen die ersten in Venedig gedruckten Bücher, nur 40 Jahre später zählte man 100 bis 200 Druckereien. Die Serenissima war nun das vielleicht wichtigste Herausgeberzentrum Europas. In der zweiten Hälfte des 16. Jahrhunderts gaben Venedigs 113 Verleger mehr als dreimal so viele Bücher heraus als ihre Konkurrenten in Mailand, Florenz und Rom zusammen.[23]

Der Aufstieg Venedigs als Gewerbe- und Manufakturzentrum bedeutete aber nicht das Ende der Dominanz des Kaufmannskapitals. Seine Interessen bestimmten weiterhin die Wirtschaftspolitik, die Verwendung der Budgetmittel, den Einsatz des Militärs. Folglich ist es nicht erstaunlich, dass die Signoria kommerzielle Unternehmungen in jeder nur denkbaren Form förderte, den Ausbau allzu großer Protofabriken – abgesehen vom Arsenal – aber im Verein mit den Handwerkergilden behinderte.[24] Dazu passt auch die rigorose Unterwerfung der Festlandbesitzungen unter die Bedürfnisse der venezianischen Eliten. Wobei man es wie schon erwähnt geschickt verstand, den lokalen Adel durch Zugeständnisse in diesen Prozess einzubinden. Praktisch alle Maßnahmen zur Sicherung der Nahrungsmittel- und Rohstoffversorgung Venedigs sowie zum Schutz von Handel und Gewerbe in der Metropole belasteten die Terraferma: Reglementierung der Getreide- und Fleischpreise, Ausfuhrverbote, diskriminierende Steuern und Zölle, Produktionsbeschränkungen. Damit wurde nicht nur der Großteil der Bevölkerung schwer benachteiligt, sondern auch die Entstehung eines integrierten Wirtschaftsraumes erschwert. Venedigs Ökonomie verlor dadurch auf längere Sicht zweifellos an Entwicklungsmöglichkeiten, kurzfristig war aber den Interessen der etablierten Händlerfamilien gedient.[25]

Venedigs gewerbliche Produktion hatte im Dienste des Binnenmarktes und des Fernhandels bereits im Mittelalter einen solchen Entwicklungsstand erreicht, dass die kommerzielle Kapitalakkumulation vorübergehend zur weiteren Entfaltung der Produktivkräfte beitrug oder diese zumindest nicht völlig blockierte. Diese Aufschwungphase setzte in den Krisenjahren des Levantehandels ein – das mag mit den verschiedenen Maßnahmen der venezianischen Regierung zur Bewältigung der wirtschaftlichen Probleme zusammenhängen. Noch wichtiger war aber, dass Teile des Kaufmannskapitals brachlagen und trotz institutioneller Hindernisse in erheblichem Maß im Produktionsbereich sowie in der Landwirtschaft investiert wurden. Der Anfang einer erfolgreichen industriekapitalistischen Modernisierung war dies freilich nicht, wie die Ereignisse des 17. Jahrhunderts zeigen sollten.

Stagnation und Niedergang?

Wahrscheinlich war Venedig in der zweiten Hälfte des 16. Jahrhunderts reicher als je zuvor. Davon zeugt unter anderem die architektonische Gestaltung der Stadt: Von Jacopo Sansovino stammen Münzamt, Loggetta und Markusbibliothek. Von Andrea Palladio mehrere Sakralbauten – Convento della Carità, San Francesco della Vigna, San Giorgio Maggiore und die nach dem Abklingen einer verheerenden Pestepedemie errichtete Votivkirche Il Redentore. Andrea del Ponte entwarf die Rialtobrücke und die 300 Meter lange Seilerei im Arsenal.

Dies sollte aber nicht darüber hinwegtäuschen, dass die ökonomische Stärke der Markusrepublik im internationalen Maßstab abnahm. Sie war nicht länger das Zentrum des Mittelmeeres beziehungsweise der auf diesen Kernraum bezogenen Weltwirtschaft. In der Adria hatten sich Ragusas/Dubrovniks Kaufleute längst der venezianischen Kontrolle entzogen. Florenz und Genua profitierten von der vorübergehenden Aufwertung des westlichen Mittelmeerraumes: Eine Folge der Schwergewichtsverschiebung zur Iberischen Halbinsel und schließlich nach Nordwesteuropa, während die östliche Méditerranée rapide an Bedeutung verlor.

»Die großen Linien des kaufmännischen Lebens im 16. Jahrhundert sind uns bekannt: Krisen, gewiss – aber alles in allem auch Widerstandskraft, ja in bestimmten Sektoren sogar ein Aufblühen. Freilich muss man Folgendes stets im Auge behalten: im Innern dieser Widerstandskraft gibt es unverkennbare Zeichen von Erschlaffung ... Um hier ein Beispiel zu geben: Als Venedig zwischen 1587 und 1636 wieder den Kupferhandel an sich zu ziehen trachtet, fällt ihm nichts besseres ein als die Zölle zu senken. Das Ergebnis war gleich Null ... Anscheinend sind sich die Venezianer auch nicht im Klaren, wie groß die Welt mittlerweile geworden ist: den Blick starr auf den Nahen Osten und den ›Golf‹ gerichtet, übersehen sie völlig die veritable Revolution, die sich im Atlantik und in Nordeuropa anbahnt.«[26]

Trotz der relativ günstigen Bilanz vieler Wirtschaftsbereiche, der fortbestehenden finanziellen und auch militärischen Stärke, vollzog sich im 16. Jahrhundert ein relativer Niedergang Venedigs, der zwar nicht rechtfertigt, von Dekadenz zu sprechen, in mancher Hinsicht aber doch schon das Vorspiel für die viel größeren Schwierigkeiten des 17. Jahrhunderts darstellte. Die ungelösten Strukturprobleme in der Gewerbeproduktion erwiesen sich als schwere Hypotheken für die Zukunft. Die überragende Position des Fernhandels verwandelte sich nach dem Verlust der Vormachtstellung allmählich zu einem Nachteil, die Modernisierung der Landwirtschaft blieb nach recht verheißungsvollen Anfängen stecken.

Obwohl die Herstellung gewerblich-industrieller Güter seit dem Spätmittelalter erheblich zugenommen hatte, konnten grundlegende Schwächen der Produktion in Venedig ebenso wenig wie in anderen oberitalienischen Städten überwunden werden. Da die Kaufleute in den meisten Fällen sowohl

Rohstoffversorgung als auch Absatz rigoros kontrollierten, bestimmten sie Rhythmus und Schwerpunkte der Fabrikation. In der Regel kümmerten sie sich aber nur wenig um die technische Organisation und um produktivitätssteigernde Maßnahmen. Dies blieb den in Gilden mit sehr rigiden Vorschriften zusammengeschlossenen Handwerkern überlassen, die ihre Kenntnisse unter strengen Regeln weitergaben, aber keinen Prozess ständiger Innovation zustande brachten. Der zeitweilige Vorsprung einzelner Branchen gegenüber der internationalen Konkurrenz beruhte meist auf besserer Rohstoffversorgung und überlegener Qualität, konnte also durch verschlechterte Handelsbeziehungen oder den Verlust von Produktionsgeheimnissen leicht verloren gehen. Infolge des im Vergleich zum restlichen Europa relativ hohen Lohnniveaus verfügte Venedigs Gewerbe unter den genannten Umständen nur über zwei Abwehrstrategien gegen auswärtige Konkurrenz: Eine davon war der Einsatz verbesserter Technologien. Dies führte insbesondere im Buchdruck und in der Glaserzeugung zum Erfolg. Die andere Möglichkeit war die Spezialisierung auf teure Luxusprodukte, deren Herstellung überdurchschnittlich qualifizierte Arbeitskräfte in großer Zahl erforderte. Beide Strategien sicherten bis ins 17. Jahrhundert wichtige Exportmärkte, kurbelten aber kein umfassendes Produktionswachstum an und mündeten schließlich in gewerblich-manufakturieller Stagnation.[27]

Der Schiffbau – jahrhundertelang eine Säule der venezianischen Ökonomie – war nach der Zypernkrise und der Pestwelle der 70er-Jahre fast völlig zum Erliegen gekommen. Er spielte künftig nur mehr eine wesentlich bescheidenere Rolle. Trotzdem schwärmten zeitgenössische Beobachter noch um 1600 vom riesigen Werftenkomplex des Arsenals mit seinen 4000, vielfach hochspezialisierten Beschäftigten. Gründe für den Bedeutungsverlust waren unter anderem die beachtliche Kostenexplosion in der Branche sowie Holzmangel. Die Waldbestände des mediterranen Raums waren erschöpft, selbst die rigiden Maßnahmen zum Schutz von Eichen auf der Terraferma konnten auf Dauer den Bedarf nicht decken. Nordeuropa hingegen verfügte über schier unerschöpfliche Holzvorräte, etwa im Baltikum. Öffentliche Subventionen reichten nicht aus, um die Mehrkosten zu kompensieren, zumal niederländische Konstrukteure die Produktion von Schiffen im ausgehenden 16. Jahrhundert durch neue Bauverfahren und die Entwicklung neuer Frachtschifftypen völlig revolutionierten. Auch die lange Zeit so erfolgreiche dirigistische Wirtschaftspolitik der Signoria, welche die Entstehung großer Schiffbauunternehmen neben dem Arsenal fast unmöglich gemacht hatte, erwies sich nun als gravierender Nachteil: Die kleinen Privatwerften waren der nordwesteuropäischen Konkurrenz hoffnungslos unterlegen. Als die Regierung im Jahr 1590 ein entsprechendes Importverbot aufhob, zögerten die Kaufleute nicht, die technisch ausgereiften Schiffe der Niederländer zu kaufen oder überhaupt nur mehr zu chartern. Bezeichnenderweise stammte im Jahre 1605 bereits ein wesentlicher Teil der venezianischen Handelsflotte aus ausländischen Werften.[28]

Parallel zum Schiffbau war auch der Überseehandel in große Schwierigkeiten geraten, hatte sich aber nach wenigen Jahren der Stagnation wieder erholt. Aber ungeachtet eines Booms der Seiden- und Baumwollimporte aus dem östlichen Mittelmeerraum und trotz der zunehmenden Schwierigkeiten auf Portugals Kaproute begannen sich die Perspektiven des Levantehandels sukzessive zu verschlechtern. England, auch große Teile Frankreichs waren als Absatzmärkte endgültig verloren, da sie von den neuen Pfeffer- und Gewürzimporteuren Nordwesteuropas beliefert wurden. Im Mittelmeer traten Kauffahrer aus den Niederlanden, von der französischen Atlantikküste, schließlich auch aus England immer stärker in Erscheinung.[29]

Knapp nach der Jahrhundertwende bahnte sich eine umfassende Wirtschaftskrise an, die den Handel mit voller Wucht traf und im Verlauf von 25 Jahren viele Gewerbezweige ruinierte, sodass die Signoria in teilweise unlösbare Probleme geriet. Die Handelsrezession schlug sich nicht nur in rasant sinkenden Einkünften aus Zöllen und Hafengebühren sowie in noch stärker schrumpfenden Gewürz-, Baumwoll- und Rohseideimporten nieder, sondern führte auch zum Bankrott von angesehenen Handelshäusern. Der Niedergang des wollverarbeitenden Gewerbes verlief zunächst weniger dramatisch, nach einem letzten Produktionshöhepunkt setzte nach 1620 aber ein jahrzehntelanger Abstieg der Branche ein. Wobei die Rezession alle Textilzentren Norditaliens hart traf: In Florenz ging die Wollproduktion um 60 Prozent zurück, in Venedig um 70 Prozent, in Genua um 80 Prozent, in Mailand sogar um 90 Prozent. Die Seidenindustrie verzeichnete ähnliche Einbrüche: Sie schrumpfte in Venedig um 65 Prozent, in Lucca um 75 Prozent, in Genua und Mailand um 80 Prozent.[30] Nicht zuletzt waren für diese Entwicklung auch die hohen Arbeitskosten verantwortlich, während englische und flämische Produzenten vom wesentlich niedrigeren Lohnniveau Westeuropas profitierten. Außerdem reagierte Englands Wollindustrie besonders flexibel auf die Bedürfnisse der Kunden im Nahen Osten: Sie spezialisierte sich auf leichtere und dünnere Stoffe.[31]

Die schweren Einbußen im Handel sowie in verschiedenen Sparten des Luxusgütergewerbes hingen natürlich auch mit Verschiebungen im Weltsystem zusammen: Aufstieg starker Territorialstaaten, Bedeutungsgewinn Nordwesteuropas im Gefolge der atlantischen Expansion, Wirtschaftskrise im Osmanischen Reich, massive Störung der Fernhandelsachse Antwerpen-Nürnberg-Augsburg-Venedig sowie umfassende Verwüstung Mitteleuropas seit Beginn des Dreißigjährigen Krieges. Diese einander ergänzenden Faktoren, welche sich im Detail weiter ausführen ließen, machen plausibel, wieso sich seit dem ersten Viertel des 17. Jahrhunderts deutliche Anzeichen einer ökonomischen – und wohl auch politischen – Trendwende erkennen lassen. Sie korrespondiert in vielerlei Hinsicht mit einem profunden konjunkturellen Umschwung. In unserem Zusammenhang erübrigt sich die Frage, ob die erste Hälfte des 17. Jahrhunderts nun eine Periode einer langfristigen Krise des oberitalienischen Wirtschaftsraumes war oder ob es lediglich zu einem relativen Bedeutungsverlust gegenüber den expandierenden nordwesteuropäischen Staaten – Vereinigte Provinzen der nördlichen Niederlande und England – kam. [32]

> »Nicht unerwähnt soll aber bleiben, dass sich ab den Siebzigerjahren des 16. Jahrhunderts eine gegen Ende des Jahrhunderts hin stark zunehmende Aktivität oberitalienischer Kaufleute im oberdeutschen und südostmitteleuropäischen Raum feststellen lässt. In der ersten Hälfte der Zwanzigerjahre des 17. Jahrhunderts zählten italienische Firmen bereits zu den umsatzstärksten Handelsunternehmen in Nürnberg. Diese Kaufleute stammten meist nicht aus den alten städtischen Zentren des oberitalienischen Raumes, sondern häufig aus relativ kleinen Orten am südlichen Alpenrand.«[33]

Der Gewerbe- und Handelsabschwung wäre aber vermutlich geringer ausgefallen und hätte die Stellung Venedigs weniger erschüttert, wenn die Entwicklungsdynamik des Agrarbereiches nicht ebenfalls an seine Grenzen gestoßen wäre. Die Terraferma stellte zwar ab etwa 1620 in Form von Konsum- und Grundsteuern den höchsten Einnahmeposten im Budget der Markusrepublik, was ohne die vorangegangenen Fortschritte der Agrarökonomie undenkbar gewesen wäre: Nicht wenige landwirtschaftliche Betriebe warfen bis zu 100 Prozent Gewinn ab.[34] Die Modernisierung der Landwirtschaft hatte aber die alten feudalen Beschränkungen nicht völlig überwunden: Sie hatte keinen umfassenden Wandel zu kapitalistischen Eigentums- und Produktionsverhältnissen eingeleitet, wie dies in der Frühen Neuzeit in England und ansatzweise auch in den Niederlanden der Fall war. Der Agrarsektor war daher nur in beschränktem Umfang ein dynamisches Element der venezianischen Ökonomie.

Immer mehr Kaufmannskapital wurde im Agrarbereich investiert, der Bodenmarkt erfuhr weitreichende Liberalisierung, Fronarbeit beziehungsweise Leibeigenschaft waren längst verschwunden. Dennoch strebte die Mehrzahl der neuen gewinnorientierten Eigentümer keine radikale Trennung der Bauern von ihren Produktionsmitteln, keine ausschließlich marktgesteuerte Form der Verpachtung, keine maximale Ertragserweiterung über ständige Produktivitätssteigerungen an. Sie bevorzugten die Abschöpfung einer krisensicheren Feudalrente, Produktionsausweitungen durch vermehrten Arbeitseinsatz sowie Wertsteigerungen ihres Landes durch Meliorationen. Dazu kam noch die Forderung der Signoria nach preisgünstiger Versorgung Venedigs mit Grundnahrungsmitteln, in der Regel auf Kosten der Bevölkerung der Terraferma. Die dennoch vorhandenen Ansätze zu einer radikaleren Transformation des Agrarsektors gingen an der Wende vom 16. zum 17. Jahrhundert als Folge der umfassenden Krise der venezianischen Wirtschaft wieder verloren.

Venedigs Niedergang im 17. Jahrhundert – der sich kaum auf den Wohlstand der städtischen Ober- und Mittelschichten auswirkte, ganz massiv jedoch auf die Position in Weltwirtschaft und Weltsystem – rechtfertigt die Bezeichnung »Dekadenz« schon eher als die Entwicklung im 16. Jahrhundert, obwohl auch bei diesem Urteil Vorsicht angebracht scheint. Die krisenhafte Entwicklung fast aller Wirtschaftszweige nach 1600 verdeutlicht: Es war in der Blütephase venezianischer Handels- und Kolonialmacht zu keiner umfassenden Änderung der Klassen-, Eigentums- und Produktionsverhältnisse gekommen. Gerade diese Transformationsprozesse können aber nach dem Beispiel erfolgreicher Industriemetropolen späterer Jahrhunderte als unabdingbar für die völlige Überwindung des Feudalismus, für die Entfaltung kapitalistischer Wachstumsgesellschaften gelten.

Ausbleibende beziehungsweise scheiternde kapitalistische Transformation sollte aber nicht als der ausschließliche und unmittelbare Grund für den Niedergang der Serenissima angeführt werden. Ihr Bedeutungsverlust hängt ebenso – wenn nicht wesentlich stärker – mit dem Abstieg der gesamten Mittelmeerwelt und dem damit verbundenen Verfall inneritalienischer Arbeitsteilung zusammen. Venedigs Stagnation muss daher auch vor dem Hintergrund vielfältiger Verschiebungen im Zeitalter von Handelskompanien und des Absolutismus interpretiert werden.[35] Diese Entwicklung korrespondiert mit einem zumindest zeitweiligen ökonomischen Positionsverlust des Osmanischen Reiches. Als langfristig am folgenschwersten erwies sich der Aufstieg starker Territorialstaaten – eine Entwicklung, die den Spielraum der jahrhundertelang so erfolgreichen städtischen Metropolen immer mehr einschränkte. Als Franzosen, Holländer und Engländer Kapitulationen – Handelsverträge im modernen Sinn – mit der Pforte unterzeichneten, konnte Venedig dem Druck der westeuropäischen Konkurrenten nichts entgegensetzen.

Schon 1536 hatte sich Frankreich mit den Osmanen arrangiert, ab 1582 wurde die englische Levantekompanie aktiv. Als Folge der Kriege mit Spanien spielten die Niederländer im Mittelmeerraum zunächst eine geringe Rolle, konnten aber auf den Westindischen Inseln und vor allem im Fernen Osten Fuß fassen. Um 1600 dominierten sie den asiatischen Gewürzhandel, was auch bald auf levantinischen Märkten spürbar wurde: 1605 trafen keine Gewürze in Aleppo ein. Der 1609 mit Spanien geschlossene Friede öffnete den Niederländern die Route ins Mittelmeer, wo sie Venedigs ohnehin geschwächte Position endgültig ins Wanken brachten. Trumpfkarte der Newcomer: Spanisches Edelmetall und fernöstliche Gewürze.[36]

Ein Jahrhundert früher hatte sich die Serenissima mit einer ähnlichen Situation konfrontiert gesehen: Der erfolgreiche portugiesische Vorstoß nach Indien stürzte den Gewürzhandel in eine tiefe Krise. 1504 warteten Venedigs Handelsgaleeren in Alexandrien und Beirut vergeblich auf die Pfefferlieferungen. Dennoch gelang es relativ schnell, verlorenes Terrain gutzumachen. Mit gewohnter Geschmeidigkeit gelang die Anpassung an ein stark verändertes politisches Umfeld, in dem Venedig nicht mehr die Führungsposition innehatte. Ähnlich souverän wurde der Verlust monopolähnlicher Positionen im Welthandel weggesteckt. Die Machtkonstellationen des 17. Jahrhunderts hingegen ließen der Markusrepublik keinen Platz im Kreis der dominierenden Großmächte. Der Einfluss Venedigs wurde im Wesentlichen auf die traditionelle Kernzone reduziert: Lagune, Terraferma, Küstenstädte in Istrien und Dalmatien. Die Wasservögel kehrten dorthin zurück, von wo sie vor über 800 Jahren in die Welt losgezogen waren.

Anhang

Anmerkungen

Anfänge der Dogenrepublik

1 Rösch 1989, 17 ff.
2 Zorzi 1999, 15.
3 Crouzet-Pavan 2001, 8 f.
4 zit. in Lane 1980, 20 und Hocquet 1992, 525.
5 Bettini 1988, 47 ff.; Rösch 1989, 35; Crouzet-Pavan 2001, 8 f.
6 Bettini 1988, 50; Pavan/Arnaldi 1992, 428.
7 Jones 1997, 106.
8 Luzzatto 1995, 4; Tangheroni 1996, 93 f.; Horden/Purcell 2000, 167.
9 Crouzet-Pavan 2001, 62 f.
10 Crouzet-Pavan 2001, 65.
11 Lane 1980, 142 f. und 160, Karbe 1995; 34, Zorzi 1999, 28.
12 Lane 1980, 23.
13 Pavan/Arnaldi 1992, 437 ff.; Zorzi 1999, 263; Rösch 2000, 36 ff.
14 Crouzet-Pavan 2001, 134.
15 Lane 1980, 24 ff.; Karbe 1995, 38 und 44.
16 Rösch 1992, 549; Tangheroni 1996, 149 ff.
17 Bragadin 1989, 8 f.; Rösch 2000, 25.
18 Lane 1980, 28.
19 Lane 1980, 27.
20 zur Bedeutung der byzantinischen Balkanregionen vgl. Lilie 1999, 164 ff.
21 Ferluga 1992, 702; Rösch 1992, 560; Nicol 1999, 60 f.
22 Curtin 1984, 117.
23 Magalhães-Godinho 1969, 563.
24 Lane 1980, 67; Ravegnani 1995a, 49 ff.; Nicol 1999, 95.
25 zit. bei Ravegnani 1995a, 53.

1   Bragadin 1989, 18f.; Stefanelli o.J., 44ff; Jones 1997, 63.
2   Renouard 1981, 68; Stefanelli o.J., 47; Bresc 1990, 174.
3   Renouard 1981, 71; Horden/Purcell 2000, 168.
4   Bragadin 1989, 17ff.; Bresc 1990, 173; Horden/Purcell 2000, 156.
5   Renouard 1981, 73f.; Tangheroni 1996, 96f.; Ohler 1995, 318.
6   zit. bei Imperato 1980, 61.
7   Renouard 1981, 75.
8   Luzzatto 1958, 74; Renouard 1995, 42 ff.
9   zit. bei Lopez/Raymond 1990, 54.
10 Abu-Lughod 1989, 112; Bresc 1990, 175.
11 zit. bei Tangheroni 1996, 96 f.
12 Stefanelli o.J., 96 ff.; Renouard 1981, 73.
13 Renouard 1981, 76; vgl. dazu auch Tangheroni 1996, 148.
14 Imperato 1980, 153 ff.; Renouard 1981, 80f.
15 zit. bei Horden/Purcell 2000, 159.
16 Renouard 1981, 188; Herlihy 1990, 55 f.; Horden/ Purcell 2000, 119.
17 zit. in Herlihy 1990, 59.
18 Luzzatto 1958, 78; vgl. dazu Mitterauer 1996, 118 ff.
19 Imperato 1980, 137.
20 Berti 1991, 163; Allmendinger 1967, 50.
21 Casini 1991, 153.
22 Casini 1991, 151; Banti 1995, 32.
23 Malanima 1987, 340.
24 Tangheroni 1996, 145.
25 Herlihy 1990, 63.
26 Renouard 1981, 227; Herlihy 1990, 201 f.
27 Allmendinger 1967, 19; Renouard 1981, 228; Herlihy 1990, 62.
28 Tangheroni 1991, 134.
29 zit. bei Renouard 1981, 257.
30 Herlihy 1990, 212 ff.
31 Casini 1991, 154 ff.; Berti 1991, 165 f.
32 Epstein 1996, 12.
33 Epstein 1996, 26.
34 Epstein 1996, 30; Zazzu 1993, 15.
35 Renouard 1981, 271.
36 zit. bei Varela 1988, 39.
37 zit. bei Zazzu 1993, 69.
38 Constable 1996, 213.

39 Galloway 1989, 45; Braudel 1999, 117 ff.
40 Airaldi 1988, 9.
41 Renouard 1981, 282.
42 Karbe 1995, 261.
43 Renouard 1995, 138 ff.; Lopez 1997, 220 ff.; Tangheroni 1996, 382.
44 Vlasto 1913, 21 f.; Argenti 1958, 90 ff.; Epstein 1996, 209 f.
45 Epstein 1996, 210.
46 Lopez 1997, 264 ff.; Argenti 1958, 102 f.; Vlasto 1913 21 ff.
47 Renouard 1981, 287; Zazzu 1993, 64.
48 Zazzu 1993, 44
49 Braudel 1999, 118 f.
50 Karbe 1995, 264
51 zit. bei Karbe 1995, 264.
52 Luzzatto 1958, 183.
53 Abu-Lughod 1989, 114.
54 Karbe 1995, 61.

Stützpunktkolonien – ein Trading Post Empire

 1 Allmendinger 1967, 81.
 2 Allmendinger 1967, 18 und 57.
 3 Allmendinger 1967, 92; Rösch 1999, 249 f.
 4 zit. bei Allmendinger 1967, 95 f.
 5 Bragadin 1989, 46; Nicol 1999, 88 f.
 6 Lane 1980, 67.
 7 Lane 1980, 66, Runciman 473 f.
 8 Braudel 1990b, 126.
 9 Galloway 1989, 32.
10 Mintz 1985, 25.
11 Mintz 1985, 28 f., 88 und 125; Galloway 1989, 41.
12 Verlinden 1970, 4f.; Mayer 1980, 16f.; Prawer 1980.
13 Favreau-Lilie 1999, 205.
14 Favreau-Lilie 1999, 209 f. und 216 f.
15 Rösch 1999, 236.
16 Feldbauer 1995, 366; Rösch 1999, 238.
17 Allmendinger 1967, 61.
18 Tangheroni 1996, 164; Rösch 1999, 245 f.
19 Rösch 1999, 239 ff.
20 Ashtor 1986, 108 ff.

21 Ferluga 1992, 710 f.; Renouard 1995, 87 f.; Nicol 1999, 105 f.

22 Nicol 1999, 105.

23 Fees 1999, 57 ff.

24 Benevolo 1996, 36.

Kreta, Zypern und die Schwarzmeerküste – eine neue Form des Kolonialismus?

 1 Zur Debatte um die Rolle von Dandolo, Innozenz III. und anderen Protagonisten des vierten Kreuzzuges vgl. Mayer 1989, 177 f.; Nicol 1995, 161 f. und 164 f.; Runciman 1995, 887 ff.; Crouzet-Pavan 2001, 78.

 2 Lane 1980, 70 ff.; Runciman 1995, 890 f.; Tucci 1995, 629; Tangheroni 1996, 337.

 3 Borsari 1966, 22 ff. und 48; Lane 1980, 81 f.; Rösch 1995, 237.

 4 Vlasto 1913, 13; Rösch 1989, 121; Morris 1990, 47 ff.

 5 Ortalli 1998, 27.

 6 Ravegnani 1995b, 209.

 7 Jacoby 1998, 74 ff.; Nicol 1999, 81.

 8 Ravegnani 1995b, 193 f.; Ravegnani 1998, 35.

 9 Detorakis 1997, 157; Ortalli 1998, 25 f.; Ravegnani 1998, 38 f.

10 Detorakis 1997, 164; Ravegnani 1998, 41.

11 Detorakis 1997, 177 ff.; Nicol 1999, 301.

12 Detorakis 1997, 159 f.

13 Settia 1995, 497; Gallina 1998, 6 f.; Ravegnani 1998, 38 f.

14 Nicol 1999, 318.

15 Thieriet 1959, 413 ff.; Solow 1987, 53 ff.; Blackburn 1997, 76 ff.

16 Arbel 1998, 254; Jacoby 1998, 90; Tucci 1998, 184.

17 Tucci 1998, 186 f.

18 Arbel 1998, 249; Jacoby 1998, 85 ff.; Nicol 1999, 292 f.

19 Thiriet 1959, 338 und 417; Mazzaoui 1972, 281 f.; Ashtor 1982, 108 ff.

20 Abrate 1957, 266; Thiriet 1957, 417.

21 Arbel 1998, 255.

22 Riesz 1988, 209; Jacoby 1998, 100 ff.

23 Maier 1982, 100.

24 Maier 1982, 112; vgl. dazu auch Jacoby 1995, 282 ff.

25 zit. bei Zeilinger 1997, 75.

26 Maier 1982, 107 ff.

27 Maier 1982, 122; Epstein 1996, 111; Lopez 1997, 141.

28 Lopez 1997, 217 und 285.

29   Maier 1982, 123.
30   Heers 1961, 376; Maier 1982, 123f.
31   Lane 1980, 284.
32   Lopez 1997, 323.
33   Maier 1982, 31.
34   Racine 1977, 317; Lane 1980, 220 f.
35   Mc Neill 1974, 76.
36   Verlinden 1972, 638.
37   Luzzatto 1954, 117 ff.; McNeill 1974, 76; Lane 1980, 223.
38   Lane 1980, 464.
39   Horden/Purcell 2000, 196.
40   Mintz 1985, 30 f.
41   Lane 1980, 464
42   Lopez 1997, 197 f.
43   Zazzu 1993, 65 f.; Braudel 1999, 26.
44   Lopez 1997, 230.
45   Abu-Lughod 1989, 124; Balard 1997, 88 und 95 f.
46   Lane 1980, 118 und 203; Lopez 1997, 232; Rösch 2000, 108.
47   Nicol 1999, 238.
48   Morrissey 2001, 18.
49   Abu-Lughod 2001, 12.
50   Tucci 1989, 56; Tangheroni 1996, 366.
51   Lopez 1997, 289.
52   Nicol 1988, 261f.; Lopez 1997, 236.
53   Schmieder 1994, 157; Morrissey 2001, 21.
54   Lopez 1997, 215 f.
55   Lopez 1997, 192.
56   Epstein 1996, 108.
57   Lopez 1997, 299.
58   Argenti 1958, 60.
59   Balard 1997, 119.
60   Braudel 1999, 31; Nicol 1999, 413.
61   Braudel 1999, 26.

Genua und Venedig – das große Duell

1   Abu-Lughod 1989, 112.
2   Mayer 1989, 164.
3   Balard 1997, 89.

4 zit. bei Lopez 1997, 307; zit bei Karbe 1995, 257.

5 Scammel 1981a, 97 f.

6 Epstein 1996, 194.

7 Lopez 1997, 297. Am besten mit »Staatlein« wiederzugeben.

8 Vlasto 1913, 26; Lane 1980, 137 ff. und 265 ff.; Scammel 1981a, 95 ff.

9 Lane 1980, 298; Crouzet-Pavan 2001, 85.

10 Balard 1983, 50.

11 Scammel 1981a, 170 ff.; Braudel 1990b, 124 f. und 131.

12 Feldbauer/Morrissey 2001, 95 f.

13 Vlasto 1913, 38 ff.; Argenti 1958, 180 ff.

14 Chambers 1970, 43.

15 Balard 1997, 117 f.; Crouzet-Pavan 2001, 89 f.

16 Vgl. beispielsweise Cox 1959, 121 ff.

17 Melis 1974, 47 ff.; Parker 1979, 346 ff.; Scammel 1981a, 145.

18 Lopez 1958, 511 ff.

19 Braudel 1990b, 125.

20 Procacci 1989, 66 ff.

21 Braudel 1999, 116 ff.

22 Braudel 1999, 118.

Krisenszenario?

1 Romano/Tenenti 1997, 12 ff.

2 Cipolla 1995, 19.

3 Abu-Lughod 1989, 126 f.; Luzzatto 1995, 123 ff.

4 Kedar 1976, 13 ff. und 28 ff.; Lane 1980 265 ff.; Mueller 1997, 140 ff.;
   Schmitt 2001, 38 f.

5 Der Bandbreite an Meinungen entspricht die Liste illustrer Namen,
   Braudel, Luzzatto, McNeill, Melis, Mollat, Romano, Sapori, Tenenti, Verlinden, etc.

6 Lopez/Miskimin/Udovitch 1970, 106 f.; Abu-Lughod 1989, 127 f.

7 Braudel, 1990b, 123.

8 Braudel 1999, 45 f.

9 Epstein 2001b, 44.

10 Malanima 1997, 134.

11 Cipolla 1999a 23 ff.; Cipolla 1999b, 20 ff.; Epstein 2001b, 37 ff.

12 Epstein 2000, 77ff.

13 Epstein 2000, 83.

14 Hocquet 1997, 543 ff.; Schmitt 2001, 38.

15 Kedar 1976, 118 ff.; Lane/Mueller 1985, 186 ff. und 391 ff.; Luzzatto. 1995, 133 ff.
16 Hocquet 1979a, 696 f.; Hocquet 1983, 6 ff.; Mollat du Jourdin 1993, 201.
17 Aymard 1982, 132 ff.; Kahl 1983, 445.
18 Braudel 1990b, 123.
19 Luzzatto 1995, 128.
20 Abu-Lughod 1989, 128; vgl. dazu auch Balard 1997, 117.
21 Abu-Lughod 1989, 238 f.
22 Abu-Lughod 1989, 215.
23 Luzzatto 1995, 137 f.
24 Lopez 1997, 357.

Ein Mittelpunkt des Welthandels

1 Lane 1980, 106.
2 Hocquet 1997, 560 f. und 602; Härtl 1999, 119.
3 Procacci 1989, 64.
4 Melis 1970a, 372 f.; Ashtor 1974, 6.
5 Ashtor, 1974, 11 ff.; Scammcl, 1981a, 165 ff.,
6 Heers 1961, 347 ff.
7 Carrère 1967, 644 ff. und 855 ff.; Baratier 1970, 337 f.
8 Melis 1972, 158 f.; Lane 1980, 450; Balard 1997, 91.
9 Jacoby 1995, 289; Tangheroni 1996, 416 ff.; Tenenti 1996, 84; Jones 1997, 260.
10 Jones 1997, 269.
11 Braudel 1990b, 131 f.; Benevolo 1999, 89.
12 McNeill 1974, 60 ff.; Lane 1980, 195; Crouzet-Pavan 2001, 107f.
13 Boccaccio 1999, 148 ff.
14 Horden/Purcell 2000, 157.
15 Lopez/Raymond 1990, 221 ff.
16 Nicol 1999, 201 ff.
17 Lopez/Raymond 1990, 314 ff.
18 McNeill 1974, 62; Lane 1980, 195 ff.; Tangheroni 1996, 224.
19 Ashtor 1976, 306 f.; Ashtor 1982, 8 und 35; Abu-Lughod 1989, 235 f.
20 Romano/Tenenti/Tucci 1970, 111; Ashtor 1974, 17; Racine 1977, 312 ff.
21 Robbert 1983, 53 f.
22 Kovacevic 1960, 249; Janáøek 1973, 246 ff.; Robbert 1983, 62 ff.
23 Lane/Mueller 1985, 134 ff.; Stromer 1999, 6; Marrucci 2001, 67 f.

24 Fryde/Stromer 1999, 39 und 44.

25 Attman 1981, 16; Ïirkoviƒ 1981, 51; Lane/Mueller 1985, 365 ff. und 434 ff.; Braudel 1990a, 212 f.

26 Scammel 1981a, 109 f.; Vilar 1984, 92; Mueller 1997, 231 ff.

27 Brummett 1994, 150.

28 McNeill 1974, 61 f.; Ashtor 1975, 272 ff.

29 Ashtor 1974, 32 ff.; Lane 1980, 454 ff.

30 McNeill 1974, 52 ff.; Racine 1977, 320 ff.; Balard 1997, 92.

32 Feloni 1988, 155; Abulafia 1990, 283; Horden/Purcell 2000, 150 f. und 365 f.

33 Hocquet 1995, 718.

34 Hocquet 1979a, 691 ff.; Tangheroni 1996, 421; Arbel 1998, 255.

35 Mazzaoui 1972, 282 f.; Racine 1977, 327; Stromer 1978, 78 ff.; Ashtor 1982, 108 ff.

36 Lane 1980, 242 ff.; Ashtor/Cevidalli 1983, 482 ff.; Mc Cray 1999, 304 ff.

37 Verlinden 1962, 539 ff.; Lane 1980, 534 ff.; Crouzet-Pavan 2001, 190 f.

38 Mazzaoui 1972, 284 f.

39 McNeill 1974, 52 f.; Ashtor 1978, 12 ff.; Scammel 1981a, 110.

40 Ashtor 1976, 307.

»Buon governo?« – Innenpolitik und Weltmachstatus

1 Rösch 2000, 112.

2 Chojnacki 1972, 184.

3 Lane 1980, 143; vgl. dazu Rösch 1989, 28 ff.

4 Lane 1980, 143 f.

5 Jones 1997, 149.

6 Lane 1980, 146; Crouzet-Pavan 2001, 222.

7 Berengo 1999, 328.

8 Lane 1980, 149 f.; Jones 1997, 140; Berengo 1999, 177 f.

9 Crouzet-Pavan 2001, 225.

10 Jones 1997, 398 f.

11 Lane 1980, 153 ff.; Rösch 2000, 116ff. und 122 ff.

12 Jones 1997, 419.

13 Jones 1997, 222.

14 Berengo 1999, 326 und 329.

15 E.T.A. Hoffmann beschreibt Faliers Verschwörung in der Novelle »Doge und Dogaresse«. Vgl. Hoffmann 1965.

16 Lane 1980, 174; Jones 1997, 420 und 381f.; Zorzi 1999, 65 und 284.

17 Muir 1981, 245 ff.; Romano 1987, 48; Crouzet-Pavan 2001, 277 f.; Epstein 2001, 115 f.
18 Rösch 1989, 145 f.; Jones 1997, 410 und 418.
19 Bevilacqua 1995, 22 f., 77 und 104 f.; Crouzet-Pavan 2001, 45 f.
20 zit. bei Bevilacqua 1995, 87.
21 Rösch 2000, 30.
22 Zug Tucci 1992, 491; Bevilacqua 1995, 51 ff.; Crouzet-Pavan 2001, 120.
23 Crouzet-Pavan 2001, 20 ff.
24 Lane, 1980, 232 ff. und 306 f.
25 Rösch 1989, 142.
26 Jones 1997, 518; vgl. dazu Rutenberg 1973, 627.
27 Rutenberg 1973, 626; Lane 1980, 166 ff.; Berengo 1999, 439 f.
28 Romano 1987, 76; Berengo 1999, 864; Crouzet-Pavan 2001, 290 f.
29 Jones 1997, 433; vgl. dazu auch Bornholm 1990, passim.
30 Braudel 1999, 49.
31 Berengo 1999, 525 und 564 f.; Rösch 2000, 159; Schmitt 2001, 641.
32 Cox 1959, 46 ff.; Rapp 1976, 24; Lane 1980, 234 und 237 ff.
33 Lane 1980, 435.
34 Romano 1987, 122.
35 Chojnacki 1972, 188 ff. und 227 f.; Rösch 1989, 113; Tangheroni 1996, 386 f.
36 McNeill 1974, 72; Luzzatto 1995, 150.
37 Romano 1968, 79; Braudel 1990b, 126 f.; Rösch 2000, 92 f.
38 Chambers 1970, 34; Miskimin 1975, 154; Lane/Mueller 1985, passim; Braudel 1990 b, 129.
39 Ashtor 1971, 66 ff.; Grierson 1979, 175 f.
40 Kovacevic 1960, 254 ff.; Krekif 1972, 20 ff.; Íirkovif 1981, 49.
41 Braudel 1990b, 130.

Osmanen und Portugiesen

1 Tenenti 1973, 24; Braudel 1990b, 154 f.; Thomson 1998, 51.
2 Thiriet 1959, 380 f.; McNeill 1974, 86; Nicol 1999, 406 f.; Crouzet-Pavan 2001, 92.
3 Chambers 1970, 46; Scammel 1981a, 100; I.nalcik 1994, passim.
4 Thiriet 1959, 387 ff.; McNeill 1974, 86 ff.; Lane 1980, 388 ff.; Fleet 1999, 129 ff.
5 McNeill 1974, 88 f.; Braudel 1976, 388 f.
6 Tenenti 1973, 25; Guilmartin 1974, 260 f.

7 McNeill 1974, 126 f.; Simon 1983, 275 ff.; Brummett 1994, 68.
8 Brummett 1994, 29.
9 Braudel 1999, 68.
10 Guilmartin 1974, 221 f.; Padfield 1979, 87 ff.
11 zit. bei Romano/Tenenti 1967, 299.
12 Magalhães-Godinho 1969, 773; Goffman 1990, 93 ff.; Crouzet-Pavan 2001, 94.
13 Zit. bei Müller 1980, 5.
14 Lach 1965, 105 ff.; Lane, 1966, 13.
15 Lane 1980, 456; Scammel 1981a, 139.
16 Romano/Tenenti/Tucci 1970, 117 ff.; Wake 1979, 328; Reid 2000, 168 f.
17 Magalhães-Godinho 1969, 614 ff.; Wake 1979, 378; Reid 2000, 168 f.
18 Magalhães-Godinho 1969, 729.
19 Magalhães-Godinho 1953b, 284 ff.; Magalhães-Godinho 1969, 715 ff.; Romano/Tenenti/Tucci 1970, 124 ff.
20 Benevolo 1999, 129.
21 Lach 1965, 106; Müller, 1980, 5; Brummett 1994, 35.
22 zit. in Brummett 1994, 37.
23 Brummett 1994, 37 ff.
24 Lane 1980, 457 f.; Magalhães-Godinho 1969, 726 f.
25 Tenenti 1973, 30.
26 Lane 1966, 12.
27 Glamann 1979, 302 f.
28 Gascon 1960, 647 ff.; Glamann 1979, 304; Lane 1980, 458. Wesentlich skeptischer Subrahmanyam/Thomaz 1991, 308 sowie Subramanyam 1993, 75 f.
29 Lane 1966, 25 ff.; Braudel 1976, 545 ff.
30 Glamann 1979, 304; Scammel 1981a, 140; Subrahmanyam 1993, 75 f., Veinstein 1999, 101 f.
31 Vgl. Wake 1979, 381 ff. und Subrahmanyam 1993, 76 contra Steensgaard 1974, 154 ff.
32 Wallerstein 1974, 339 ff.; Lane 1980, 460 ff.

Terraferma – Landmacht Venedig

1 Crouzet-Pavan 2001, 117.
2 Pozza 1995, 663 f. und 668 ff.; Rösch 1995, 250 f.
3 Crouzet-Pavan 2001, 123 ff.

4 Lane 1980, 377 f.; Luzzatto 1995, 142.

5 Ein schwer zu übersetzender Begriff, »Unterworfen« trifft weder Wort-
bedeutung noch politische Realität. Eher könnte man ihn mit »unter-
stellte Stadt« wiedergeben.

6 Berengo 1999, 143; vgl. dazu auch Tagliaferri 1981, passim; Mazzacane
1995, 68 f.;Varanini 1997, 215 f.

7 Lane 1980, 381 f.;Tangheroni 1996, 471.

8 Lane 1980, 382.

9 »condotta« bedeutet »Vertrag«.

10 Machiavelli 1986, 99 ff.

11 Tenenti 1973, 20 f.; Norwich 1983, 323 f.; Luzzatto 1995, 146.

12 Lane 1980, 335 f.; Müller 1980, 4 f.

13 Ventura 1968, 675 f.; Braudel 1990a, 307 f.

14 Tenenti 1973, 20;Tucci 1979, 165.

15 Lane 1980, 407; vgl. auch, 381.

16 Tucci 1973, 349.

17 Pullan 1973, 381 ff.;Tucci 1973, 350 ff.

18 Pullan 1973, 386;Aymard 1982, 186 ff.

19 Luzzatto 1995, 147.

20 Ventura 1968, 675.

21 Tucci 1979, 165.

22 Ventura 1968, 678 ff.

23 Braudel 1999, 224 f.

24 Ventura 1964, 337; Pullan 1971, 28.

25 Chittolini/Coppola 1982, 179.

26 Jones 1964, 313;Aymard 1982, 133 und 136 f.; Kahl 1983, 445.

27 Chittolini/Coppola 1982, 179.

28 Anderson 1979, 193; Kahl 1983, 445.

29 Ventura 1968, 675.

30 Crouzet-Pavan 2001, 149.

31 Tucci 1979, 165.

32 Woolf 1968, 190 f.; Chambers 1971, 28.

33 Crouzet-Pavan 2001, 153.

34 Bevilacqua 1995, 68.

35 Bevilacqua 1995, 68; Crouzet-Pavan, 2001, 141 ff.

36 Braudel 1976, 596 ff.; Ciriacono 1981, 124 ff.; Del Treppo 1981, 733.

37 Aymard 1982, 169; Braudel 1990a, 308 ff.

38 Ashtor 1982, 28f. und 33.

39 Tenenti 1973, 21 f.

40 Boucher 1994, 74 ff.

41 Fasano-Guarini 1995, 86.
42 Mazzacane 1995, 70 f.

Verlust der Vormacht

1 Lane 1980, 397 ff.; Norwich 1983, 390 ff.
2 Tenenti 1973, 28; Wiesflecker 1981, 23 ff.; Gilbert 1997, 8 f. und 36 f.
3 Procacci 1989, 110 ff.
4 Procacci 1989, 111.
5 Hinsichtlich des levantinischen Gewürzhandels haben die Arbeiten von Braudel, Cipolla, Lane, Magalhães-Godinho, Pullan und anderen gezeigt, dass frühere Historikergenerationen mit ihren Zusammenbruchstheorien auf dem Holzweg waren. Wake und Subrahmanyam hingegen warnen vor einer Unterschätzung der portugiesischen Kaproute durch die genannten Zelebritäten.
6 Attman 1981, 23; Thomson 1998, 111; Braudel 1999, 114 und 239 f.
7 Braudel 1976, 391 f. und 292; Lane 1980, 531 ff.
8 Lane 1980, 463 ff.; Attman 1981, 21; Mazzaoui, 1981, 50 ff.; Goffman 1990, 68 ff.
9 Magalhães-Godinho 1969, 728; Glamann 1977, 243 f.
10 Pullan 1973, 382.
11 Hocquet 1979a, 687 f.
12 Krekif 1978, 423; Tadif, 1961 270 f.
13 Guilmartin 1974, 7 ff.; McNeill 1974, 129.
14 Tenenti 1967, 56 ff. und 93 ff.; Pullan 1971, 16; Lane 1980, 588 ff.
15 Braudel 1979, 267; Lane 1980, 463 ff.; Aymard 1982, 187.
16 »Marrano« bedeutet auf Spanisch »Schwein«. So nannte man auf der Iberischen Halbinsel zum Christentum konvertierte Juden. Ausführlich zur wechselhaften Geschichte der venezianischen jüdischen Gemeinde Calimani 1988, 79 ff.
17 Thomson 1998, 112; Rösch 2000, 160.
18 Pullan 1973, 381 und 386; Tucci 1973, 360 ff.
19 Rapp 1975, 501 f.; Rapp 1976, 6; Ciriacono 1996, 296 f.
20 Pullan 1971, 17; Braudel 1979, 266.
21 McNeill 1974, 131 f.; Lane 1980, 481; Ciriacono 1988, 45.
22 Lane 1980, 482; Mazzaoui 1981, 145 ff.; Crouzet-Pavan 2001, 198 ff.
23 Luzzatto 1958, 154 f.; Miskimin 1977, 118 f.; Crouzet-Pavan 2001, 201 ff.
24 Lane 1980, 485 ff.

25 Stella 1956, 57; Pullan 1971, 29; Ciriacono 1976, 295 f.; Aymard 1982, 187 ff.

26 Braudel/Jeannin/Meuvret/Romano 1961, 35 f.

27 Sella 1968b, 117 ff.; Aymard 1982, 165 ff.; Malanima 1995, 319 f.; Ciriacono 1996, 298 f.

28 Tenenti 1967, 97; Lane 1980, 585 ff.; Davis 1993, 180; Thomson 1998, 114.

29 Lane 1980, 608; Braudel 1999, 240.

30 Pullan 1971, 19; Sella 1979, 37 f.; Malanima 1997, 146 f.

31 Ciriacono 1988, 45 f.; Malanima 1997, 140.

32 Malanima 1998a, passim; Zannini 1999, 490 ff.

33 Landsteiner 2002, 118; vgl. dazu auch Peters 1994 sowie Mazzei 1999.

34 Rapp 1975, 507 f.; Braudel 1999, 251.

35 vgl. dazu die Werke Wallersteins und Braudels.

36 Goffman 1990, 64 ff.; Thomson 1998, 111 f.

Literatur

Abrate 1957 = Mario Abrate, Creta – colonia veneziana nei secoli XIII-XV, in: Economia e storia 4/3, 1957.

Abulafia 1977 = David Abulafia, The Two Italies. Economic Relations Between the Norman Kingdom of Sicily and the Northern Communes, Cambridge 1977.

Abulafia 1990 = David Abulafia, Gli italiani fuori d'Italia, in: Storia dell' economia italiana 1. Il Medioevo. Dal crollo al trionfo. Turin 1990.

Abu-Lughod 1989 = Janet L. Abu-Lughod, Before European Hegemony. The World System A.D. 1250–1350, New York-Oxford 1989.

Abu-Lughod 2001 = Janet L. Abu-Lughod, Das Weltsystem im 13. Jahrhundert. Sackgasse oder Wegweiser? in: Peter Feldbauer/Gottfried Liedl/John Morrissey (Hg.), Vom Mittelmeer zum Atlantik. Die mittelalterlichen Anfänge der europäischen Expansion. Querschnitte Band 6, Wien-München 2001.

Airaldi 1988 = Gabriella Airaldi, Da Genova a Siviglia – l'avventura dell' occidente, in: Genova e Siviglia, Katalog zur Ausstellung, Genua 1988.

Allmendinger 1967 = Karl Heinz Allmendinger, Die Beziehungen zwischen der Kommune Pisa und Ägypten im Hohen Mittelalter, in: Vierteljahrzeitschrift für Sozial- und Wirtschaftsgeschichte 54, 1967.

Anderson 1979 = Perry Anderson, Die Entstehung des absolutistischen Staates, Frankfurt am Main 1979.

Arbel 1996 = Benjamin Arbel (Hg.), Intercultural Contacts in the Medieval Mediterranean, London 1996.

Arbel 1998 = Benjamin Arbel, Riflessioni sul ruolo di Creta nel commercio mediterraneo del Cinquecento, in: Gherardo Ortalli (Hg.), Venezia e Creta. Atti del convegno internazionale di studi, Venedig 1998.

Argenti 1958 = Philipp P. Argenti, The Occupation of Chios by the Genoese and Their Administration of the Island. 1346–1566, Cambridge 1958.

Ashtor 1971 = Eliyahu Ashtor, Les métaux précieux et la balance des payements du Proche-Orient à la basse époque, in: Monnaie. Prix. Conjoncture 10, Paris 1971.

Ashtor 1974 = Eliyahu Ashtor, The Venetian Supremacy in Levantine Trade:

Monopoly or Pre-Colonialism? in: The Journal of European Economic History 3/1, 1974.

Ashtor 1975a = Eliyahu Ashtor, Républiques urbaines dans le Proche-Orient à l'époque des croisades? in: Cahiers de civilisation médiévale 18, 1975.

Ashtor 1975 b = Eliyahu Ashtor, Profits from the Trade with the Levant in the Fifteenth Century, in: Bulletin of the School of Oriental and African Studies 38/2, 1975.

Ashtor 1976 = Eliyahu Ashtor, A Social and Economic History of the Near East in the Middle Ages, London 1976.

Ashtor 1978 = Eliyahu Ashtor, Aspetti della espansione italiana nel basso medioevo, in: Revista Storica Italiana 90/1, 1978.

Ashtor 1982 = Eliyahu Ashtor, Europäische Tuchausfuhr in die Mittelmeerländer im Spätmittelalter, in: Hermann Kellenberg/Eberhard Schmidt/Jürgen Schneider (Hg.), Vorträge zur Wirtschafts- und Überseegeschichte, Nürnberg 1982.

Ashtor /Cevidalli 1983 = Eliyahu Ashtor/Guidobaldo Cevidalli, Levantine Alkali Ashes and European Industries, in: The Journal of European Economic History 12/3, 1983.

Ashtor 1986 = Eliyahu Ashtor, East-West Trade in the Medieval Mediterranean, London 1986.

Attman 1981 = Arthur Attman, The Bullion Flow Between Europe and the East 1000–1750, in: Acta Regiae Societatis Scientiarum et Litterarum Gothoburgensis. Humaniara 20, Göteborg 1981.

Aymard 1982 = Maurice Aymard, From Feudalism to Capitalism in Italy: The Case That Doesn't Fit, in: Review 6/2, 1982.

Aymard/Revel 1983 = Maurice Aymard/Jacques Revel, Niveaux et formes de développement des économies agraires en Italie. XVe – XVIIIe siècles, in: Annalisa Carducci (Hg.), Sviluppo e sottosviluppo in Europa e fuori d'Europa dal secolo XIII alla rivoluzione industriale, Florenz 1983.

Balard 1977 = Michel Balard, Les Greces de Chios sous la domination genoise au XIVe siècle, in: Byzantinische Forschungen. Internationale Zeitschrift für Byzantinistik 5, 1977.

Balard 1978 = Michel Balard, La Romanie genoise. XIIe – début XVe siècle. Atti della Società Ligure di Storia Patria NF 18, Genua 1978.

Balard 1983 = Michel Balard, Gênes et la Mer Noire. XIIIe – XVe siècles, in: Revue Historique 270/3, 1983.

Balard 1997 = Michel Balard, La lotta contro Genova, in: Girolamo Airaldi/Giorgio Cracco/Alberto Tenenti (Hg.), Storia di Venezia. Dalle origini alla caduta della Serenissima III. La formazione dello stato patriziato, Rom 1997.

Banti 1995 = Ottavio Banti, Breve storia di Pisa, Pisa 1995.

Baratier 1970 = Edouard Baratier, L'activité des Occidentaux en Orient au Moyen Ages, in: Michel Mollat (Hg.), Sociétés et compagnies de commerce en Orient et dans l'océan indien. Actes du huitième colloque international d'histoire maritime, Paris 1970.

Beltrami 1955 = Daniele Beltrami, Saggio di storia dell' agricoltura nella Repubblica di Venezia durante l'età moderna, Rom-Venedig 1955.

Benevolo 1996 = Leonardo Benevolo, La città nella storia d'Europa, Rom/Bari 1996.

Benvenuti 1998 = Gino Benvenuti, Le repubbliche marinare, Rom 1998.

Berengo 1999 = Marino Berengo, L'Europa delle città, Turin 1999.

Berti 1991 = Marcello Berti, Vita economica a Pisa nel Trecento fra tradizione e innovazione, in: Ottavio Banti/Cinzio Violante (Hg.), Momenti di storia medioevale di Pisa, Pisa 1991.

Bertuccioli/Masini 1996 = Giuliano Bertuccioli/Federico Masini, Italia e Cina, Rom-Bari 1996.

Bettini 1988 = Sergio Bettini, Venezia. Nascita di una città, Mailand 1988.

Bevilacqua 1995 = Piero Bevilacqua, Venedig und das Wasser, Frankfurt am Main-New York 1995.

Blackburn 1997 = Robin Blackburn, The Making of New World Slavery. From the Baroque to the Modern 1492–1800, London-New York 1997.

Boccaccio 1999 = Giovanni Boccaccio, Das Decameron, Berlin 1999.

Bornholm 1990 = Asa Bornholm, The Doge of Venice: the Symbolism of State Power in the Renaissance, Gothenburg 1990.

Borsari 1966 = Silvano Borsari, Studi sulle colonie veneziane in Romania nel XIII secolo, Neapel 1966.

Boucher 1994 = Bruce Boucher, Palladio. Der Architekt in seiner Zeit, München 1994.

Bouras 1984 = Charalambos Th. Bouras, Chios. Griechische traditionelle Architektur, Athen: 1984.

Bragadin 1989 = Marc'Antonio Bragadin, Le repubbliche marinare, La Spezia 1989.

Braudel 1976 = Fernand Braudel, The Mediterranean and the Mediterranean World in the Age of Philipp II., 2 Bände, Frankfurt am Main 1976.

Braudel 1979 = Fernand Braudel, La vita economica di Venezia nel XVI secolo, in: Vittore Branca (Hg.), Storia della civiltà veneziana 2: Autunno del Medioevo e Rinascimento, Florenz 1979.

Braudel 1990a = Fernand Braudel, Sozialgeschichte des 15. bis 18. Jahrhunderts 2. Der Handel, München 1990.

Braudel 1990b = Fernand Braudel, Sozialgeschichte des 15. bis 18. Jahrhunderts 3. Aufbruch zur Weltwirtschaft, München 1990.

Braudel 1999 = Fernand Braudel, Modell Italien. 1450–1600, Stuttgart 1999.

Braudel/Jeannin/Meuvret/Romano 1961 = Fernand Braudel/Pierre Jeannin/Jean Meuvret/Ruggiero Romano, Le déclin de Venise au XVIIème siècle, in: Aspetti e cause della decadenza economica veneziana nel secolo XVII, Civiltà Veneziana – Studi 9, Venedig-Rom 1961.

Bresc 1990 = Henri Bresc, I fattori della distribuzione, in: Storia dell'economia italiana 1. Il Medioevo – dal crollo al trionfo, Turin 1990.

Brummett 1994 = Palmira Brummett, Ottoman Seapower and Levantine Diplomacy in the Age of Discovery, Albany/N.Y. 1994.

Brusegnan/Scarsella/Vittoria, 2001 = Marcello Brusegnan/Alessandro Scarsella/Maurizio Vittoria, Guida insolita ai misteri, segreti, alle legende e alle curiosità di Venezia, Rom 2001.

Calimani 1988 = Riccardo Calimani, Die Kaufleute von Venedig. Die Geschichte der Juden in der Löwenrepublik, Düsseldorf 1988.

Carrère 1967 = Claude Carrère, Barcelone – centre économique à l'époque des diffcultés 1380 – 1462, 2 Bde., Paris 1967.

Casini 1991 = Bruno Casini, Pisa nel Basso Medioevo, in: Ottavio Banti/Cinzio Violante (Hg.), Momenti di storia medioevale pisana, Pisa 1991.

Castagnetti 1995 = Andrea Castagnetti, Il primo comune, in: Giorgio Cracco/Gherardo Ortalli (Hg.), Storia di Venezia. Dalle origini alla caduta della Serenissima II. L'età del commune, Rom 1995.

Chambers 1970 = David S. Chambers, The Imperial Age of Venice 1380–1580, London 1970

Chittolini/Copolla 1982 = Giorgio Chittolini/Gauro Coppola, Grand domaine et petites exploitations. Quelques observations sur la version italienne de ce modèle (XIIIe–XVIIIe siècles), in: Peter Gunst/Tamás Hoffmann (Hg.), Grand domaine et petites exploitations en Europe au moyen âge et dans les temps modernes. Rapports nationaux, Budapest 1982.

Chojnacki 1972 = Stanley Chojnacki, Crime, Punishment, and the Trecento Ventian State, in: Lauro Martines (Hg.), Violence and Civil Disorder in Italian Cities 1200–1500, Berkeley-Los Angeles-London 1972.

Cipolla 1995 = Carlo M. Cipolla, Geld-Abenteuer. Extravagante Geschichten aus dem europäischen Wirtschaftsleben, Berlin 1995.

Cipolla 1999a = Carlo M. Cipolla, Segel und Kanonen. Die europäische Expansion zur See, Berlin 1999.

Cipolla 1999b = Carlo M. Cipolla, Gezählte Zeit. Wie die mechanische Uhr das Leben veränderte, Berlin 1999.

Ciriacono 1981 = Salvatore Ciriacono, Investimenti capitalistici e colture irrigue. La congiuntura agricola nella Terraferma veneta (secoli XVI e XVII), in: Amelio Tagliaferri (Hg.), Atti del Convegno Venezia e la Terraferma attravero le relazioni dei rettori, Mailand 1981.

Ciriacono 1988 = Salvatore Ciriacono, Mass consumption goods and luxury goods. The de-industrialization of the Republic of Venice from the 16th to the 18th Century, in: Herman van der Wee (Hg.), The Rise and Decline of Urban Industries in Italy and in the Low Countries, Leuven 1988

Ciriacono 1996 = Salvatore Ciriacono, Venise et la Vénétie dans la transition vers l'industrialisation. A propos de thèses de Franklin Mendels, in: René Leboutte (Hg.), Proto-industrialisation. Recherches récents et nouvelles perspectives. Mélanges en souvenir de Franklin Mendels, Publication du Centre d'Histoire Economique Internationale de l'Université de Genève 11, Genf 1996.

Iirkovif 1981 = Sima Iirkovif, The Production of Gold, Silver, and Copper in the Central Parts of the Balkans from the 13th to the 16th Century, in: Hermann Kellenbenz (Hg.), Precious Metals in the Age of Expansion, Beiträge zur Wirtschaftsgeschichte 2, Stuttgart 1981.

Constable 1996 = Olivia Remie Constable, Trade and Traders in Muslim Spain. The Commercial Realignment of the Iberian Peninsula. 900 1500, Cambridge 1996.

Cox 1959 = Oliver C. Cox, The Foundations of Capitalism, New York 1959.

Crouzet-Pavan 2001 = Élisabeth Crouzet-Pavan, Venezia trionfante. Gli orrizonti di un mito, Turin 2001.

Curtin 1984 = Philip D. Curtin, Cross-cultural Trade in World History, Cambridge 1984.

Curtin 1990 = Philip D. Curtin, The Rise and Fall of the Plantation Complex. Essays in Atlantic History, Cambridge 1990.

D'Antonio/Caroli/Puglia 1996 = Nino D'Antonio /Ela Caroli /Vito Puglia, Amalfi. Maurische Kunst am Golf von Neapel, München 1996.

Davis 1993 = Robert C. Davis, Arsenal and ›Arsenalotti‹. Workplace and Community in Seventeenth-Century Venice, in: Thomas Max Safley/Leonard N. Rosenbrand (Hg.), The Workplace before the Factory. Artisans and Proletarians 1500–1800, Ithaca-London 1993.

Day 1978 = John Day, The Great Bullion Famine of the Fifteenth Century, in: Past and Present 79, 1978.

Del Treppo 1981 = Mario Del Treppo, Federigo Melis and the Renaissance Economy, in: The Journal of European Economic History 10/3, 1981.

Detorakis 1997 = Theocharis E. Detorakis, Geschichte von Kreta, Heraklion 1997.

Epstein 1996 = Steven A. Epstein, Genoa and the Genoese. 928–1528, Chapel Hill-London 1996.

Epstein 2000 = S.R. Epstein, Freedom and Growth. The Rise of States and Markets in Europe. 1300–1750, London-New York 2000.

Epstein 2001a = Steven A. Epstein, Speaking of Slavery. Colour, Ethnicity, and Human Bondage in Italy, Ithaca-London 2001.

Epstein 2001b = Stephen R. Epstein, The Late Medieval Crisis as an »Integration Crisis«, in: Maarten Prak (Hg.), Early Modern Capitalism. Economic and Social Change in Europe. 1400–1800, London-New York 2001.

Fasano Guarini 1995 = Elena Fasano Guarini, Center and Periphery, in: Julius Kirshner (Hg.), The Origins of the State in Italy. 1300–1600, Chicago-London 1995.

Favreau-Lilie 1999 = Marie-Luise Favreau-Lilie, Der Fernhandel und die Auswanderung der Italiener ins Heilige Land, in: Wolfgang von Stromer (Hg.), Venedig und die Weltwirtschaft um 1200, Stuttgart 1999.

Fees 1999 = Irmgard Fees, Die Geschäfte der venezianischen Dogenfamilie Ziani, in: Wolfgang von Stromer (Hg.), Venedig und die Weltwirtschaft um 1200, Stuttgart 1999.

Feldbauer 1995 = Peter Feldbauer, Die islamische Welt. 600–1250. Ein Frühfall von Unterentwicklung? Wien 1995.

Feldbauer/Morrissey 2001 = Peter Feldbauer/John Morrissey, Italiens Kolonialexpansion – Östliches Mittelmeer und die Küsten des Schwarzen Meeres, in: Peter Feldbauer/Gottfried Liedl/John Morrissey (Hg.), Vom Mittelmeer zum Atlantik. Die mittelalterlichen Anfänge der europäischen Expansion, Querschnitte Band 6, Wien-München 2001.

Feloni 1988 = G. Feloni, Structural Changes in Urban Industry in Italy from the Late Middle Ages to the Beginning of the Industrial Revolution. A Synthesis, in: Herman Van der Wee (Hg.), The Rise and Decline of Urban Industries in Italy and in the Low Countries, Leuven 1988.

Ferluga 1992 = Jadran Ferluga, Veneziani fuori Venezia, in: Lellia Cracco Ruggini/Massimiliano Pavan/Giorgio Cracco/Gherardo Ortalli (Hg.), Storia di Venezia. Dalle origini alla caduta della Serenissima I. Origini – età ducale, Rom 1992.

Fleet 1999 = Kate Fleet, European and Islamic Trade in the Early Ottoman State. The Merchants of Genoa and Turkey, Cambridge-New York 1999

Fryde/Stromer 1999 = Natalie Fryde/Wolfgang von Stromer, Hochfinanz, Wirtschaft und Politik im Zeitalter der Kreuzzüge, in: Wolfgang von Stromer (Hg.), Venedig und die Weltwirtschaft um 1200, Stuttgart 1999.

Gallina 1989 = Mario Gallina, Una società coloniale del Trecento. Creta fra Venezia e Bisanzio, Venezia 1989.

Gilbert 1997 = Felix Gilbert, Venedig, der Papst und sein Bankier, Frankfurt am Main 1997.

Glamann 1977 = Kristof Glamann, The Changing Patterns of Trade, in: Edwin E. Rich/Charles H. Wilson (Hg.), The Cambridge Economic History of Europe 5: The Economic Organization of Early Modern Europe, Cambridge 1977.

Glamann 1979 = Kristoff Glamann, Der europäische Handel 1500 – 1750, in: Carlo M. Cipolla/Knut Borchardt (Hg.), Europäische Wirtschaftsgeschichte 2: Sechzehntes und siebzehntes Jahrhundert, Stuttgart-New York 1979.

Goffman 1990 = Daniel Goffman, Izmir and the Levantine World 1550–1650, Seattle-London 1990.

Grierson 1979 = Philip Grierson, La moneta veneziana nell' economia mediterranea del Trecento e Quattrocento, in: Vittore Branca (Hg.), Storia della civiltà veneziana 2: Autunno del Medioevo e Rinascimento, Florenz 1979.

Griffiths 1981 = Gordon Griffiths, The Italian City-State, in: Robert Griffeth/Carol G. Thomas (Hg.), The City-State in Five Cultures, Santa Barbara-Oxford 1981.

Guilmartin 1974 = John Francis Guilmartin, Gunpowder and Galleys. Changing Technology and Mediterranean Warfare at Sea in the Sixteenth Century, London-New York 1974.

Härtl 1999 = Reinhard Härtl, Venezia, il Friuli e il retroterra Austriaco attorno al 1200, in: Wolfgang von Stromer (Hg.), Venedig und die Weltwirtschaft um 1200, Stuttgart 1999.

Heers 1961 = Jacques Heers, Gênes au XVe siècle. Activité économique et problèmes sociaux. Affaires et gens d'affaires, Paris 1961.

Hellmann 1981 = Manfred Hellmann, Grundzüge der Geschichte Venedigs, Darmstadt 1981.

Herlihy 1990 = David Herlihy, Pisa nel Duecento. Vita economica e sociale d'una città italiana del Medioevo, in: Cultura e storia Pisana 3, Pisa 1990.

Heyd 1923 = Wilhelm Heyd, Histoire du commerce du Levant au Moyen Age 2, Leipzig 1923.

Hocquet 1979a = Jean-Claude Hocquet, Le sel et la fortune de Venise 2: Voiliers et commerce en Méditerranée 1200–1650, Lille 1979.

Hocquet 1979b = Jean-Claude Hocquet, Capitalisme marchand et classe marchande à Venise au temps de la Renaissance, in: Annales E.S.C. 34/2, 1979.

Hocquet 1983 = Jean-Claude Hocquet, Das Salz und die Gewinne aus der Handelsschifffahrt im Mittelmeer im Spätmittelalter, in: Scripta Mercaturae 17/1, 1983.

Hocquet 1992 = Jean-Claude Hocquet, Le saline, in: Lellia Cracco Ruggini/Massimiliano Pavan/Giorgio Cracco/Gherardo Ortalli (hg.), Storia di Venezia. Dalle origini alla caduta della Serenissima I. Origini – età ducale, Rom 1992.

Hocquet 1995 = Jean-Claude Hocquet, La politica del sale, in: Giorgio Cracco/Gherardo Ortalli (Hg.), Storia di Venezia. Dalle origini alla caduta della Serenissima II. L'età del commune, Rom 1995.

Hocquet 1997 = Jean-Claude Hocquet, I meccanismi dei traffici, in: Alberto Tenenti/Ugo Tucci (Hg.), Storia di Venezia III, Rom 1997.

Hoffmann 1965 = E.T.A. Hoffmann, Doge und Dogaresse, Stuttgart 1965.

Horden/Purcell 2000 = Peregrine Horden/Nicolas Purcell, The Corrupting Sea. A Study of Mediterranean History, Oxford-Malden/Mass. 2000.

Imperato 1980 = Giuseppe Imperato, Amalfi e il suo commercio, Salerno 1980.

I.nalcik 1994 = Halil I.nalcik, The Ottoman State. Economy and Society 1300–1600, in: Halil I.nalcik/Donald Quataert (Hg.), An Economic and Social History of the Ottoman Empire 1300 – 1914, Cambridge-New York 1994.

Jacoby 1977 = David Jacoby, Citoyens, Sujets et Protégés de Venise et de Gênes en Chypre du XIIIe au XVe siècle, in: Byzantinische Forschungen. Internationale Zeitschrift für Byzantinistik 5, 1977.

Jacoby 1995 = David Jacoby, La Venezia d' oltremare nel secondo Duecento, in: Giorgio Cracco/Gherardo Ortalli (Hg.), Storia di Venezia. Dalle origini alla caduta della Serenissima II. L'età del commune, Rom 1995.

Jacoby 1998 = David Jacoby, Creta e Venezia nel contesto economico del Mediterraneo orientale sino all metà del Quattrocento, in: Gherardo Ortalli (Hg.), Venezia e Creta. Atti del convegno internazionale di studi, Venedig 1998.

Janáøek 1973 = Josef Janáøek, L'argent tchèque et la Méditerranée. XIVe et Xve siècles, in: Mélanges en l'honneur de Fernand Braudel 1: Histoire économique du monde méditerranéen 1450–1650, Toulouse 1973.

Jones 1964 = Philip Jones, Per la storia agraria italiana nel medioevo. Lineamenti e problemi, in: Revista storica italiana 76/2, 1964.

Jones 1997 = Philip Jones, The Italian City State. From Commune to Signoria, Oxford 1997.

Kahl 1983 = Hubert Kahl, Grundeigentümer, Bauern und Landarbeiter in Südeuropa. Vergleichende Studie zur Entwicklung landwirtschaftlicher Produktionsverhältnisse in Spanien, Portugal und Italien vom Mittelalter bis in die Gegenwart, in: Soziologie und Anthropologie 2, Bern-Frankfurt am Main 1983.

Karbe 1995 = Lars Cassio Karbe, Venedig oder die Macht der Phantasie. Die Serenissima – ein Modell für Europa, München 1995.

Kedar 1976 = Benjamin Z. Kedar, Merchants in Crisis. Genoese and Venetian Men of Affairs and the Fourteenth-Century-Depression, New Haven-London 1976.

Keegan 1994 = John Keegan, A History of Warfare, New York 1984.

Knittler 2001 = Herbert Knittler, Die europäische Stadt in der frühen Neuzeit, in: Querschnitte Band 4, Wien-München 2001.

Kovacevic 1960 = Desanka Kovacevic, Dans la Serbie et la Bosnie médiévales. Les mines d'or et d'argent, in: Annales E.S.C. 15/2, 1960.

Kreki*f* 1972 = Bari,a Kreki*f*, Dubrovnik in the 14th and 15th Centuries: A City between East and West, Norman 1972.

Kreki*f* 1978 = Bari,a Kreki*f*, Venetian Merchants in the Balkan Hinterland in the Fourteenth Century, in: Jürgen Schneider u.a. (Hg.), Wirtschaftskräfte und Wirtschaftswege 1: Mittelmeer und Kontinent. Festschrift für Hermann Kellenbenz. Beiträge zur Wirtschaftsgeschichte 4, Stuttgart 1978.

Kreki*f* 1997 = Barisa Kreki*f*, Venezia e l'Adriatico, in: Girolamo Arnaldi/ Giorgio Cracco/Alberto Tenenti (Hg.), Storia di Venezia. Dalle origini alla caduta della Serenissima III. La formazione dello stato patriziato, Rom 1997.

Lach 1965 = Donald F. Lach, Asia in the Making of Europe 1. The Century of Discovery, 2 Bde., Chicago 1965.

Landsteiner 2002 = Erich Landsteiner, Kein Zeitalter der Fugger. Zentraleuropa 1450–1620, in: Friedrich Edelmayer/Peter Feldbauer/Marija Wakounig (Hg.), Globalgeschichte 1450–1620. Anfänge und Perspektiven, Edition Weltregionen Bd. 4, Wien 2002.

Lane 1966 = Frederic C. Lane, Venice and History: The Collected Papers, Baltimore 1966.

Lane 1980 = Frederic C. Lane, Seerepublik Venedig, München 1980.

Lane 1992 = Frederic C. Lane, Venetian Ships and Shipbuilders of the Renaissance, Baltimore-London 1992.

Lane 1996 = Frederic C. Lane, I mercanti di Venezia, Turin 1996.

Lane/Mueller 1985 = Frederic C. Lane/Reinhold Mueller, Money and Banking in Medieval and Renaissance Venice 1: Coins and Money of Account, Baltimore-London 1985.

Lilie 1999 = Ralf-Johannes Lilie, Der Fernhandel der Italiener und das byzantinische Reich am Vorabend des Vierten Kreuzzuges, in: Wolfgang von Stromer (Hg.), Venedig und die Weltwirtschaft um 1200, Stuttgart 1999.

Lopez 1958 = Roberto S. Lopez, Le marchand génois, in: Annales E.S.C. 13/3, 1958.

Lopez 1989 = Roberto S. Lopez, I succesori di Marco Polo e la febbre della seta, in: Alvise Zorzi (Hg.), Marco Polo. Venezia e l'Oriente, Mailand 1989.

Lopez 1997 = Roberto S. Lopez, Storia delle colonie genovesi nel Mediterraneo, Genua 1997.

Lopez/Miskimin/Udovitch 1970 = Roberto Lopez/Harry Mimiskin/Abraham Udovitch, England to Egypt 1350–1500. Long-term Trade and Long-distance Trade, in: Michael A. Cook (Hg.), Studies in the Economic History of the Middle East from the Rise of Islam to the Present Day, London-New York-Toronto 1970.

Lopez /Raymond 1990 = Roberto S. Lopez/Irving W. Raymond, Medieval Trade in the Mediterranean World. Illustrative Documents. Translated with Introduction and Notes, New York 1990.

Luzzatto 1954 = Gino Luzzatto, Studi di storia economica veneziana, Padua 1954.

Luzzatto 1958 = Gino Luzzatto, Breve storia economica dell' Italia medievale Dalla caduta dell' Impero romano al principio del Cinquecento, Turin 1958.

Luzzatto 1995 = Gino Luzzatto, Storia economica di Venezia dall' XI al XVI secolo, Venedig 1995.

Machiavelli 1986 = Niccolò Machiavelli, Der Fürst, Stuttgart 1986.

Magalhães-Godinho 1953a = Vitorino Magalhães-Godinho, Les Grandes Découvertes, Coimbra 1953.

Magalhães-Godinho 1953b = Vitorino Magalhães-Godinho, Le repli vénetien et égyptien et la route du Cap 1496–1533, in: Eventail de l'histoire vivante. Hommage à Lucien Febvre 2, Paris 1953.

Magalhães-Godinho 1969 = Vitorino Magalhães-Godinho, L'économie de l'empire portugais aux XVe et XVIe siècles, in: Ports – routes – trafic 26, Paris 1969.

Maier 1982 = Franz Georg Maier, Cypern. Insel am Kreuzweg der Geschichte, München 1982.

Malanima 1987 = Paolo Malanima, Pisa and the Trade Routes to the Near East in the Late Middle Ages, in: The Journal of European Economic History 16/2, 1987.

Malanima 1997 = Paolo Malanima, La perdita del primato, in: Revista di Storia Economica XIII/2, Turin 1997.

Malanima 1998a: Paolo Malanima, La fine del primato. Crisi e riconversione nell' Italia del Seicento, Mailand 1998.

Malanima 1998b = Paolo Malanima, Italian Cities 1300 – 1800. A Quantitative Approach, in: Revista di Storia Economica XIV/2, Turin 1998.

Marrucci 2001 = Angelo Marrucci, Nützliche Metalle: Steinsalz und Silber, in: Andrea Augenti (Hg.), Otto der Große und Europa. Volterra von Otto I. bis zur Stadtrepublik, Katalog zur Ausstellung, Siena 2001.

Mayer 1989 = Hans Eberhard Mayer, Geschichte der Kreuzzüge, Stuttgart-Berlin-Köln 1989.

Mazzacane 1995 = Aldo Mazzacane, Jurists in the Formation of the Modern State in Italy, in: Julius Kirshner (Hg.), The Origins of the State in Italy. 1300–1600, Chicago-London 1995.

Mazzaoui 1972 = Mauren F. Mazzaoui, The Cotton Industry of Northern Italy in the Late Middle Ages 1150–1450, in: The Journal of Economic History 32/1, 1972.

Mazzaoui 1981 = Mauren F. Mazzaoui, The Italian Cotton Industry in the Later Middle Ages 1100–1600, Cambridge 1981.

Mazzei 1999 = Rita Mazzei, Itinera mercatorum. Circolazione di uomini e beni nell' Europa centro-orientale 1550–1650, Lucca 1999.

McCray 1999 = W.P. Mc Cray, Creating Networks of Skill. Technology Transfer and the Glass Industry of Venice, in: The Journal of European Economic History 28/2, 1999.

McNeill 1974 = William H. McNeill, Venice. The Hinge of Europe 1081–1797, Chicago-London 1974.

Melis 1970a = Federigo Melis, Note sur le mouvement du port du Beyrouth d'apres la documentation florentine aux environs de 1400, in: Michel Mollat (Hg.), Sociétés et commerce en Orient et dans l'océan indien. Actes du huitième colloque international d'histoire maritime, Paris 1970.

Melis 1970b = Federigo Melis, Di alcune figure di operatori economici fiorentini attivi nel Portugallo nel XV secolo, in: Hermann Kellenbenz (Hg.), Fremde Kaufleute auf der Iberischen Halbinsel. Kölner Kolloquien zur internationalen Sozial- und Wirtschaftsgeschichte 1, Köln 1970.

Melis 1972 = Federigo Melis, Le comunicazioni transpeninsulari sostenute da Venezia nei secoli XIV e XV, in: Economia e Storia 19/2, 1972.

Melis 1974 = Federigo Melis, La società commerciale a Firenze dalla seconda metà del XIV al XVI secolo, in: Troisième Conference International d' Histoire Economique. München 1965, Paris 1974.

Mintz 1985 = Sidney W. Mintz, Sweetness and Power. The Place of Sugar in Modern History, Auckland-London-New York-Toronto-Victoria 1985.

Miskimin 1975 = Harry A. Mimiskin, The Economy of Early Renaissance Europe 1300–1460, Cambridge 1975.

Mitterauer 1996 = Michael Mitterauer, Der Krieg des Papstes, in: Kreuzzüge, Beiträge zur historischen Sozialkunde 3/96, Wien 1996.

Mollat du Jourdin 1993 = Michel Mollat du Jourdin, L'Europa e il mare, Rom-Bari 1993.

Morris 1990 = Jan Morris, The Venetian Empire, London 1990.

Morrissey 2001 = John Morrissey, Die Mongolen. Feinde oder Partner, in: Von Bösewichten und Barbaren. Zur Entmystifizierung von Geschichtsklischees, Beiträge zur historischen Sozialkunde 1/2001, Wien 2001.

Mueller 1997 = Reinhold C. Mueller, Money and Banking in Medieval and Renaissance Venice 2: The Venetian Money Market. Banks, Panics, and the Public Debt 1200–1500, Baltimore-London 1997.

Müller 1980 = Achatz Müller, Der Fall des geflügelten Löwen. Die Krise des venezianischen Weltsystems. In. Journal für Geschichte 2/2, 1980.

Muir 1981 = Edward Muir, Civic Ritual in Renaissance Venice, Princeton/N.J. 1981.

Nicol 1995 = Donald M. Nicol, La quarta crociata, in: Giorgio Cracco/Gherardo Ortalli (Hg.), Storia di Venezia. Dalle origini alla caduta della Serenissima II. L'età del commune, Rom 1995.

Nicol 1999 = Donald M. Nicol, Byzantium and Venice. A Study in Diplomatic and Cultural Relations, Cambridge 1999.

Norwich 1983 = John Julius Norwich, A History of Venice, Harmondsworth 1983.

Ohler 1995 = Norbert Ohler, Reisen im Mittelalter, München 1995.

Ortalli 1998 = Gherardo Ortalli, Venezia e Creta. Fortune e contracolpi di una conquista, in: Gherardo Ortalli (Hg.), Venezia e Creta. Atti del convegno internazionale di studi, Venedig 1998.

Pach 1968 = Zsigmond P. Pach, The Shifting of International Trade Routes in the 15th–17th Centuries, Acta Historia Academiae Scientiarum Hungaricae 14, 1968.

Pach 1969 = Zsigmond P. Pach, Zur Geschichte der internationalen Handelswege und des Handelskapitals vom 15. bis 17. Jahrhundert, in: Jahrbuch für Wirtschaftsgeschichte 1969/3.

Padfield 1979 = Peter Padfield, Tide of Empires. Decisive Naval Campaigns in the Rise of the West 1. 1481–1654, London-Henley 1979.

Panagiotakis 1993 = Georgos Panagiotakis, Kreta. Geschichte in Bildern, Heraklion 1993.

Papacostea 1979 = serban Papacostea, »Quod non iretur ad Tanam«. Un aspect fondamental de la politique génoise dans la mer Noire au XIVe siècle, in: Revue des Études Sud-Est Européennes 17/2, 1979.

Parker 1979 = Geoffrey Parker, Die Entstehung des modernen Geld- und Finanzwesens in Europa 1500–1730, in: Carlo M. Cipolla/Knut Borchardt (Hg.): Europäische Wirtschaftsgeschichte 2: Sechzehntes und siebzehntes Jahrhundert, Stuttgart 1979.

Parry 1967 = John H. Parry, Transport and Trade Routes, in: E. E. Rich/ C. H. Wilson (Hg.), The Cambridge Economic History of Europe 4: The Economy of Expanding Europe in the Sixteenth and Seventeenth Centuries, Cambridge 1967.

Pavan/Arnaldi 1992 = Massimiliano Pavan/Girolamo Arnaldi, Le origini dell' identità lagunare, in: Lellia Cracco Ruggini/Massimiliano Pavan/ Giorgio Cracco/Gherardo Ortalli (Hg.), Storia di Venezia. Dalle origini alla caduta della Serenissima I. Origini – età ducale, Rom 1992.

Peters 1994 = Lambert Peters, Der Handel Nürnbergs am Anfang des Dreißigjährigen Krieges, Stuttgart 1994.

Pozza 1995 = Marco Pozza, I proprietari fondiari in terraferma, in: Giorgio Cracco/Gherardo Ortalli (Hg.), Storia di Venezia. Dalle origini alla caduta dell Serenissima II. L'età del commune, Rom 1995.

Prawer 1980 = Joshua Prawer, Crusader Institutions, Oxford 1980.

Procacci 1989 = Giuliano Procacci, Geschichte Italiens und der Italiener, München 1989.

Pullan 1971 = Brian Pullan, Rich and Poor in Renaissance Venice. The Social Institutions of a Catholic Church to 1620, Cambridge/Mass. 1971.

Pullan 1973 = Brian Pullan, The Occupations and Investments of the Venetian Nobility in the Middle Ages and Late Sixteenth Century, in: John R. Hale (Hg.), Renaissance Venice, London 1973.

Racine 1977 = Pierre Racine, Note sur le trafic Veneto-Chypriote à la fin du moyen âge, in: Byzantinische Forschungen. Internationale Zeitschrift für Byzantinistik 5, 1977.

Rapp 1975 = Richard Tilden Rapp, The Unmaking of the Mediterranean Trade Hegemony. International Trade Rivalry and the Commercial Revolution, in: The Journal of Economic History 35/3, 1975.

Rapp 1976 = Richard Tilden Rapp, Industry and Economic Decline in Seventeenth Century Venice, Cambridge/Mass.-London 1976.

Ravegnani 1995a: Giorgio Ravegnani, Tra I due imperi. L'affermazione politica nel XII secolo, in: Giorgio Cracco/Gherardo Ortalli (Hg.), Storia di Venezia. Dalle origini alla caduta dell Serenissima II. L'età del commune, Rom 1995.

Ravegnani 1995b = Giorgio Ravegnani, La Romania veneziana, in: Giorgio Cracco/Gherardo Ortalli (Hg.), Storia di Venezia. Dalle origini alla caduta dell Serenissima II. L'età del commune, Rom 1995.

Ravegnani 1998 = Giorgio Ravegnani, La conquista veneziana di Creta e la prima organizzazione militare del' isola, in: Gherardo Ortalli (Hg.), Venezia e Creta. Atti del convegno internazionale di studi, Venedig 1998.

Reid 2000 = Anthony Reid, Five Centuries – Five Modalities. European

Interaction with Southeast Asia 1497–1997, in: Anthony Disney/Emily Booth (Hg.), Vasco da Gama and the Linking of Europe and Asia, New Delhi-Oxford-New York 2000.

Renouard 1981 = Yves Renouard, Le città italiane dal X al XIV secolo 1, Mailand: 1981.

Renouard 1995 = Yves Renouard, Gli uomini d'affari italiani del Medioevo, Mailand 1995.

Riesz 1988 = János Riesz (Hg.), Il Novellino. Das Buch der hundert alten Novellen, Stuttgart 1988.

Robbert 1983 = Louise Robbert, Monetary Flows – Venice 1150 to 1400, in: John F. Richards (Hg.), Precious Metals in the Later Medieval and Early Modern Worlds, Durham/N.C. 1983.

Romano 1987 = Dennis Romano, Patricians and Popolani. The Social Foundation of the Venetian Renaissance State, Baltimore-London 1987.

Romano 1968 = Ruggiero Romano, Economic Aspects of the Construction of Warships in Venice in the Sixteenth Century, in: Brian Pullan (Hg.), Crisis and Change in the Venetian Economy in the Sixteenth and Seventeeth Centuries, London 1986.

Romano 1974 = Ruggiero Romano, La storia economica. Dal secolo XIV al Settecento, in: Storia d'Italia 2, Turin 1974.

Romano 1980 = Ruggiero Romano, Versuch einer ökonomischen Typologie, in: Eva Maek-Gérard (Hg.), Die Gleichzeitigkeit des Ungleichzeitigen. Studien zur Geschichte Italiens, Frankfurt am Main 1980.

Romano/Tenenti 1997 = Ruggiero Romano/Alberto Tenenti, Die Grundlagen der modernen Welt. Spätmittelalter, Renaissance, Reformation, in: Fischer Weltgeschichte 12, Frankfurt am Main 1997.

Romano/Tenenti/Tucci 1970 = Ruggiero Romano/Alberto Tenenti/Ugo Tucci, Venise et la route du Cap 1499–1517, in: Manlio Cortelazzo (Hg.), Méditerranée et Océan Indien. Travaux du Sixième Colloque International d'Histoire Maritime, Paris 1970.

Roover 1970 = Raymond de Roover, Le marché monétaire au Moyen Age et au debut des temps modernes, in: Revue Historique 244, 1970.

Rösch 1989 = Gerhard Rösch, Der venezianische Adel bis zur Schließung des Großen Rats, in: Erich Hoffmann/Hermann Kulke/Hartmut Lehman/etc.(Hg.), Kieler Historische Studien 33, Sigmaringen 1989.

Rösch 1992 = Gerhard Rösch, Mercatura e moneta, in: Lellia Cracco Ruggini/Massimiliano Pavan/Giorgio Cracco/Gherardo Ortalli (Hg.), Storia di Venezia. Dalle origini alla caduta della Serenissima I. Origini – età ducale, Rom 1992.

Rösch 1995 = Gerhard Rösch, Il gran guadagno, in: Giorgio Cracco/Gherardo Ortalli (Hg.), Storia di Venezia. Dalle origini alla caduta della Serenissima II. L'età del commune, Rom 1995.

Rösch 1999 = Gerhard Rösch, Der Handel Ägyptens mit dem Abendland um 1200, in: Wolfgang von Stromer (Hg.), Venedig und die Weltwirtschaft um 1200, Stuttgart 1999.

Rösch 2000 = Gerhard Rösch, Venedig. Geschichte einer Seerepublik, Stuttgart 2000.

Runciman 1995 = Steven Runciman, Geschichte der Kreuzzüge, München: 1995.

Rutenberg 1973 = Viktor I. Rutenberg, Arti e corporazioni, in: Storia d'Italia 5. I documenti, Turin 1973.

Scammel 1981a = Geoffrey V. Scammel, The World Encompassed. The First European Maritime Empires c. 800–1650, London–New York: 1981.

Scammel 1981b = Geoffrey V. Scammel, Indigenous Assistance in the Establishment of Portuguese Power in the Indian Ocean, in: John Correia-Afonso (Hg.), Indo-Portuguese History. Sources and Problems, Bombay 1981.

Schmieder 1994 = Felicitas Schmieder, Europa und die Fremden. Die Mongolen im Urteil des Abendlandes vom 13. bis zum 15. Jahrhundert, in: Beiträge zur Geschichte und Quellenkunde des Mittelalters, Band 16, Sigmaringen 1994.

Schmitt 2001 = Oliver Jens Schmitt, Das venezianische Albanien 1392–1479, in: Südosteuropäische Arbeiten Bd. 110, München 2001.

Sella 1961 = Domenico Sella, Commerci e industrie a Venezia nel secolo XVII, Venedig–Rom 1961.

Sella 1968a = Domenico Sella, Crisis and Transformation in Venetian Trade, in: Brian Pullan (Hg.), Crisis and Change in the Venetian Economy in the Sixteenth and Seventeenth Centuries, London 1968.

Sella 1968b = Domenico Sella, The Rise and Fall of the Venetian Woollen Industrie, in: Brian Pullan (Hg.), Crisis and Change in the Venetian Economy in the Sixteenth and Seventeenth Centuries, London 1968.

Sella 1979 = Domenico Sella, Il declino dell' emporio realtino, in: Vittore Branca (Hg.), Storia della civiltà veneziana 3: Dal età barocca all' Italia contemporanea, Florenz 1979.

Settia 1995 = Aldo A. Settia, L'apparato militare, in: Giorgio Cracco/Gherardo Ortalli (Hg.), Storia di Venezia. Dalle origini alla caduta della Serenissima II. L'età del commune, Rom 1995.

Simon 1983 = Bruno Simon, Le blé et les rapports vénéto-ottomans au XVIe siècle, in: Jean-Louis Bacqué-Grammont/Paul Dumont (Hg.), Contributions à l'histoire économique et sociale de l'Empire ottoman. Collection Turcica 3, Leuwen 1983.

Solow 1987 = Barbara L Solow, Capitalism and Slavery in the Exceedingly Long Run, in: Barbara L. Solow/Stanley L. Engerman (Hg.), British Capitalism and Caribbean Slavery, Cambridge 1987.

Steensgaard 1974 = Niels Steensgaard, The Asian Trade Revolution of the Seventeenth Century. The East India Companies and the Decline of the Caravan Trade. Chicago-London 1974.

Stefanelli o. J. = Giuseppe Stefanelli, A Short History of Amalfi, Amalfi o. J.

Stella 1956 = Aldo Stella, La crisi economica veneziana della seconda metà del secolo XVI, in: Archivio veneto 58/59, 1956.

Stromer 1999 = Wolfgang von Stromer, Venedig und die Weltwirtschaft um 1200. Ein neues Bild, in: Wolfgang von Stromer (Hg.), Venedig und die Weltwirtschaft um 1200, Stuttgart 1999.

Stromer 1978a = Wolfgang Stromer von Reichenbach, Die Gründung der Baumwollindustrie in Mitteleuropa. Wirtschaftspolitik im Spätmittelalter, in: Monographien zur Geschichte des Mittelalters 17, Stuttgart 1978.

Stromer 1978b = Wolfgang von Stromer, Bernardus Teotonicus und die Geschäftsbeziehungen zwischen den deutschen Ostalpen und Venedig vor Gründung des Fondaco dei Tedeschi, in: Paul W. Roth (Hg.): Grazer Forschungen zur Wirtschafts- und Sozialgeschichte, Graz 1978.

Subrahmanyam 1993 = Sanjay Subrahmanyam, The Portuguese Empire in Asia 1500–1700. A Political and Economic History, London-New York 1993.

Subrahmanyam/Thomaz 1991 = Sanjay Subrahmanyam/Luís Filipe F.R. Thomaz, Evolution of Empire. The Portuguese in the Indian Ocean during the Sixteenth Century, in: James D. Tracy (Hg.), The Political Economy of Merchant Empires, Cambridge 1991.

Tadif 1961 = Jorjo Tadif, Le commerce en Dalmatie et à Raguse et la décadence économique de Venise au XVIIe siècle, in: Aspetti e cause della decadenza economica veneziana nel secolo XVII, Civiltà Veneziana – Studi 9, Venedig-Rom 1961.

Tagliaferri 1981 = Amelio Tagliaferri (Hg.), Atti del Convegno Venezia e la Terraferma attraverso le relazioni dei rettori, Mailand 1981.

Tangheroni 1996 = Marco Tangheroni, Commercio e navigazione nel Medioevo, Rom-Bari 1996.

Tenenti 1967 = Alberto Tenenti, Piracy and the Decline of Venice 1580–1615, Berkeley 1967.

Tenenti 1973 = Alberto Tenenti, The Sense of Space and Time in the Venetian

World of the Fifteenth and Sixteenth Centuries, in: John R. Hale (Hg.),
Renaissance Venice, London 1973.

Tenenti 1996 = Alberto Tenenti, L' Italia del Quattrocento. Economia e società, Rom-Bari 1996.

Thiriet 1957 = Freddy Thiriet, Les lettres commerciales des Bembo et le
commerce vénétien dans l'empire ottoman à la fin du XVe siècle, in: Studi
in onore di Armando Sapori 2, Mailand 1957.

Thiriet 1959 = Freddy Thiriet, La Romanie vénétienne au Moyen Age. Le
développement et l'exploitation du domaine colonial vénétien. XIIe –
XVe siècles, Paris 1959.

Thomson 1998 = J. K. J. Thomson, Decline in History. The European Expe-
rience, Cambridge 1998.

Tucci 1973 = Ugo Tucci, The Psychology of the Venetian Merchant in the
Sixteenth Century, in: John R. Hale (Hg.), Renaissance Venice, London
1973.

Tucci 1979 = Ugo Tucci, L'economia veneziana nel Quattrocento, in: Vittore
Branca (Hg.), Storia della civiltà veneziana 2: Autunno del Medioevo e
Rinascimento, Florenz 1979.

Tucci 1989 = Ugo Tucci, Il commercio veneziano e l'Oriente al tempo di
Marco Polo, in: Alvise Zorzi (Hg.), Marco Polo. Venezia e l'Oriente, Mailand 1989.

Tucci 1995 = Ugo Tucci, L'impresa marittima: uomini e mezzi, in: Giorgio
Cracco/Gherardo Ortalli (Hg.), Storia di Venezia. Dalle origini alla caduta
della Serenissima II. L'età del commune, Rom 1995.

Tucci 1998 = Ugo Tucci, Il commercio del vino nell' economia cretese, in:
Gherardo Ortalli (Hg.), Venezia e Creta. Atti del convegno internazionale
di studi, Venedig 1998.

Varanini 1997 = Gian Maria Varanini, Venezia e l'entroterra (1300 circa –
1420), Girolamo Arnaldi/Giorgio Cracco/Alberto Tenenti (Hg.), Storia di
Venezia. Dalle origini alla caduta della Serenissima III. La formazione dello
stato patriziato, Rom 1997.

Varela 1988 = Consuelo Varela, Genovesi a Siviglia, in: Genova e Siviglia,
Katalog zur Ausstellung, Genua 1988.

Veinstein 1990 = Gilles Veinstein, Commercial Relations between India and
the Ottoman Empire (Late Fifteenth to Late Eighteenth Centuries). A
Few Notes and Hypotheses, in: Sushil Chandhury/Michel Morineau
(Hg.), Merchants, Companies and Trade. Europe and Asia in the Early
Modern Era, Cambridge-NewYork-Melbourne 1999.

Ventura 1964 = Angelo Ventura, Nobiltà e popolo nella società veneta del
'400 e '500, Bari 1964.

Ventura 1968 = Angelo Ventura, Considerazione sull' agricoltura veneta e sulla accumulazione originaria del capitale nei secoli XVI e XVII, in: Studi storici 9/3-4, 1968.

Verlinden 1962 = Charles Verlinden, La Crête, débouché et plaque tournante de la traite des esclaves aux XIVe et XVe siècles, in: Studi in onore di Amitore Fanfani 3: Medioevo, Mailand 1962.

Verlinden 1970 = Charles Verlinden, The Beginnings of Modern Colonization. Eleven Essays with an Introduction, Ithaca-London 1970.

Verlinden 1972 = Charles Verlinden, From the Mediterranean to the Atlantic. Aspects of an Economic Shift (12th–18th Century), in: The Journal of European Economic History 1/3, 1972.

Verlinden 1977 = Charles Verlinden, L'esclavage dans l'Europe médiévale 2. Italie – Colonies italiennes du Levant – Levant latin – Empire byzantin, Brügge 1977.

Vilar 1984 = Pierre Vilar, Gold und Geld in der Geschichte. Vom Ausgang des Mittelalters bis zur Gegenwart, München 1984.

Vlasto 1913 = Alexander M. Vlasto, A History of the Island of Chios, London 1913.

Volpe 1979 = Gioacchino Volpe, L'Italia e Venezia, in: Vittore Branca (Hg.), Storia della civiltà veneziana 2: Autunno del Medioevo e Rinascimento, Florenz 1979.

Wake 1979 = Christopher H.H. Wake, The Changing Pattern of Europe's Pepper and Spice Imports c. 1400–1700, in: The Journal of European Economic History 8/2, 1979.

Wallerstein 1974 = Immanuel Wallerstein, The Modern World-System: Capitalist Agriculture and the Origins of the European World-Economy in the Sixteenth Century, New York-San Francisco-London 1974.

Wallerstein 1998 = Immanuel Wallerstein, Das moderne Weltsystem II – Der Merkantilismus. Europa zwischen 1600 und 1750, in: Edition Weltgeschichte 1, Wien 1998.

Wiesflecker 1981 = Hermann Wiesflecker, Kaiser Maximilian I. Das Reich, Österreich und Europa an der Wende zur Neuzeit Bd. 5, Wien 1981.

Woolf 1968 = Stuart J. Woolf, Venice and the Terraferma. Problems of the Change from Commercial to Landed Activities, in: Brian Pullan (Hg.), Crisis and Change in the Venetian Economy in the Sixteenth and Seventeenth Centuries, London 1968.

Zannini 1999 = Andrea Zannini, L' economia veneta nel Seicento. Oltre il paradigma della 'crisi generale', in: Società italiana di demografia storica (Hg.), La populazione italiana nel Seicento, Bologna 1999.

Zangheri 1968 = Renato Zangheri, Agricoltura e sviluppo del capitalismo. Problemi storiografici, in: Studi storici 9/3-4, 1968.

Zazzu 1993 = Guido Nathan Zazzu, Il volo del Grifo. Storia di Genova dagli inizi al 1892, Genua 1993.

Zeilinger 1997 = Johannes Zeilinger, Cypern. Orient und Okzident, München 1997.

Zorzi 1999 = Alvise Zorzi, Una città, una repubblica, un impero. Venezia 697–1797, Mailand 1999.

Zorzi 1989 = Alvise Zorzi (Hg.), Marco Polo. Venezia e l'Oriente, Mailand 1989.

Zug Tucci 1992 = Hannelore Zug Tucci, Pesca e caccia in laguna, in: Lellia Cracco Ruggini/Massimiliano Pavan/Giorgio Cracco/Gherardo Ortalli (Hg.), Storia di Venezia. Dalle origini alla caduta della Serenissima I. Origini – età ducale, Rom 1992.

Verzeichnis der Abbildungen

Quellennachweis

Sergio Bettini,Venezia. Nascita di una città, Mailand 1988.

Bruce Boucher, Palladio. Der Architekt in seiner Zeit, München 1994.

Marcello Brusegnan/Alessandro Scarsella/MaurizioVittoria, Guida insolita ai misteri, segreti, alle legende e alle curiosità diVenezia, Rom 2001.

Peter Feldbauer/Gottfried Liedl/John Morrissey (Hg.),Vom Mittelmeer zum Atlantik. Die mittelalterlichen Anfänge der europäischen Expansion., Querschnitte Band 6,Wien-München 2001.

Frederic C. Lane, Seerepublik Venedig, München 1980.

Gino Luzzatto, Storia economica di Venezia dall' XI al XVI secolo,Venedig 1995.

Guido Nathan Zazzu, Il volo del Grifo. Storia di Genova dagli inizi al 1892, Genua 1993.

Georgos Panagiotakis, Kreta. Geschichte in Bildern, Heraklion 1993.

Alvise Zorzi, Una città, una repubblica, un impero.Venezia 697 - 1797, Mailand 1999.

Alvise Zorzi (Hg.), Marco Polo.Venezia e l'Oriente, Mailand 1989.